Y Dioddefus sy'n Maddau:

Clustfeinio am y llais na chlywn

CYFROL 1

Dechrau'n ddynol, dal ati'n ddynol

James Alison

Addasiad i'r Gymraeg gan
Enid R. Morgan

Llyfrau eraill gan James Alison

Broken Hearts and New Creations: Intimations of a Great Reversal

Undergoing God: Dispatches from the Scene of a Break-In

On Being Liked

Faith Beyond Resentment: Fragments Catholic and Gay

The Joy of Being Wrong: Original Sin Through Easter Eyes,

Raising Abel: The Recovery of the Eschatological Imagination

Knowing Jesus

Cefnogir y gyfres wreiddiol gan Sefydliad y Gigfran (Raven Foundation)
a chan Imitatio, prosiect o eiddo Sefydliad Thiel.

Daw'r dyfyniadau Beiblaidd o'r Beibl Cymraeg Newydd, 1988. Fe'i defnyddir â chaniatâd.

Gweler Gwefan Jesus the Forgiving Victim: www.forgivingvictim.com
DOERS Publishing website: www.doerspublishing.com
Doers Publishing, 2624 Patriot Boulevard, Glenview, IL60026

ISBN 9781859948156

Cyhoeddwyd gan: Cyhoeddiadau'r Gair © 2016
Ael y Bryn, Chwilog, Pwllheli, Gwynedd LL53 6SH
Cynhyrchwyd yn y Deyrnas Gyfunol

Hawlfraint yr addasiad Cymraeg: Enid R Morgan
Golygydd Cyffredinol: Aled Davies
Cysodi: Rhys Llwyd

CYNNWYS

CYFROL 1

Dechrau'n ddynol, Parhau'n ddynol

RHAGAIR

Trôdd llaweroedd o Gymry eu cefnau ar grefydd gyfundrefnol am eu bod wedi diflasu ar y capel, wedi pwdu wrth Anglicaniaeth, wedi digio a siomi wrth Eglwys Rufain. Maen nhw wedi magu rhyw alergedd hyd yn oed i eirfa'r ffydd ac yn methu amgyffred ei chynnwys hi. Erbyn hyn y mae gennym sawl cenhedlaeth sydd wedi colli cysylltiad â'r ffydd Gristnogol ac yn anwybodus ohoni, hyd yn oed ar lefel 'Storïau Beiblaidd'. Clywant Gristnogaeth fel gorchymyn moesol nid fel newyddion da. Ond y mae llawer ohonom wrth wrando ar anghredinwyr deallus a huawdl yn dwrdio crefydd, yn gallu cytuno nad ydyn ni chwaith ddim yn credu yn "y math yna" o Dduw parodi. Y mae hyd yn oed y gair *Duw* yn peri anhawster am ei fod yn cario llwyth o gam-ystyron, ac y mae'r un peth yn wir am eiriau fel ffydd, credu, croes, gweddi. Y mae pob un o'n cyfundrefnau mewn gwahanol ffyrdd wedi siomi pobl a methu â chyfleu cyffro, llawenydd, ehangder a her yr Efengyl. Rydyn ni mewn gwahanol ffyrdd wedi pregethu cyfraith yn lle gras – fel petaem yn gyrru ryw M*orris Minor* bach blinedig ond yn dychmygu ei fod llawn cystal â *Rolls Royce.*

Un o nodweddion Cristnogaeth ar hyd ei hanes fu ei gallu i ailfynegi'i hun pan oedd meddylfryd, iaith, dealltwriaeth o natur y byd yn newid. Bu datblygiadau a diwygiadau a gwrth-ddiwygiadau dros y canrifoedd, a'r rheini'n codi'n aml wrth oddi wrth newidiadau gwleidyddol. Nid cynhyrfiadau emosiynol yn unig oeddent, ond ymdrechion diwinyddol i ail-ddehongli a bywhau ein hamgyffred, ein hiaith am y dwyfol, a'n hiraeth am ystyr ac amcan. Yn aml ni bu'r canlyniadau cystal â'r gofyn ac mae balchder ysbrydol wedi arwain nid yn unig at gecru ond at gasineb a rhyfel. Heddiw gwelwn gredinwyr sy'n llawn dwysder angerddol yn glynu wrth fersiynnau caethiwus iawn o'r credoau. Mae eraill yn hyf-gredu bod gwadu rhyw athrawiaeth yn gyfystyr â phrofi gonestrwydd deallusol. Pa syndod bod pobl yn cadw draw! A oes modd braenaru'n tir ar gyfer diwygiad deallusol ac ysbrydol arall? Wnaiff y gair *radical* mo'r tro gan fod hwnnw'n air sy fel petae'n hawlio mwy o rinweddau nag yw'n ei haeddu. Mae angen mynd yn ôl at y gwreiddiau yn Iesu ei hun, ei gefndir Iddewig ac i gynnwrf berw'r eglwys fore. Ac mae angen gwneud hynny heb fod mor drybeilig o nawddoglyd ag y buom.

Y mae i bob Diwygiad ei fethiannau a'i gamsyniadau a ffurfiau o Gristnogaeth y gellir defnyddio ansoddeiriau llym i'w disgrifio:, trahaus, cul, hunanfoddhaus, deallusol gaeth, balch, cwerylgar, yn ddiwinyddol ddiffygiol, yn litwrgaidd dlodaidd. Diolch ein bod hefyd wedi gwybod am gymunedau ffydd sydd wedi cynhyrchu pobl a diwylliannau hael, a gwylaidd, cryf, cynhaliol, cariadus a chreadigol.

Y mae'r diwinydd James Alison yn torri tir newydd, ac yn cynnig dehongliad a ffordd newydd o drafod y ffydd yn sgil damcaniaethau'r Ffrancwr René Girard, gŵr a wnaed yn aelod o'r Académie Française o barch i'w waith llenyddol ac anthropolegol. Datblygodd Girard ddamcaniaeth anthropolegol 'fimetic' sy'n cyflwyno dull o amgyffred rhyfeddod ac enbydrwydd y ddynoliaeth. Ar waethaf 'camp a chelfyddyd y cenhedloedd cynnar' mae gennym ddawn, a hynny weithiau o fwriad da, i wneud traed moch o bethau. Yn 'anthropoleg fimetic' René Girard ceir dehongliad sy'n gwneud synnwyr cyson o'n hanes fel creaduriaid sy'n ysglyfaeth i bob math o ddyheadau sy'n cynhyrchu trais a gorthrwm. Y mae hi'n gwneud synnwyr o beth oedd gwraidd aberth.Y mae hi'n ddamcaniaeth gyson ag ysgrythur sy'n taflu goleuni newydd ar athrawiaeth y Groes.

Defnyddiodd James Alison yr anthropoleg hon mewn nifer o gyfrolau diwinyddol hynod gyffrous sy'n peri i'r hen ddadleuon blinedig rhwng y 'ceidwadol' a'r 'rhyddfrydol' edrych yn llychlyd a diffrwyth. Yn 2013 cyhoeddodd gyfres o bedair cyfrol fechan sydd yn ail-gyflwyno'r ffydd ac yn rhoi i ni gip newydd ar y gwirioneddau wnaeth esgor ar yr iaith draddodiadol yn y lle cyntaf. Gellir eu defnyddio fel cyflwyniad i'r ffydd, neu fel cyfle i ail feddwl ac ail-ddychmygu'n ffydd. Nid yw'r dirgryniadau diwinyddol ac anthroloegol hyn yn digwydd heb drylwyredd ac egni deallusol. Ond na ddychryned neb, lluniwyd y gyfres hon ar gyfer pobl heb arbenigedd diwinyddol.

Y mae gan academyddion mewn amryw ddisgyblaethau edmygedd mawr o Girard. James Alison yw'r un sy wedi mynd ati i ddatblygu oblygiadau diwinyddol y ddamcaniaeth fimetig. Yn *Jesus the Forgiving Victim* ceir cyfoeth o syniadau ac awgrymiadau ynghyd ag esboniadaeth fywiog a phryfoclyd. Fy ngobaith yw y byddant yn y Gymraeg yn fodd bywiogi trafodaeth a dyfnhau amgyffred ymhlith y Cymry. Rydw i'n dra diolchgar i James Alison ei hun am ei ddiddordeb a'i gefnogaeth, i Sefydliad y Gigfran am ei haelioni a'i help. Diolch arbennig i grŵp Cristnogaeth21 yn y Morlan Aberystwyth am eu chwilfrydedd a'u cyffro wrth i mi weithio ar y testun Cymraeg hwn.

Mae gan y Sefydliad y Gigfran wefan ac adnoddau gweladwy i helpu cyflwyno'r themau hyn. Trefnwyd y defnyddiau Saesneg fel bod y traethodau printiedig yn cyd-redeg â'r casgliad *videos* hynny.

Mae'n hamgylchiadau ninnau yng Nghymru'n wahanol a phenderfynwyd mai gwell fyddai i ni gyhoeddi'r dwsin o draethodau mewn dwy gyfrol. Diolch hefyd i bwyllgor cenedlaethol Cristnogaeth 21 am eu diddordeb a'u cefnogaeth.

Enid R Morgan

Aberystwyth,

Haf 2016

Gair am y teitl Cymraeg

Enw gwreiddiol llyfr James Alison yw *Jesus the Forgiving Victim*. A dyna'n syth i chi broblem yn y Gymraeg. Byddai 'Aberth' ac 'Ysglyfaeth' yn gamarweiniol. Y mae'r gair 'aberth' (*sacrifice*) yn dehongli beth yw ystyr y dioddefaint, a'r gair 'ysglyfaeth' fel pe bai'n beio'r un a erlidir. Ar ben hynny mae James Alison yn ei lyfrau eraill wrth son am Iesu yn cyfeirio'n aml at 'the intelligence of the victim'. Fyddai 'erlidiedig' yn gwneud y tro tybed? Mae 'dioddef' yn well, ac yn adleisio'r ymadrodd am y gwas 'dioddefus'. Bodlonais ar gyfaddawd i'r teitl Cymraeg sef: *Y Dioddefus sy'n Maddau.*

CROESO

Mae *Y Dioddefus sy'n Maddau* yn cynnig rhywbeth cwbl ffres ym maes cyflwyniadau i ffydd, tra ar yr un pryd yn pleidio uniongrededd di-ddichell. Mae'r rhelyw o gyrsiau Cristnogol ffurfiannol yn dilyn patrwm cyffredin cyrsiau addysgol, sef cynnig i ddysgwyr addysg gan arbenigwr. Mae'r prentisiaid yn cael dysgu beth sydd arnyn nhw angen ei wybod er mwyn perthyn i'r eglwys leol neu i enwad. Unwaith y maen nhw wedi "pasio'r" cwrs maen nhw'n cael croeso i'r gymuned, a disgwylir iddyn nhw ymddwyn fel Cristnogion da.

Mae'r ffordd yma o ddynesu at fywyd ac addysg Gristnogol wedi arwain llawer o bobl ymaith oddiwrth y ffydd yn hytrach nag yn agosach at Dduw. Pam? Am ei fod, mewn gwirionedd, yn ffordd digon anniddorol o fyw, ac nid o gwbl beth oedd ym meddwl Crist pan y gwahoddodd ei ddilynwyr i lawnder bywyd na fedren nhw brin ei ddychmygu.[1] Pan ddechreuodd James Alison roi *Y Dioddefus sy'n Maddau* ynghyd dros 12 mlynedd yn ôl, yr oedd yn awyddus i ddwyn yn ôl i'r bywyd Cristnogol ryfeddod a grym trawsnewidiol y darganfyddiad, nid rhyw ffaith newydd Feiblaidd na dogma eglwysig, ond y broses o sylweddoli eich bod yn wrthrych cariad llawer mwy nag y gwyddech. Lle y mae cwrs ***hyfforddi*** yn dweud wrthych am rywbeth, yn rhoi gwybodaeth, y mae cwrs ***cyflwyno***, a dyna yw *Y Dioddefus sy'n Maddau*, yn gweithio'n araf a chynyddol, ac yn caniatau i chi ddarganfod eich bod yn cael eich galw i fodolaeth ar y tu mewn i rywbeth newydd.

Trwy fentro ar y cwrs yma, rydych chi'n ymuno ag eraill ar daith o ddarganfod a fydd yn agor eich calonnau a'ch meddyliau i ddarganfod pethau newydd amdanoch eich hunan ac am eich ffydd. Mae'n daith sy'n troi cefn ar ddaioni ffug, ar hunaniaeth ffug ac ansicr, er mwyn ymollwng i ddaioni a diogelwch nad yw'n eiddo i chi, ond lle y darganfyddwch eich bod yn cael eich cynnal. Mae hi'n daith ymaith o'r math o undod sy'n mynnu erlid a chreu aberth, tuag at undod sy'n cael ei dderbyn oddiwrth yr aberth atgyfodedig a maddeugar yn ein plith. Gobeithiwn y bydd *Y Dioddefus sy'n Maddau* yn rhan ystyrlon o'ch taith tuag at ffydd ddyfnach a bywyd llawnach yng Nghrist.

---

1 (*Ioan 10:10*)

Y TAFLENNI CYFEIRIO

SUT I'W DEFNYDDIO

Llunwiyd y taflenni cyfeirio nid yn unig fel cymorth mewn grŵp trafod ond hefyd fel canllaw i fyfyrio ar eich pen eich hun. Byddai'n hawdd colli gafael ar y cwbl sy'n cael ei gynnwys mewn sesiwn ac yn ystod y drafodaeth gallwch roi hwb i'r cof trwy gyfeirio at y crynodebau sy wedi eu darparu yma. Neu gallwch gyfeirio at y rhain wedyn wrth i chi ddal ati i feddwl am y cynnwys rhwng cyfarfodydd. Manteisiwch ar y defnyddiau hyn fel y gwelwch orau i ehangu'ch profiad o'r cwrs. Dyma mwy o fanylion am y wybodaeth y dowch o hyd iddo yn y taflenni cyfeirio hyn.

CRYNODEB SESIWN

Mae'r crynodeb yn rhoi golwg gyflym ar gynnwys y sesiwn. Peth da fyddai cadw'r ffocws yn eich meddwl yn ystod trafodaeth neu wrth fyfyrio. Cadwch nodyn o gwestiynau sy'n codi nad oes a wnelont â'r cynnwys gan y bydd llawer ohonyn nhw yn codi mewn sesiynau diweddarach.

PRIF SYNIADAU

Mae'r prif syniadau yn y sesiynau unigol yn bwyntiau bwled sydyn o'r sesiwn. Gallwch feddwl amdanyn nhw fel amlinelliad. Maen nhw'n ffordd ardderchog o gadw trefn ar gynnwys y cyflwyniad yn eich trafodaethau. Hefyd gallwch edrych yn ôl ar sesiynau cynharach i atgoffa'ch hunan am ba bryd y cyflwynwyd rhyw syniad gyntaf yn eich trafodaethau, os hoffech chi atgoffa'ch hunan neu edrych ar rywbeth eilwaith.

MATERION I SYNFYFYRIO ARNYNT

Mae'r cwestiynau a gewch yn y fan hon yn debyg i'r rhai y bydd Ysgogydd eich grwp hefyd yn eu defnyddio i hwyluso'r drafodaeth. Maen nhw ar gael yn y fan hon fel y gallwch gyfeirio atyn nhw yn ystod y drafodaeth, ond yn bwysicach, fel y gallwch eu defnyddio i feddwl ar eich pen eich hunan. Os ydych chi'n arfer cadw dyddiadur, byddai honno'n ddisgyblaeth ddefnyddiol rhwng cyfarfodydd. Mae rhoi amser i'r broses hon yn allweddol werthfawr.

SYNIAD I GLOI

Mae'r cwestiwn cloi yn aml yn cyfeirio nôl at grynodeb y Sesiwn neu themau cyffredinol y cwrs, gan ddarparu ffordd i ddwyn y sesiwn i ben gyda syniad o'r "darlun mwy".

CYFEIRIADAU YSGRYTHUROL

Mae'r ysgrythurau y cyfeirir atyn nhw i'w cael yn y mynegai ysgrythurol ar ddiwedd y ddwy gyfrol

GEIRFA ARBENIGOL

Mae Geirfa Arbenigol ar ddiwedd y ddwy gyfrol; byddai pori drwy'r rhain yn gymorth i fedru trin rhai o syniadau craidd James Alison.

TRAETHAWD 1

Dechrau'n ddynol, Dal ati'n ddynol

Sesiwn 1 Dechrau Od

Cyflwyniad: Natur Syfrdanol y cynnig

Rwy'n mynd i ddechrau gyda rhywbeth na fydd, gobeithio, yn gwneud unrhyw fath o synnwyr i chi. Bwriad y cwrs yw eich galluogi i weld pethau cyfarwydd o safbwynt gwahanol, ac i beri syndod i chi. Mae hynny'n fwriadol i'ch rhwystro rhag dibynnu ar batrymau deall sy wedi mynd yn hen arfer. Dydw i ddim am i chi, o leiaf ar y dechrau, deimlo eich bod chi wedi "clywed y cwbl o'r blaen". A chithau felly, wedi'ch rhybuddio mlaen llaw, rwy'n gobeithio y gallwch chi ymlacio i fwynhau beth a fwriedir ar eich cyfer yn yr wythnosau neu'r misoedd nesaf.

Felly dyma lle rwy am gychwyn, gydag ychydig o adnodau cyfarwydd o'r Ysgrythur o ddechrau'r Epistol at y Hebreaid.[2] Dyma beth maen nhw'n ddweud.

Mewn llawer dull a llawer modd
y llefarodd Duw gynt wrth yr hynafiaid trwy'r proffwydi;

Iawn, cyn belled. Dyna ddull o gyfathrebu sydd, dybiwn i, fwy neu lai'n gyfarwydd. Mae rhywun o'r enw Duw, amser maith yn ôl, wedi siarad â chwmni o hynafiaid, ac fe wnaeth hynny trwy ysbrydoli rhyw broffwydi – bodau gwyllt, gwrywaidd, hen, barfog, a falle allech chi ddychmygu'r posibilrwydd o fenyw neu ddwy yn eu plith, rhywle yn y Dwyrain Canol – i lefaru yn ei enw. Beth bynnag, dyw'r syniad o ddatganiadau oraclaidd yn dod trwy unigolion penodol ddim yn gwbl ddieithr i ni.

Mae'r awdur wedyn yn mynd ymlaen i ddweud:

ond yn y dyddiau olaf hyn, llefarodd wrthym ni mewn Mab.

2 *Hebreaid* (1.1-3)

Wel, mae'r hen ddull o gyfathrebu yn dal fwy neu lai yr un fath, ond wedi cael ei ddyrchafu ychydig raddau. Nawr y mae awdurdod yr un sy'n cyhoeddi'r oracl wedi newid o fod yn ddim-ond-proffwyd, i fod yn Fab. Dyna ni. Ryn ni'n deall y neges: mae'r awdur yn hawlio bod y neges ddiweddaraf hon yn bwysicach na'r datganiadau cynt. Mae hyn yn cael ei danlinellu gan beth sy'n dod nesa'.

Hwn yw'r un a benododd Duw i fod yn etifedd pob peth...

Wel, pwy sy'n gwybod yn union beth yw ystyr peth felly? Ryn ni'n gyfarwydd â'r syniad o etifedd; ond yma mae'r etifedd hefyd yn mega-broffwyd, sy hefyd rhywsut yn Fab ac yn deall pethau'n well na'r proffwydi eraill, fel petae o'r tu mewn. Mae'r awdur wedyn yn ehangu'r ystyr i ddweud :

yr un y gwnaeth y bydysawd trwyddo.

Waw! Beth ar y ddaear yw ystyr honiad o'r fath? Rydyn ni wedi llamu tu hwnt i'r patrwm cyfathrebu yr oedden ni, fwy neu lai, yn medru dygymod ag ef. Yn lle hynny, dyma ni'n baglu ar draws clamp o osodiad, fel petai rhywun ar ganol sgwrs berffaith resymol â ni, yn datgelu'n ofalus mai fe, mewn gwirionedd, yw Napoleon.

Naill ai felly y mae hi, neu mae'r cwbl sydd yn y darlun blaenorol yn ffiloreg, oherwydd sut ar y ddaear y gall rhywun sy'n ymddangos yng nghanol hanes – ac y mae awdur yr Epistol at yr Hebreaid yn siarad am berson hanesyddol, Iesu o Nasareth – sut y gall y person hwnnw rywsut fod yn rhan o'r broses o greu'r byd? Mae hwnnw, os ddigwyddodd e o gwbl, wedi digwydd amser maith iawn yn ôl, a phrin ei fod yn fath o beth sy'n digwydd trwy berson hanesyddol.

Mae'n demtasiwn dychmygu Duw'r Tad a Iesu yn sefyll gerllaw'r tapiau poeth ac oer mewn bath ac yn eu troi ymlaen gyda'i gilydd, ac yna Iesu'n rhuthro i'r ymyl ac yn sboncio i'r bath tra'i fod yn hanner llawn. Ond a bod yn onest, mae darlun felly'n swnio debyg i fyth; yn wir mae'n swnio'n ddwl. Gwaeth na hynny, dyw e ddim fel petae'n ychwanegu dim gwerth ei ddweud am y bachan arbennig yma ar ganol hanes, sydd wedi bod o gwmpas y lle yn y dechrau cyntaf un. Ar wahan i'w ddyrchafu! Beth bynnag, mae'n osodiad od iawn. Mae'n awgrymu fod y person hanesyddol hwn, a oedd yn byw rhwng dyddiadau pendant fel y gweddill ohonom, wedi bod rhywsut ynglyn â dwyn i fodolaeth bopeth sydd yn bod.

Nawr dwy'i ddim yn bwriadu ceisio rhoi ateb i chi fan hyn sy'n dweud beth yw ystyr y frawddeg 'mewn gwirionedd'. Nid am fod gen i un yn gyfleus – dim gobaith o hynny! Fy mwriad oedd ceisio dangos odrwydd y weithred o gyfathrebu yr ydw i'n gobeithio eich cyflwyno iddi, er mwyn dangos sut y bydd yn rhaid newid ein clustiau a'n dealltwriaeth os ydyn ni'n mynd i allu dychmygu beth yw'r ystyr.

Ac mae'r frawddeg yn mynd yn ei blaen. Yn y cyfieithiad Gymraeg mae na atalnod llawn, ond does dim atalnodi yn y Groeg. Dyma sut y mae'n mynd mlaen:

> *Ef yw disgleirdeb gogoniant Duw ac y mae stamp ei sylwedd ef arno; ac y mae'n cynnal pob peth â'i air nerthol.*

Serch hynny gwell efallai byddai ei arall eirio i rywbeth tebyg i hyn.

> *Ef yw llewyrch gogoniant Duw yn ffrwydro allan, ac argraffnod gweladwy natur Duw (sy o ran egwyddor yn anweledig) ac yn cynnal mewn bodolaeth bopeth sy'n bod trwy orchymyn penodol gallu Duw.*

Mae'r arall eiriad yn dangos yn gliriach mai'r person hanesyddol hwn, Iesu, yw'r un y mae'r disgrifiadau hyn yn perthyn iddo. Felly nid yw'n hawdur ni yn ffoi mewn embaras am ddatgelu'r gyfrinach mai Napoleon ydyw. Nid Napoleon sy wedi dengyd o'r sbens! Mae'n uwch o lawer na Napoleon!

Felly fel y dywedais i, gobeithio nad yw'r hyn sy'n cael ei awgrymu, yn glir o gwbl i chi. Oherwydd rwy am iddi fod yn amlwg ein bod yn dechrau mewn man od iawn. Fy ngobaith i yw y byddwn ni dros yr wythnosau nesaf yn dechrau dod yn gyfarwydd â bod yn fath o bobl *allai* fedru clywed Duw yn siarad trwy'r 'Mab yr apwyntiodd ef yn etifedd pob peth.' Mewn geiriau eraill, yn hytrach na dim ond gwrando ar fachan sy â neges ganddo, fe fyddwn yn dod yn ymwybodol mai rhywun sydd yn hanfod Duw ei hunan, yn rhan o'r broses o greu bob peth, sy'n siarad. Fe fydd yn weithred o gyfathrebu braidd yn wahanol i'r rheini yr ydyn ni'n gyfarwydd â nhw, gan nad yw e'n dweud dim ond "Wel dyma'r cread, popeth sydd, ac mae gan y cread neges i ni fel 'Help! paid â'm llygru na fy llyncu'"; ac mae na fachan arall hefyd sy'n troi lan ac yn ogystal â'r neges gyffredinol honno, yn rhoi cyfarwyddiadau o fath fwy neu lai foesegol.

Na! A barnu oddiwrth beth sy'n cael ei ddweud yn yr Epistol at yr Hebreaid, dydyn ni ddim yn gallu clywed Creawdwr-popeth-sydd, am ei fod y tu hwnt i bopeth sydd, y tu allan i'n holl ffurfiau posibl ni o gymharu. Daeth y Creawdwr hwn i mewn i ddull o gyfathrebu sy'n bywhau popeth sydd yno ar ein cyfer ni, fel peth personol i ni. Y mae'r Greadigaeth – popeth sy'n bod, a Iesu fel person hanesyddol – yn un weithred o gyfathrebu, Duw'n siarad ag un llais.

Ydi hynny'n gwneud synnwyr? Nid gormod, rwy'n gobeithio, oherwydd os ydych wedi gafael ynddi eisoes does dim pwrpas i chi fynd trwy'r cwrs yma ar ei hyd! Yn lle hynny, gobeithio y gwnewch chi eistedd gydag odrwydd yr adnodau yr ydw i wedi dechrau arnyn nhw fel y cawn ni ddod yn gyfarwydd â'r ffordd od yma o wrando yr ydyn ni'n cael ein galw iddo. Mae'n gyfathrebu od!

O ddeall damcaniaeth, i ymollwng a gweithredu

Iawn. Rwy wedi'ch taflu chi i'r pen dwfn diwinyddol, gan led awgrymu, braidd yn anghwrtais, mod i'n gobeithio y gwnewch chi foddi. Mlaen â ni nawr at thema gweddill y traethawd cyntaf hwn, nad yw, a bod yn fanwl, yn ddiwinyddol o gwbl. Fe fyddai'n edrych ar beth rwyn ei alw yn anthropoleg sylfaenol. Mae'r gair ffansi hwnnw yn golygu chwilio ac astudio dechreuadau, ymddygiad a datblygiad corfforol a diwylliannol yr anifail dynol. Dwy ddim yn ei ddefnyddio yn y fan hon i gyfeirio at astudio llwythi pellenig; yn hytrach fe fyddai'n taflu goleuni ar ryw bethau ynglyn â sut yr ydyn ni, yn syml fel bodau dynol, wrth fod y math o anifail yr ydyn ni, yn gweithio. Mae'r pethau hyn i gyd yn bethau yr ych chi fel mater o ffaith yn eu gwybod eisoes. Mae pawb yn eu gwybod. Ac eto, er hynny, fe fyddwn yn ymarferol yn eu diystyru.

Felly rwy am ddechrau trwy ofyn i chi wneud ymdrech reit sylweddol, sef i wrthsefyll am dipyn y demtasiwn i ddiwinydda. Fe ddown yn ôl at ddiwinyddiaeth yn y pen draw, ond am y tro rwy am i chi beidio â rhuthro i gynnig 'atebion duwiol' i unrhyw beth y byddwn yn ei drafod. Fe fyddwn yn lle hynny yn siarad am bethau sylfaenol ynglyn â bod yn ddynol. Er enghraifft, rwy am i ni feddwl am sut yr ydyn ni, pobl ddynol, yn llwyddo i ddweud y gwir, i fod yn eirwir. Rwy am ddangos faint yr ydyn ni, bawb ohononi, dan ryw gyfaredd y mae cyfaill i mi yn ei alw yn 'Eiddigeddu wrth Ffiseg'. Dyma'r gyfaredd sy'n awgrymu i ni mai beth sy'n cario'r gwirionedd yn ein byd yw'r patrwm a ewyllysiwyd i ni gan fathemateg. Felly mae yna bethau sy'n wirioneddol wir, y pethau y gellir eu gosod allan yn syniadau eglur fel mapiau, adeiladau, peirianneg adeiladu pontydd a ffiseg. Dyma'r wyddoniaeth galed. Ac wedyn mae na ffurfiau simsan ar y gwir sydd ddim mewn gwirionedd yn wir iawn, fel naratif, dweud straeon a phethau eraill o'r fath. Dyw bodau dynol sy'n adrodd storïau, awgryma'r patrwm hwn, ddim yn y râs lle bo geirwiredd yn y cwestiwn. Llenyddiaeth? Ffilmiau? Ffantasi yw'r cwbl mewn gwirionedd. Na! Ydych chi'n chwilio am batrwm cywir i'r gwirionedd? Mathemateg, Ffiseg amdani!

Wel, y ffordd y mae hyn yn gweitho mâs i ni yn y cylch crefyddol yw ein bod, yn nodweddiadol ddigon, yn rhagdybio fod yna ffurfiau byw ac arfer a fyddai'n berffaith addas ar gyfer delio â seryddiaeth, ond sy ddim yn addas o gwbl i ddelio â Duw ac â'n cymydog. Y ddamcaniaeth yw mai beth sy'n bwysig mewn diwinyddiaeth yw gafael mewn damcaniaeth a bod yn iawn. Unwaith y byddwn wedi llunio'r ddamcaniaeth, gallwn ddal gafael ynddi, deued dilyw deued tân. A phan fyddwn ni wedi ei iawn lyncu, rhaid mynd ati a'i ddefnyddio'n ymarferol. Felly, y cam cyntaf yw mynnu damcaniaeth eglur; wedyn pan fyddwch chi wedi ei lwyr feistroli, ac yn gwybod y bydd y bont yn sefyll, bant â chi, gweithredwch y ddamcaniaeth, ac adeiladwch y bont, da chi!

Mae hon yn ffordd dda a defnyddiol o feddwl os taw ystyried *adeiladu pontydd* yr ydych chi. Ond mewn gwirionedd, ryn ni'n gwybod o brofiad gyda'r rhan fwyaf o bethau yr ydyn ni'n eu gwybod, ein bod yn eu gwybod o'r tu mewn o ganlyniad i ymarfer. Ychydig iawn ohonom yn grots neu blantos a eisteddodd i lawr a dysgu llyfr o'r enw *Y Ddamcaniaeth o Reidio Beics* oedd yn rhaid i ni ei feistroli cyn bod neb yn gadael i ni eistedd ar gefn beic bach. I'r gwrthwyneb, beth oedd yn digwydd ar y Nadolig, neu'r parti penblwydd, oedd fod beic bach gydag olwynion sefydlogi yn ymddangos, ac fe'n rhoddwyd yn dyner i eistedd arno, ac fe'n daliwyd ac fe dreion ni bob math o symudiadau, gan syrthio sawl gwaith a chrafu'n pengliniau. Ar ôl tipyn fe ddechreuon ni gael rhyw afael ar y peth a chael ein hunain yn medru ymsefydlogi heb ddibynu gymaint ar yr olwynion bach. Rhyw bryd tynnwyd bant yr olwynion bach sefydlogi, ac yna bant â ni.

Cawsom ein hunain yn gwneud rhywbeth am fod pobl eraill yn ei wneud. Fe fuon nhw'n ein hannog i'w wneud, rhoddon nhw i ni fodd i'w wneud, fe fuon nhw'n ein cynorthwyo yn y camau cyntaf. Ac oherwydd hynny cawn ein bod yn gwybod sut i wneud rhywbeth a'i wneud yn gyson well, heb hyd yn oed feddwl amdano. Nawr dychmygwch eich bod yn dysgu rhywun arall, fyddech chi ddim yn debygol o ddweud "O wel, dydw i ddim am i chi ddysgu yn y ffordd ddrwg, hen ffasiwn y dysgais i, sef trwy ymarfer a dyfal donc. Rwy i am i chi ddysgu mewn ffordd newydd sbon cwbl yp-to-dêt mewn llyfr bach o'r enw *Popeth sydd arnochi ei angen i wybod am Reidio Beic*. A phan fyddwch chi wedi dysgu hwnnw ar eich cof, fydd dim angen olwynion sefydlogi; gallwch eistedd ar y peth a bant â chi." Cyflafan fyddai peth felly on'te'fe! Oherwydd un o'r pethau y dysgwn sut i'w gwneud wrth reidio beic yw sut i ddal yn sefydlog a phethau eraill tebyg sydd, cyn i ni gael ein hunain yn eu gwneud, yn ymddangos yn amhosibl. Ac nid am reidio beic yn unig y mae hyn yn wir. Mae'n wir am bron unrhyw ffurf arall o ddysgu, hyd yn oed, fentra'i ei ddweud, Mathemateg. Yn sicr mae'n wir am ddysgu iaith, paentio, diwinyddiaeth neu unrhyw ddisgyblaeth arall. Cawn ein cyflwyno i set o ymarferion ac o ganlyniad fe fyddwn yn dysgu, fel petae o'r tu mewn, sut y maen nhw'n gweithio, a thyfwn i fod yn weithredwyr crefftus ohonynt.

Pan yw'n dod yn fater o ddeall Cristnogaeth, mae hyn yn gwbl sylfaenol. Os ydyn ni dan gyfaredd 'Eiddigedd Ffiseg' yna mae Cristnogaeth yn troi i fod yn fater o afael â'n meddyliau yng nghadernid arbennig rhyw ddamcaniaeth, ac yna ei weithredu, ei ymarfer. A beth sy'n digwydd gyda hynny'n gyflym iawn, yw bod Cristnogaeth yn mynd yn *boring* iawn. A pham lai? Dim ond unwaith y gallwch chi afael yn iawn mewn damcaniaeth ac yna dal gafael ynddi. Wedyn mae popeth yn crebachu i sut y dylech chi ymddwyn, moesau. Mae Cristnogaeth yn cael ei darostwng i fod yn foesau. A dyna, yn fy marn ostyngedig i, yw rhan o ddymchweliad enbyd Cristnogaeth dros y ddau gan mlynedd diwethaf yn y Gorllewin; wrth ei gysylltu yn unig â moesau, a moesau wedi eu clymu wrth ddamcaniaeth oedd yn bodoli cynt, fe'i gwnaed yn *boring*.

Ychydig sy'n fwy diflas a di-lawenydd na moesau pan fo'r rheini ynghlwm wrth sut i ymarfer rhywbeth y dylech chi fod wedi ei ddysgu eisoes. Ond holl bwynt beth fuon ni'n edrych arno yn yr adnodau o'r Hebreaid yw ein bod am gael ein hunain yn derbyn gweithred o gyfathrebu, peth sydd ynddo'i hun yn ddiddorol, anodd a chywrain i'w gyflawni. O ganlyniad, i ddarganfod ein bod yn cael ein cyffwrdd gan y weithred hon o gyfathrebu, dechreuwn ddarganfod mwy amdanom ein hunain nag â wyddem eisoes. Gall hynny weithiau fod yn beth dychrynllyd – ac fe gawn ein hunain yn datblygu arferion o fath newydd sy'n cyfateb i'r ffordd yr ydyn ni'n cael ein hannerch, yn ceisio darganfod ffyrdd newydd o ragori trwyddyn nhw. Ydych chi'n gweld bod hwn yn ddarlun dipyn gwahanol i'r berthynas rhwng dysgu a gwneud, i'r un yr ydyn yn gyfarwydd ag ef? Gobeithio y byddwch yn gweld bod llawer o bethau yn dechrau gwneud gwell synnwyr unwaith yr ydyn ni'n sylweddoli nad mater o "gael y syniadau iawn" yw hyn. Mater yw e o "eistedd gerllaw rhywun sy'n gwneud rhywbeth i ni dros gyfnod", sy'n golygu darganfod o'r tu mewn beth yw ystyr y syniadau wrth i ni ddarganfod ni'n hunain yn tyfu i fod yn rhywbeth. Mae hynny'n wahanol iawn i fod wedi gafael ynddyn nhw o'r tu fâs a cheisio'u gweithredu.

Sylwch, os gwelwch yn dda, cyn i mi symud i'r pwynt nesaf nad rhywbeth yn perthyn yn unigryw i ddiwinyddiaeth neu grefydd yw hyn. Mater o anthropoleg sylfaenol yw, rhywbeth sy'n wir am bob math o ddysgu a wnawn – dysgu iaith dramor, dysgu ymarfer meddygaeth neu'r gyfraith, sut i chwarae offeryn cerdd, neu dod i werthfawrogi ardderchowgrwydd cerddoriaeth wedi ei gynhyrchu gan eraill.

Dianc o fyd yr ymenydd, – arbrofi, ymarfer, aeddfedu.

Rydyn ni'n byw mewn byd diwylliannol dan orthrwm y syniad mai damcaniaeth sy'n dod gyntaf. Er mwyn gwrthsefyll y gorthrwm hwnnw ryw'n awyddus i weithio trwy rai syniadau na fu iddyn nhw enw da tan yn ddiweddar. Rwy'n galw'r elfennau gramadeg hyn yn ddihangfa o fyd yr ymenydd. Y cyntaf yw'r un amlycaf: y cysyniad o sefydlu, y syniad o gael ein harwain gan eraill i wneud rhywbeth dros gyfnod o amser. A dyna wrth gwrs yw sut y bydd unrhyw un ohonom yn cael ein dwyn i unrhyw fath o fedrusrwydd. Nid dim ond crefftau uwch fel y rhai a ddangosir gan gerddorion proffesiynol, ond pethau sylfaenol plentynnaidd fel medru siarad o gwbl. Pobl eraill sy'n ein cyflwyno ni i unrhyw beth. Y mae hyn am ein bod ni'n anifeiliaid, ac fel anifeiliaid yr ydyn ni'n greaduriaid sy'n meddu cyhyrau. Y mae hyd yn oed ein hymenydd, nad ydy'n gyhyr mewn gwirionedd, yn ymateb i ysgogiad fel pe bae e'n gyhyr; mewn geiriau eraill gellir ei estyn, ei ymarfer ac yn y blaen. Ond yr holl bwynt am gyhyrau yw bod angen arnyn nhw, er mwyn iddyn nhw weithio, gael eu hymarfer. Wrth iddyn nhw gael eu hymarfer, maen nhw'n gweithio'n well, a gwell eto. Mae hyn yn golygu bod un or pethau yr ydym yn arfer eu dilorni, sef arferion, (*habits*) yn aruthrol o bwysig.

Habit yw tuedd gyson yr ydyn ni wedi ei hennill dros gyfnod er mwyn medru ymddwyn mewn ffyrdd arbennig. Os ydych chi'n arfer bod yn berson amyneddgar, pan fydd rhywun yn dweud rhywbeth anheg does dim angen i chi frathu'ch tafod a dweud "Paid! Paid! Paid ateb nôl!" am eich bod wedi arfer y nodwedd o beidio â thalu sylw i'r fath beth. Nawr nid yw'r ffaith fod eich hymddygiad yn hen arfer yn golygu ei fod yn llai gwerthfawr nag y byddai petae'n rhaid i chi frathu'ch tafod . Ond y mae'n meddylfryd modern yn tueddu i gredu nad yw'n wir rhinweddol onibai ei fod yn ddidwyll a bwriadol, sy'n golygu nad yw'n arferiad, nac yn duedd ond yn rhywbeth sy'n rhaid ei wneud o'r newydd bob tro y mae'r amgylchiadau'n codi. Ond dwli yw hynny! Gadewch i mi ddefnyddio gyrru car fel enghraifft.

Ar ôl y sesiwn hon, bydd rhai ohonoch yn mynd adre mewn car. Bydd rhai ohonoch yn cael cynnig pas. Rwy am gynnig i chi ddewis o ddau yrrwr. Mae Gyrrwr A yn berson gofalus a meddylgar, a chyn iddi roi arwydd neu droi, neu wneud unrhywbeth mae hi'n ystyried 'Beth ddylwn i ei wneud nesaf?' 'Ai car sy'n dod?' 'Ydi ei oleuadau mlaen?' 'Ddylwn i droi i'r chwith?' Cyn pob gweithred gan Yrrwr A, mae hi'n rhoi ystyrieth iddo. Wedyn mae Gyrrwr B. Dyw hi ddim yn ystyried y pethau hyn yn fwriadol am ei bod hi'n hen gyfarwydd â gyrru. Felly y mae hi'n edrych yn y drych, yn sylwi ar y drafnidiaeth, yn rhoi arwydd, yn nodi beth sy'n digwydd. Nawr mi fentra i, os oes gennych ddewis rhwng mynd adref gyda Gyrrwr A neu Gyrrwr B, fe ewch gyda Gyrrwr B, am fod yna lawer llai o debygrwydd y byddwch chi'n cael damwain. Dyw'r gyrrwr sy'n gorfod ystyried pob un peth y mae hi'n ei wneud ddim yn yrrwr da. Ar y llaw arall, mae'r ffaith fod yna ddiffyg naturioldeb a didwylledd ym mhob un o symudiadau Gyrrwr B ddim yn ei wneud yn salach gyrrwr. I'r gwrthwyneb. Dyna yw hanfod bod yn yrrwr medrus.

On'd yw e'n ddiddorol pan glywn y gair 'arferiad' ein bod yn tueddu i roi gwerth 'drwg' arno, fel bod arferiad yn automatig yn 'arfer drwg'. Ac mae'n arbennig o wir mewn pethau crefyddol; os bydd rhywbeth yn arferol, mae'n tueddu bod yn arwydd drwg , am nad ydi'n ddidwyll, na theimladwy na dilys. Wel math o *schizophrenia* ar ein rhan ni yw hyn oherwydd fe wyddom fel arfer, mai ffurfiau arferol o ragoriaeth sy'n wir gampus, tra bod ffurfiau sy'n gorfod cael eu hystyried drosodd a thro, yn nodweddi prentisiaeth.

Yn enghraifft arall, ystyriwch feddyg. Dychmygwch feddyg sy'n gorfod mynd trwy rhestr o bopeth posibl a allai fod yn bod arnoch wrth roi barn feddygol. Mae'n debygol o fod yn llawer arafach, yn feddyg 'llai da' na'r un sy wedi datblygu math o 'gyffyrddiad', sy'n gyfarwydd â dod o hyd i bethau fel petae'n reddfol ganddo, fel ei fod yn gyson a chyflym yn darganfod beth sy'n bod. Fe fyddech yn twyllo'ch hunan wrth gredu mai greddf oedd e mewn gwirionedd. Nid dyna beth ydyw. Medrusrwydd uchel, rhagoriaeth wedi ei hymarfer yn y *diagnosis* sy'n golygu, yn amlach na heb, nad oes angen ar feddyg o'r fath i fynd trwy restr o bosibiliadau. O dro i dro fe fydd rhywbeth yn peri iddo betruso ac fe ddywed "Mae'n flin gen i, dydw i ddim yn siwr am hyn – gwell i ni gynnal prawf". Wel, rydw i'n eitha siwr y byddai'n well gennym ni i gyd gael ein trin gan feddyg medrus ei arferion yn hytrach na chan feddyg sy'n ddim ond yn drylwyr. Y cwbl sydd gen i yw bod ymarfer yn gwneud rhagori'n bosibl– ac mewn pethau crefyddol, am ryw reswm, rydyn ni'n amau hynny. Does yna ddim byd newydd yn hynny. Yn wir, dywedodd Aristotlys gymaint â hynny amser maith yn ôl, ond bu tuedd ers yr unfed ganrif ar bymtheg i'w ystyried yn sothach. Beth bynnag, y mae'n syniad da o dro i dro i gofio Aristotlys, oherwydd yn hyn o leiaf, yr oedd ei sylwebaeth ar sut y mae'r math yma o greadur dynwaredol yn gweithio, yn gywir.

Felly, cawn ein cyflwyno gan eraill i feddu tueddiadau cyson, a hynny dros gyfnod o amser. A mater y 'tros gyfnod' yma yr ydw i am ei ystyried nesaf. Oherwydd y dybiaeth y tu cefn i'r darlun o wirionedd a roddais i chi, y darlun o ddal gafael mewn damcaniaeth, yw bod rhywbeth sy'n wirioneddol iawn, yn iawn y tu hwnt i amser. Petai e mewn rhyw ffordd wedi ei gyfyngu i set arbennig o amgylchiadau mewn hanes, fel petae dan faich amser, ni fyddai rhywsut cyn wired. Pan yw amser yn cael ei ystyried, mae'n rhaid cymharu amgylchiadau. A'n tuedd ni yw credu bod rhywbeth sy'n iawn wastad ac ym mhob man yn iawn. Rhaid iddo fod yn wir ddoe, heddiw ac yfory, heb gael effeithio arno gan ddifrod a chyfnewidiadau amser a newid. Rhaid i syniadau cywir fod yn rhydd o gadwyni amser.

Wel rydw i am eich hatgoffa chi o rywbeth yr ydym i gyd yn ei wybod. I ni ddynionach, does dim dewis ynglyn ag amser. Rydyn ni'n hanfodol dan faich amser. Does na ddim y fath beth yn bod â chreadur dynol heb ei hydreiddio gan amser. Ni all ein holl amgyffred ddianc rhag amser, ac nid peth drwg yw hyn o gwbl. I'r gwrthwyneb. Yn hytrach na bod ein natur yng ngwisg amser yn ein harwain rhywsut ar ryw nam yn ein geirwiredd, dyma amod y posibilrwydd i'r math yma o greadur fedru cynnal gwirionedd. Pan ddown yn ymwybodol o effaith amser arnom, dyna pryd y down yn alluog i ddweud y gwir.

Gwyddom er enghraifft bod ymhob blwyddyn 365 o ddyddiau a'u bod felly i gyd yr un fath. Serch hynny y mae'r 365 o ddyddiau rhwng eich penblwydd yn wyth a'ch penblwydd yn naw, a'r 365 o ddyddiau rhwng eich penblwydd yn hanner cant a'ch penblwydd yn hanner can ag un, yn teimlo'n dra gwahanol i'w gilydd. Gallech fynnu eu bod 'yn fathemategol yr un fath', ond yn seicolegol dydyn nhw ddim felly o gwbl. Rydych chi'n dechrau edrych yn ôl mewn ffordd wahanol wrth i'ch oes ymestyn. Mae'r blynyddoedd yn byrhau wrth i berspectif ddatblygu. Mae hyn yn golygu bod y mathau o wirionedd a ddywedwch, y ffordd yr ydych yn disgrifio pethau, yn arddangos amgyffrediad o amser wedi ei nodi gan eich lle chi ynddo.

Nawr fe wyddon ni hyn i gyd. Mae'n berffaith amlwg. Ond anaml y byddwn yn cofio'n ffurfiol nad ydyn ni ddim i gyd ar yr un cae chwarae. Does yna ddim mesurydd amser seicolegol i'r bydysawd. Dim ond ein gwahanol fesuryddion o amser sydd gennym, a'r ffordd yr ydyn ni'n eu byw. Ystyriwch y newyddion ar y teledu. Dychmygwch ein bod yn dechrau gwylio'r Newyddion Naw o'r gloch pan oeddem yn ddeng mlwydd oed, ac wedi dal i'w wylio fwy neu lai yn gyson nes i ni farw, dyweder, yn ein nawdegau. Gan amlaf, mae'r cyflwynydd, person rhwng 30 a 50 wedi gwisgo mewn rhyw ddillad fwy neu lai di-sylw, a llais di-duedd sydd rhywsut yn gysurlon. Maen nhw'n siarad am beth sy wedi digwydd y dydd hwnnw â golwg reit ddifynegiant er mwyn medru mynd trwy'r cwbl sydd wedi digwydd. Ac mae hyn yn bwysig i ni gan na fyddai neb ohonom yn disgrifio'r pethau hyn yn yr un ffordd. Dywed y darllennydd, "Heddiw ffrwydrodd bom ynghanol marchnad yn Baghdad gan ladd ugain o bobl.

Mae pôl piniwn newydd yn dangos fod Senator McCain ar y blaen mewn rhagetholiad yn Arizona. Mae Britney Spears wedi colli ei phlant ar ôl brwydr i'w cadw. Mae daeargryn yn Chile heb gynhyrchu tsunami ar ymyl y Môr Tawel fel y disgwylid, ac mae Apple wedi cyhoeddi lansiad lloeren newydd. Mae'r senedd wedi gwahardd i Gyngor Môn gyfarfod nes cynnal etholiad arall." Does dim llawer o amrywiaeth lleisiol. Nawr, byddai plentyn naw oed yn Baghdad, neu Chile, wedi disgrifio'r union un digwyddiad y clywsom amdano, mewn ffordd cwbl wahanol i'w tadcu, 70 oed, yn byw yn yr un man. Oherwydd i bob un ohonyn nhw bydd y digwyddiad yn rhan o gyfres cwbl wahanol o ddisgwyliadau, gobeithion, ofnau, atgofion, ystyriaethau o beth sy'n normal ac yn y blaen. Bydd yr un peth yn wir am bobl Arizona ynglyn â Senator McCain neu hen bobl sy'n gwybod dim am gyfrifiaduron, ynglyn â'r teclyn diweddaraf rhaid-ei-gael oddiwrth Apple o gymharu â'u perthnasau yn eu harddegau.

Mewn rhyw ffordd od, rydyn ni i gyd yn gyfarwydd ag an-amserolrwydd arwynebol a ffug. Serch hynny mae'n ddiddorol ein bod yn rhagdybio bod an-amserolrwydd yn real, er bod ein galluoedd ni i fyw unrhyw un o'r digwyddiadau hyn i gyd wedi eu trwytho mewn amser. A pheth da yw'r trwythiad hwn mewn amser! Hebddo ni fyddem yn dweud y gwir, a fydden ni ddim yn siarad fel bodau dynol.

TRAETHAWD 1

Dechrau'n ddynol, Dal ati'n ddynol

Sesiwn 1 Dechrau Od

CRYNODEB O'R SESIWN

Ar ddechrau'r cwrs fe fyddwn yn ystyried y ffordd arferol y byddwn ni, fodau dynol, yn dysgu a thyfu mewn medrusrwydd. Derbyniwn ddiffiniad ymarferol o Gristnogaeth fel proses o ddarganfod ein hunain fel rhai sy'n derbyn gweithred o gyfathrebu.

PRIF SYNIADAU

1. Hebreaid 1:1-2 yn disgrifio math od o gyfathrebu gan Dduw. Wrth siarad â ni trwy Iesu, y mae Duw'n cyfathrebu fel un sy wedi ymddangos yng nghanol hanes, ond sydd hefyd rhywsut, yn cymeryd rhan yng nghreu'r byd.

2. Amcan y cwrs yw dechrau ymgyfarwyddo â bod yn fath o bobl a allai glywed Duw'n siarad trwy ei Fab, yr un a apwyntiodd ef 'yn etifedd pob peth.'

3. Gan osod diwinyddiaeth i'r naill ochr am y tro, mae'r cwrs yn dechrau gydag anthropoleg (astudiaeth o natur y ddynoliaeth) sylfaenol.

4. Yn hytrach na gafael mewn damcaniaeth, mae bodau dynol yn dysgu trwy gael eu cyflwyno i set o arferion dros gyfnod fel eu bod yn cael eu hunain yn gwybod sut mae pethau'n gweithio o'r tu mewn.

5. Mae Cristnogaeth yn broses o gael ein hunain ar y tu mewn i weithred o gyfathrebu sy'n datblygu ynom ni set o arferion. Mae hynny'n golygu'n bod ni'n darganfod o'r tu mewn beth yw ystyr y syniadau,wrth i ni ddarganfod ein hunain yn tyfu i fod yn rhywbeth neu rywun, na wyddem ni brin ddim amdano cynt.

6. Arferion yw'r tueddiadau cyson yr ydyn ni wedi eu meddiannu dros gyfnod er mwyn medru ymddwyn mewn ffyrdd arbennig. Ymarfer ydi beth sy'n ei gwneud hi'n bosibl i ni ragori.

7. Does yna ddim o'r fath beth yn bod â pherson dynol heb ei lwyr hydreiddio gan amser. Felly, amser yw'r cyflwr lle y medrwn ddweud y gwir amdanom ein hunain.

MATERION I BENDRONI DROSTYNT

- Mae James yn sôn am Gristnogaeth gynt fel ffordd o afael mewn damcaniaeth am beth y mae Duw wedi ei wneud drosom ac yna ymddwyn yn ôl rhyw reolau moesol. Ai dyna yw Cristnogaeth wedi bod i chi? Sut felly? Neu, sut *nad* oedd felly?
- I ba arferion llesol y cyflwynwyd chi iddyn nhw?
- Pwy wnaeth y cyflwyno, a sut wnaethoch feddiannu eich "tueddiadau sefydlog"?
- Beth yw'ch perthynas chi â'r Beibl? Ydych chi'n credu ei fod yn weithred o gyfathrebu oddiwrth Dduw? Os ydych, beth ydych chi'n feddwl y mae'n ei gyfathrebu i ni yn ein hamser a'n lle arbennig ni?
- Pa argraff allai gweithred o gyfathrebu oddiwrth Dduw gael ar eich bywyd chi ?

SYNIAD I GLOI

Â chithau wedi gorffen y sesiwn gyntaf, pam, ydych chi'n meddwl, mai is-bennawd y cwrs yw "Clustfeinio am y Llais na chlywn?" Efallai y byddai'r dyfyniad hwn o'r traethawd cyntaf yn help i gychwyn myfyrdod.

> *"Fy ngobaith am yr hyn fyddwn yn ei wneud gyda'n gilydd yw i ni ddechrau arfer bod yn fath o bobl a allai glywed Duw yn siarad trwy'r Mab a apwyntiodd yn etifedd pob peth".*

TRAETHAWD 1

Dim gair nes i rywun siarad â thi

Sesiwn 2 Yr Arall Cymdeithasol

Dyma fi'n dod at y trydydd pwynt, ac yma rwy'n mynd i gyflwyno ymadrodd y byddaf yn ei ddefnyddio'n aml yn ystod y cwrs yma, ac felly mae'n bwysig eich bod yn deall beth yr ydw i'n ei olygu. Y pwynt yr ydw i am ei gyfleu yw bod yr *Arall cymdeithasol* yn ein rhagflaenu, yn dod o'n blaen ni. Beth rwy'n ei olygu wrth yr *Arall cymdeithasol* yw popeth sy'n arall, yn wahanol i 'fi', ac i bob un ohonom. Pobl eraill, yr hinsawdd, y tywydd, y wlad, y ddaearyddiaeth, yr awyrgylch, ffermio sy'n gwneud tyfu bwyd yn bosibl ac yn y blaen. Sylwch, os gwelwch yn dda, nad ydw i'n cynnwys 'Duw' yn y casgliad yma. Nid yw Duw yn rhan o'r Arall 'cymdeithasol'. Nid yw Duw, fel y gwelwn nes ymlaen, nac yn beth nac yn berson sy'n bodoli fel rhan o'r bydysawd. Yn wir fe fyddwch yn fy nghlywed yn siarad am Dduw fel yr *Arall-arall.* Felly wrth i mi siarad am yr *Arall cymdeithasol*, rwy'n siarad, unwaith eto, ar lefel cwbl ddynol, ar y gwastad os mynnwch. Yr awyr a anadlwn, yr hanes a dderbyniwn, ein rhieni, ein cymdogion, gwleidyddion, a threfn addysg er enghraifft. Dyma'r dylanwadau ffurfiannol sy'n ein llunio ni.

Yr hyn yr hoffwn ei bwysleisio am yr holl aelodau o'r *Arall cymdeithasol* yw rhywbeth sy'n berffaith amlwg, ond y byddwn gan amlaf yn ei anghofio; y mae'r *Arall cymdeithasol* wastad ac yn enbyd yno *o'n blaen ni* ar bob cam o'n taith. Yn gyntaf oll: ble oeddech chi pan aeth eich rhieni ati i'ch cenhedlu? Doeddech chi ddim yn bod. Dyna'r holl bwynt! Doedden *ni* ddim yno. Chawson ni ddim rhan yn y penderfyniad. Wnaeth neb ofyn i ni! Doedd na ddim *fi* yno i wneud dim am hynny. Fe wnaeth rhywun arall rywbeth ac fe gychwynodd hynny'r broses y daethom i fodolaeth trwyddo.

Yn ail, nid yw'n fater ohonyn nhw'n eich dwyn i fodolaeth ac yna darfod a dweud "OK, nawr ein bod wedi cenhedlu'r cenau bach, caiff fod yn greadur sy'n rheoli ei hunan, fel Tamagotchi, rhywbeth fydd yn rhedeg ei hunan nes i'r batri orffen". I'r gwrthwyneb! I'n cymharu ag anifeiliaid eraill, ac ystyried ein maint, mae gennym ni dymor beichiogrwydd hir. Naw mis o feichiogrwydd. Ac yna dymor hirach fyth pan nad ystyrir ni'n annibynnol gan aelodau arall ein hil. Mewn geiriau eraill, am naw mis yr ydym yn gwbl ddiymadferth, ac fe'n hamddiffynnir yn llwyr gan rywun arall. Nid yn unig y cawn ein hamddiffyn, ond rhoddir popeth i ni gan ein mam a'i chorff, a chyda thipyn o lwc, cawn ein hamddiffyn hefyd gan berson dynol arall sy'n galluogi'r person benywaidd ei hun i fod yn gymharol ddiogel, cynnes ac wedi ei bwydo, ar waethaf y ffaith ei bod yn fwy bregus a hawdd ei brifo gan stormydd, lladrad, llofruddiaeth, trais, a'i gallu i amddiffyn ei hunan yn llai o fod yn cario plentyn.

Yna mae'r cenau bach yn cael ei eni. Ydyn ni'n dweud "O'r diwedd ! dyma ni wedi gwneud ein gwaith, gallwn weindio'r teclyn bach fel Tamagotchi a gadael iddo fynd!" Ddim o gwbl. Beth sy'n digwydd i faban sy'n cael ei adael? Mae'n marw. Mae babi sy'n gorfod cychwyn ei hunan yn marw mewn o fewn dim amser. Nid yn unig na allwn gychwyn ein hunain, na chenhedlu'n hunain, allwn ni ddim gofalu am ein hunain ar ôl ein geni. Wyddom ni ddim hyd yn oed sut i reoli tymheredd y corff. Rydyn ni'n gwbl ddibynnol ar beth sydd yn *arall* ar gyfer bwyd, cynhesrwydd, amddiffynfa. Rhan o'n gwendid yw bod ein cyrff yn cael eu geni mewn cymesuredd cwbl wahanol i'n cymesuredd ar ôl tyfu i oed, rhywbeth sy'n brin ymhlith mamaliaid. Os welsoch gaseg yn geni cyw erioed, mae'n beth rhyfeddol; mae'r gaseg yn gollwng yr ebol, ac yn llyfu tamed o'r brych o'i gorff. Mewn cyfnod byr iawn mae'r ebol yn cicio'i goesau ar wahan fel tripod camera ac o fewn ychydig oriau i'w eni mae'n trotian o gwmpas y cae. Hefyd mae ei gymesuredd fwy neu lai yr un fath – coesau i'r corff, i'r gwddf, i'r pen – fel y bydd tan ddiwedd ei oes. Wrth gwrs, fe fydd yn llawer iawn mwy o faint. Ond beth sy'n gwbl ryfeddol amdano yw mor hyfyw ydyw, mor gyflym. Rydyn ni, ar y llaw arall, mor anhyfyw, am gyfnod mor hir; rydyn ni'n gwbl ddibynnol ar yr *Arall cymdeithasol*.

Nid yn unig mater biolegol yw hyn. Does yna ddim *fi* yn cuddio y tu mewn i'r corff sy gen i ac sy'n disgwyl i'r corff hwnnw dyfu digon i'r *fi* hwnnw flodeuo. Na! mewn gwirionedd rydyn ni'n dibynnu ar *Arall cymdeithasol*, gan amlaf ein rhieni neu warcheidwaid, i gychwyn ar ddatblygu 'hunan' o gwbl. Mae arbenigwyr ar yr ymenydd wedi darganfod yn ddiweddar set o niwronau sy'n gyfrifol am danio'r ddawn ynom i ddynwared. Rhoddwyd iddynt yr enw awgrymog *niwronau-drych* (Mirror neurones) Rhain sy'n peri i ni ailgynhyrchu yn ein hymenydd y pethau a wneir i ni ac y gwelwn bobl eraill yn eu gwneud. Mewn geiriau eraill mae'r neuro-wyddonwyr wedi darganfod rhywbeth yr oedd Aristotlys wedi sylwi arno, heb fedru manylu ar y cymhlethdod. Dynwaredwyr sy'n berchen ar offer campus ydyn ni. Mae'r dynwared yn cael ei danio gan rywun yn gwneud rhywbeth i, at, neu o'n blaen ni. Os rhowch eich tafod allan at faban, bydd y baban yn rhoi ei dafod allan atoch chi, a hynny mewn cyfnod eithriadol o fyr ar ôl ei eni. Yn fwy o syndod fyth, ymhen ychydig amser eto bydd y plentyn bach yn gwybod sut i ohirio dynwared; rhowch chi ddymi yn ei geg ac yna rhoi'ch tafod allan ato pan na fedr rhoi ei dafod; pan gymerwch chi'r ddymi ymaith, bydd y plentyn yn gwthio'i dafod allan atoch bryd hynny.

Mae hyn yn llawer mwy na thlws, mae'n rhyfeddol. Mae'n golygu, a hynny mewn amser hynod o fyr, bod niwronau-drych y plentyn yn cael eu tanio mewn ffordd i greu nid yn unig y posibilrwydd o ddynwared, ond y posibilrwydd o ddynwared sy'n ymestyn dros gyfnod – a dyna i chi gychwyn cofio. A meddu cof sy'n mynd i wneud person yn 'hunan' cynaladwy. Unwaith y dechreuwch chi'r oedi dynwared a'i gysylltu ag iaith, i ystumiau a seiniau sy'n cael eu hail adrodd, cewch gychwyn cof, a chyflwr o'r posibilrwydd o rywun yn adrodd stori amdanyn nhw eu hunain. Ymhell o fod yn unigolyn bach sy'n cychwyn ei hunan, y mae'r bwndel bach yn cael ei danio gan bobl *eraill* yn gwneud pethau iddo ac ato. Ac fe fydd hyn yn mynd ymlaen am hir iawn. Fel y gŵyr unrhyw addysgwr, mae na fyd o wahaniaeth rhwng rhiant neu warchodwr, neu athro'n siarad wrth blentyn a gadael plentyn o flaen y teledu. Gall yr union un seiniau ymddangos ar y teledu heb gael eu dysgu, ac heb i'r niwronau drych gael eu tanio. Fel plant gallwn wahaniaethu'n rhyfeddol rhwng pethau'n cael eu gwneud heb fod yn rhan o rywbeth sy'n cael ei wneud i ni, a'r union yr un pethau'n cael eu gwneud (a defnyddio ymadrodd hen ffasiwn) erom, neu er ein mwyn ni . Dyma sy'n cynhyrchu ynom fedrusrwydd, iaith, ac yn y blaen.

Dynwared Dyheu – Dyhead yr Arall

Nawr te, mae na rywbeth sydd hyd yn oed yn fwy rhyfeddol na hyn. Hyd yn hyn gallech ddweud "O'r gorau, yr arall cymdeithasol sy'n rhoi i ni gorff, ac er ein bod yn gyndyn i gydnabod hynny, hwnnw sy'n cynhyrchu ynom y ddawn i feddu côf, iaith ac yn y blaen. Ond serch hynny, ein dymuniad yw hawlio bod ynom ni, yn ddwfn iawn, ryw ddyheu *unigol*, sy'n eiddo i ni yn unig, yn ddim byd i wneud â neb arall?" Wel nag oes! Dynwared yw'r peirianwaith y mae'r arall cymdeithasol yn ei ddefnyddio er mwyn ein dwyn ni i fodolaeth; daw'n gynyddol amlwg bod hynny'n cynnwys hyd yn oed y dyheu y tybiwn ei fod yn eiddo i ni fel unigolion. Nid sôn am ein greddfau, yr ydw i; mae'r rheini wedi eu pennu'n fiolegol; sôn ydyn ni am y modd y mae'r greddfau hyn yn cael eu derbyn, eu trin, a'u byw'n gymdeithasol ganddon ni, greaduriaid y gellir dylanwadu arnom mor hawdd.

Beth y mae'r gwyddonwyr wedi sylwi arno yw bod plentyn yn gallu gwahaniaethu, a hynny'n gynnar, gynnar iawn, rhwng oedolyn yn gwneud rhywbeth a'r oedolyn yn methu gwneud yr un peth. Dychmygwch berson mewn oed yn araf a bwriadol yn rhoi darn o rwber tebyg i 'doughnut'ar frigyn o flaen plentyn. Nawr dychmygwch yr un oedolyn yn ceisio, ond yn methu rhoi'r cylch ar y brigyn. Beth sy'n syndod yw y bydd y plentyn yn dynwared y llwyddiant o roi'r cylch ar y brigyn, ond ddim yn dynwared y methiant. Mewn geiriau eraill nid yw'r plentyn yn dynwared y symudiad mecanyddol. Dynwared y bwriad y mae'r plentyn, rhywbeth cwbl anweladwy ac an-fecanyddol.

Nawr dyma rywbeth y bu i fy arwr innau, René Girard, sylwi arno ddeugain mlynedd yn ôl, ac mae'r 'wyddoniaeth galed' wedi dal i fyny ag e nawr; mae *bwriad* yn cael ei fenthyca oddiwrth yr arall. Neu, yn iaith Girard, sy'n well gen i ei ddefnyddio, yr ydym yn dyheu *yn ôl dyheu yr arall.* Rydw i eisiau gwneud beth y'ch chi *eisiau'i* wneud. Rydw i eisiau bod y person yr ydych chi. Rydych chi'n fy awgrymu i fodolaeth trwy fy nynwared ohonoch chi. Yr hyn sy'n aruthrol o bwysig yn y fan hon yw mai'r ymadweithio rhwng dyheu y naill a'n niwronau-drych sy'n caniatáu i ni ddatblygu empathi. Dyna sy'n dechrau rhoi i ni dros gyfnod, yr ymwybyddiaeth o bwy ydyn ni. Mae pwy ydyn ni yn dod drwy sylwi ar rywun arall. Sut mae baban yn dysgu gyntaf pwy yw e? Trwy weld ei hun yn cael ei adlewyrchu yn un sy'n arall iddo (ac fe welsom gymaint y mae plant bach yn cael eu cynhyrfu gan berthnasau sy'n gwisgo sbectol, gan fod y plant yn gallu gweld eu hunain yn adlewyrchiad y sbectol). Yn ôl fel y mae'n cael ei drin gan oedolyn, felly y bydd yn credu y mae ef ei hunan. Os yw'r oedolyn wedi dychryn gan yr holl fusnes o gael plentyn ac yn dal y plentyn yn ofnus, beth fydd y babi'n dysgu yw "Rydw i'n rhywbeth sy'n peri dychryn". Fe fydd yn cynnal ei hun mewn ofn. Os yw'r rhiant wedi ymollwng, bydd y baban yn gweld bod y rhiant yn falch ei fod yno ac yn dysgu "Rydwi'n rhywun gwerth chweil".

Rydyn ni'n derbyn pwy ydyn ni, trwy lygaid rhywun arall. Mae'r ddirnadaeth anthropolegol hon yn ganolog i bopeth a ddysgwn yn y cwrs hwn.

Carwn gryfhau'r pwynt gydag un enghraifft arall o sut y mae'r *Arall cymdeithasol* yn rhoi bodolaeth i ni, yn ein gyrru ni, os mynnwch, sef iaith. Nid mater o ddysgu geiriau trwy ddynwared seiniau pobl eraill ydyw, er ein bod yn gwneud hynny. Dyma'r gwir, ein bod yn cael ein hunain wedi'n gosod mewn iaith. Roedd yr iaith yma o'n blaen ni. Siaradwyd y Gymraeg am ganrifoedd cyn i ni ddod a dechrau gwneud smonach ohoni. Fe'n cyflwynwyd i glywed seiniau, i roi prawf arnyn nhw, ceisio darganfod beth yw eu hystyr, eu bwrw yn erbyn pobl trwy ddweud, weithiau'r peth anghywir a disgwyl cael ein cywiro, neu rhywun yn gweiddi arnom, neu gael ein bwrw i'r llawr, nes i ni gael ein hunain yn ymroi'n fedrus i ddefnyddio'r iaith Gymraeg. Ond nid ni a'i dyfeisiodd. Yr iaith a'n dyfeisiodd ni. Dyna'r peth hynod: am ein bod yn cael ein hunain yn nofio o fewn strwythur iaith arbennig yr ydym yn medru mynegi'n hunain mewn ffordd arbennig.

Mae unrhyw un ohonoch sy'n rhugl mewn iaith wahanol i'ch mamiaith yn gwybod fod patrwm eich teimladau rhywsut yn wahanol mewn iaith arall. Rydych chi rhywsut yn berson gwahanol, rydych chi'n teimlo pethau'n wahanol, mae na deimladau a ffyrdd o fod a gwneud pethau na fedrwch yn union eu cyfieithu. Does dim byd yn bod ar hynny! Symptom ydych chi o'r iaith sy'n siarad ei hun trwyddoch chi. Nid yw hynny'n golygu na fedrwch fod yn ddyfeisgar yn yr iaith. Ond gallwn i gyd wahaniaethu rhwng dyfeisgarwch rhywun sy ddim yn ei siarad yn dda ac felly'n debygol, o dro i dro, o ddefnyddio ymadroddion newydd am fod eu gramadeg yn anghywir. Gallwn wahaniaethu rhwng rhywun fel yna a rhywun fel Shakespeare oedd yn ystumio gramadeg ac yn dyfeisio geiriau allan o fywiogrwydd ei athrylith. (Dyna nodwedd bardd mawr). Ond mae gwahaniaeth mawr rhwng y ddau. Nid yw'r Almaenes sy'n dysgu siarad Saesneg am y tro cyntaf ar yr un lefel â Shakespeare o ran dyfeisgarwch ei hiaith. Mae'r defnydd creadigol o'r iaith gan yr Almaenes yn arwydd o fethu â bod yn symptom priodol, yn sianel fedrus ar gyfer yr iaith; tra bod iaith Shakespeare yn arwydd o feddu'r fath feistrolaeth dros yr iaith fel ei fod yn medru disytyru'r rheolau, yn dianc oddi wrthyn nhw a chael ei werthfawrogi am hynny. [3]

---

3. *Yr ydyn ni Gymry Cymraeg yn ymwybodol o naturioldeb y gynghanedd ac yn cydnabod bod cynganeddu yn Saesneg rhywsut yn anodd a ffuantus, ond pan yw'n fwriadol ddoniol. ERM*

O'r gorau! Y mae'r *arall* yn dod o'n blaen ni yn yr holl bethau materol hyn, pethau ieithyddol, pethau ymenyddol a'n dyheu, ein chwennych. A'r rheswm pam yr ydw i wedi cymeryd taith fwriadol hir i gyrraedd y fan hon, yw ei bod yn agor allan o'n blaen rhywbeth y gwyddom ei fod yn wir, ond yr ydym yn arfer ei anghofio. Cofio mor wir yw hyn, sydd yn hollbwysig i'r rhai sydd â'u proffesiwn yn dibynnu llwyr ar ei gofio, sef y rhai sy'n gysylltiedig â'r diwydiant hysbysebu. Maen nhw'n gwybod yn iawn y gellir cynhyrchu ynof fi ddyhead neu chwennych am rywbeth nad oes arnaf ei angen, na'i eisiau, ac sydd y tu hwnt i'm hadnoddau ariannol. Rhaid iddynt ddarparu model o ryw fath ar gyfer fy nyhead; bydd y model hwnnw'n ddeniadol, yn amlwg yn mwynhau ef neu hi ei hunan, yn meddu rhyw asbri sy'n awgrymu'n gynnil y byddai bod yn berchen ar y car yma, neu ymdoddi yn y bywyd cymdeithasol sy'n gysylltiedig â'r ddiod hon, wedi eu galluogi i fod yn fagned i ferched pert, yn llwyddiannus, yn hunanfeddiannol neu'n medru denu llanciau hardd – neu beth bynnag yw fy nyhead. Y neges yw hyn: pe bawn i ond yn berchen ar hwnna, yna fe fyddwn yn debyg iddyn nhw. Hebddo, dim ond hanner person ydw i yn y siap corff anghywir – ac felly ymlaen.

Fel enghraifft o feistrolaeth yr hysbysebwyr ar eu crefft, maen nhw wedi datblygu rhywbeth a elwir yn 'farchnata heintus' sy'n gweithio fel hyn: daw sbïwyr, er enghraifft o Adidas neu Nike, ar sgawt mewn rhyw ysgolion uwchradd. Fe'u hyfforddwyd i nodi pwy yw'r plant mwyaf poblogaidd, pwy yw'r rhai sy'n arwain y ffasiwn, y rhai sy'n *cool*, y rhai y mae'r lleill eisiau bod yn debyg iddyn nhw, o'u cymharu â'r rhai sy'n cael eu gadael allan, y rhai sy'n sgelcian ar eu pennau hunain amser chwarae. Yna mae'r sbïwyr yn mynd at y plant poblogaidd ac yn rhoi iddyn nhw'r pâr diweddaraf o beth bynnag y maen nhw'n ei werthu – *Air Jordans*, er enghraifft. Maen nhw'n gwneud hyn am eu bod yn gwybod yn iawn eu bod trwy roi un pâr fan hyn ac acw, wedi eu gosod yn ddethol, fe werthan nhw dri chan pâr mewn wythnos. Oherwydd os yw'r plant yma'n eu meddu, fe fydd pawb sy'n dymuno bod yn 'rhywun' hefyd yn gorfod eu cael. Dyna farchnata heintus, a thrwyddo y mae rhyw wrthrych nad ydyw ynddo'i hun o ryw werth mawr yn ennill gwerth aruthrol am fod rhywun arall yn berchen arno ac mae'r dyheu yn ymestyn fel pla. Dyheu yn ôl dyheu yr arall.

Mae hyn yn wir amdanom boed yn fater o ddillad, gwragedd, gwyliau, ceir, cartrefi, gwŷr, cariadon – enwch chi 'nhw! Ni yw'r anifail y mae'n greddfau wedi eu trawsnewid yn ddyheadau. Mae hyd yn oed ffurfiau sylfaenol greddfol bywyd sydd ynom i gyd, y ffordd yr ydym ni'n cysgu, bwyta, neu'n cael cyfathrach rywiol â'n gilydd. Mae'r holl bethau hyn yn cael eu derbyn gennym ni mewn patrymau wedi eu llunio o'n blaen gan ddyheadau pobl eraill. Yr *Arall cymdeithasol* sy'n cynhyrchu ei hun o'r newydd ynom ac yng nghorff pob un ohonom, gan ddwyn i fodolaeth yr isadran hwnnw o 'ni' sydd yn 'fi'.

Mae'n flin gen i draethu mor hir am hyn i gyd ond rydw i wir eisiau i ni fod yn rhydd oddiwrth y darlun o fyd seicoleg-bop y mae'r rhan fwyaf ohonom yn syrthio nôl arni. Mae'r darlun seicoleg-bop yn rhagdybio, yn rhywle, yn gymharol annibynnol ar ddamweiniau geni, cefndir a magwraeth, ryw ***fi*** real. Mae'r fi real yn ddilys a chanddo'i ddyheadau ei hun, a dyna beth sy'n fy ngwneud yn wahanol i bawb arall. Er fod dros dro yn dibynnu ar bobl eraill mewn ffordd reit bryfoclyd dydw i ddim, wir, yn ddibynnol. Yn wir, fi yw canol y bydysawd, ond yn disgwyl am i'r gweddill fynd ar eu gliniau a chydnabod y ffaith.

Wel, fel y gwelsoch, dwli yw hyn. Mae yna 'fi' real, ond y mae'n real fel prosiect neu gywaith dros amser ac mae'r hyn sy'n dod i fodolaeth trwy'r corff arbennig hwn, wedi ei eni yn y man a'r lle hwn i'r rheini arbennig hyn. Dyma sut y mae'r corff wedi dysgu sut i ddod i delerau dros gyfnod gyda'r 'ni' sy'n ei ragflaenu ac sydd o'i gwmpas. Y corff hwn dros gyfnod sy'n wahanol i gyrff pawb arall. Y patrymau dyheu hyn sy'n ein gwneud yn debyg, nid yn anhebyg, i'n gilydd.

TRAETHAWD 1

Dim gair nes i rywun siarad â thi

Sesiwn 2 Yr Arall-cymdeithasol

CRYNODEB O'R SESIWN

Mae James yn ein cyflwyno i ddau syniad pwysig iawn fydd yn cael eu defnyddio trwy gydol y cwrs. Y cyntaf yw mai'r *Arall-cymdeithasol* yw popeth yn y byd ar wahan i fi, a beth ddaeth â fi i fodolaeth. Yr ail yw *Dyheu* (*desire*) – yr ydyn ni'n dyheu yn ôl dyheu yr *Arall*.

PRIF SYNIADAU

1. Yr "*Arall cymdeithasol*" yw popeth yn y byd sy'n wahanol i "fi". Y mae'n bodoli o'n blaen ni ac yn cynnwys pobl eraill, yr hinsawdd, y tywydd, y wlad, y ddaearyddiaeth, yr atmosffer, yr amaethyddiaeth sy'n ei gwneud yn bosibl i dyfu bwyd ac yn y blaen.

2. Nid yw Duw yn rhan o'r *Arall-cymdeithasol*. Duw yw'r *Arall-arall*.

3. Yr *Arall-cymdeithasol* a'n dygodd ni i fodolaeth trwy ein rhieni, neu ofalwyr fu'n ein cynnal ni nes i ni ddod i oed. Mae'n rhyfeddod mor ddiymadferth yw bodau dynol ac am ba hyd; mor gwbl ddibynnol yr ydyn ni ar yr *Arall-cymdeithasol*.

4. Mae gan fodau dynol gyfarpar anhygoel fel dynwaredwyr, ac mae'r dynwared yn cael ei ysgogi wrth i rywun wneud rhywbeth drosom ni, atom ni, o'n blaen ni. Dynwared yr *Arall-cymdeithasol* sydd dros gyfnod yn cynhyrchu "hunan" ynom ni

5. Rydyn ni'n dyheu yn ôl dyheu yr *Arall*.

6. Mae pwy ydyn ni'n cael ei rhoi trwy ystyriaeth rhywun arall.

7. Yr *Arall-cymdeithasol* sy'n ad-gynhyrchu ei hun ynom ac yn ein cyrff, gan ddwyn i fodolaeth isadran o *Ni* – sef *Fi*.

8. Mae'na *Fi* real; sef y corff hwn a aned mewn amser a lle arbennig i'r

rheini arbennig hyn, sy'n dysgu dros gyfnod sut i drafod gyda'r *Ni* a ddaeth o'n blaen ac sy'n dal i fod o'm cwmpas. Patrymau chwennych yw'r pethau sy'n ein gwneud yn debyg i'n gilydd, nid yn bethau sy'n ein gwneud yn wahanol i'n gilydd!

MATERION I BENDRONI DROSTYNT

- Beth yw'ch barn chi am y cysyniad o *Arall-cymdeithasol?* Ydi e'n gwneud synnwyr i chi, neu a oes gennych gwestiynau i holi? Beth yw'r cwestiynau?
- Dyma eto, o'r sesiwn ddiwethaf, ddiffiniad James o beth yw arferion (habits): *Arferion yw anianawd cyson yr ydych wedi ei feithrin dros gyfnod er mwyn medru ymddwyn mewn ffyrdd arbennig. Arferion sy'n ei gwneud yn bosibl i ni ragori.*
- Allwch chi feddwl am ryw arfer neu *anianawd cyson* yr ydych chi wedi ei ennill dros amser?
- Ystyriwch sut y bu i'ch dyheu chi am yr anian gyson hon gael ei chynhyrchu o'r newydd ynoch chi.
- Allwch chi roi enw ar y person neu'r rhan o'r *Arall-cymdeithasol* a fagodd y dyhead hwnnw ynoch?
- Pa ran a chwaraeodd yr *Arall-cymdeithasol* yn y stori yr ydych chi wedi ei hadrodd am eich doniau chi? Ym mha ffordd y gallai'ch stori chi fod yn symud mlaen ?
- Pam y mae James yn rhoi cymaint o bwyslais ar y ffaith fod yr *Arall-cymdeithasol* yn dod o'n blaen ni?
- Ydych chi'n berson gwahanol mewn mannau gwahanol? Os felly rhowch enghreifftiau? Pam ydych chi'n meddwl bod hyn yn digwydd?
- Allech chi ddisgrifio pwysau gan gyfoedion ("peer pressure") yn nhermau'r *Arall-cymdeithasol?*
- Oes yna gyfnodau pan yw pwysau cyfoedion yn gwneud llês i chi?

Rhestrwch rai ohonyn nhw.

- Pryd ddylech chi wrthsefyll pwysau cyfoedion?

SYNIAD I GLOI

Ystyriwch sut y mae cydnabod ein dibyniaeth ar yr *Arall cymdeithasol* yn newid ein ffordd o ddeall ein hunain. Efallai y ffeindiwch chi'r dyfyniad hwn o'r traethawd cyntaf yn help i brocio'r meddwl. "Mae'na *Fi* real yn bod, ond y mae'n real fel prosiect dros gyfnod sy'n cael ei ddwyn i fodolaeth trwy'r corff arbennig hwn, wedi ei eni ar amser ac mewn lle arbennig i'r rhieni arbennig hyn. Dyma sut y mae'r corff yma wedi dysgu trafod dros gyfnod gyda'r *Ni* sy'n dod o'i flaen ac sydd o'i gwmpas. Y corff hwn dros gyfnod sy'n wahanol i gorff neb arall."

TRAETHAWD 1

Dim gair, nes i rywun siarad â thi

Sesiwn 3 Cof a Datguddiad

Fe garwn fynd yn ôl i roi prawf ar rywbeth ac ystyried ymhellach y darlun o'r *Arall-cymdeithasol* sydd yn ailgynhyrchu ei hun ynom ni, ac ym mhob un ohonom ni. Rwy am edrych eto ar fater cofio. Fe gofiwch bod *cof* yn cael ei gynhyrchu ynom dros gyfnod o amser, wrth i'r niwronau-drych gael eu tanio, ac wrth i ninnau ddechreu ailadrodd ystumiau a seiniau. Wedyn fe fyddwn ni yn gyflym iawn yn dechreu gallu gohirio ymateb. Cawn ein hunain yn dynwared seiniau ac ystumiau ac yn eu rhoi at ei gilydd fel eu bod yn cyfuno i fod yn gyfrwng cyfathrebu ac yn iaith. Gyda hyn fe ddechreuwn fedru gosod ein hunain yn y grwp sydd o'n cwmpas. Fe ddechreuwn fedru bod yn 'fi' dilys yng nghanol y 'ni'. Nid bod y 'ni' yn gasgliad o 'fïau' (neu fïoedd) sydd wedi dod at ei gilydd. Y 'ni' yw beth alluogodd y 'fïau' i ddod i fodolaeth. Ac mae'r 'fi' sy'n dod i delerau â'r 'ni', dros amser yn medru dweud stori am 'fi fy hun'. Rwy'n dod o A, fe'm ganed yn B, rwy'n perthyn i'r teulu yma o'r dosbarth cymdeithasol hwn, gyda'r lefel addysg hon – rhain i gyd. Rwy'n dechrau dweud stori amdana'i fy hun. Hyd yn oed mewn pethau sylfaenol plentynnaidd fel "Nid fi dorrodd e, hi wnaeth" – ac ymdrechion eraill i wynebu'r 'ni' hynny sydd yn rhieni dicllon.

Yr ymdrechion hyn i ddechrau dweud stori yw'r peth sy'n llunio'r cof. Ymhlith pethau eraill, y cof yw'r gallu i fod yn ddichonadwy, (*viable*) fel person. Dyna pam mai un o'r pethau mwyaf anodd i ni yw dod ar draws person sy naill ai wedi colli cof yn llwyr neu sydd ym mhellteroedd clefyd Alzheimer. Mae'r gair *gwall-gof* yn hynod ddisgrifiadol. Nid eu bod wedi *anghofio* pwy ydyn nhw, fel pe bai yna rhyw hunan oedd yn dal eu hatgofion. I'r gwrthwyneb, gan mai ein *ni* sy'n rhoi strwythur i ni, sy'n ein dal mewn bodolaeth, yn 'ni'n hunain', maen nhw wedi *colli* pwy ydyn nhw. Mae'n rhaid i bobl eraill barhau i ddal gafael yn 'pwy ydyn nhw', am y tro, gan gofio o ble maen nhw'n dod, ble maen nhw'n byw nawr. Nid *ni* sydd ag atgofion. Atgofion sy'n ein meddiannu *ni*. Mae'n beth od ar y naw i ddweud hynny, ond mae'n fwy cywir. Yr atgofion sy'n rhoi cadernid i'r 'fi' sy'n medru dweud y stori.

Fe fydd hyn yn bwysig iawn yn ein cwrs wrth i ni ddod i edrych ar le stori neu narratif yn ein bywydau. Oherwydd rydyn ni'n ymwybodol nad ydyn ni'n gywir bob amser. Mae atgofion yn newid dros gyfnod, weithiau oherwydd perspectif, weithiau drwy anghofrwydd, neu golled, weithiau oherwydd rhyw rwystr a achoswyd gan ddigwyddiadau trawmatig, ac weithiau trwy lurgunio bwriadol. Weithiau fe dreiwn ni roi cyfrif ffug ohonom ein hunain. Fe gymerwn arnom ein hunain mai ni yw'r Dduges Fawr Anastasia neu rhyw ffigiwr ffantasi arall. Mewn geiriau eraill, gall cofio fod yn wir neu'n ffug. Ond heb gof, does yna ddim hyd yn oed 'fi' ffug ar gael. Serch hynny mae'r gallu i fod y math o berson sy'n cofio – hynny yw yn ail-lunio, yn rhoi darnau ynghyd – yw rhan o beth yw e i fod yn ddynol, sy'n golygu nad rhywbeth ychwanegol yn ein bywyd yw stori, ond y peth sy'n cyfansoddi ein bywydau.

Dweud stori ac adolygu hanes

Mae hyn yn arwain, fel y gallech ddychmygu, at elfen ychwanegol yn ein hymwybyddiaeth o ba mor amheus yw'r darlun o'r gwirionedd sy'n rhoi pris uwch ar Fathemateg a Ffiseg nag ar realiti stori. Nid ffurf eilradd ar eirwiredd dynol yw dweud stori. Dyma'r fframwaith sylfaenol y mae'r ddynoliaeth yn cyfathrebu drwyddi. I fodau dynol does yna ddim y fath beth yn bod â gwybodaeth heb stori. Pam? Oherwydd y mae hyd yn oed Mathemategwyr, Astronomyddion a Ffisegwyr yn aelodau o gymunedau o storïwyr. Hynny sydd wedi eu galluogi i wneud eu darganfyddiadau a datblygu miniogrwydd, trwy gydgysylltiadau arbennig, a'u newid, yn y ffordd yr adroddir straeon. Heddiw, mae'n dda gen i ddweud bod gwyddonwyr ymhlith y dadleuwyr mwyaf grymus ac eglur o blaid y dull ôl-Cartesaidd hwn o ddeall pethau.

Nawr mae hyn yn fy arwain at rywbeth y gwnes i gyffwrdd ag ef o'r blaen, sef ein bod yn bobl wedi ein geni mewn amser, yn derbyn ein 'fi' dros gyfnod o amser, yn derbyn ein gallu i ddarganfod ein hunain. Mae hynny'n digwydd trwy bobl eraill, pobl sydd wedi'n cyflwyno i fedrusrwydd dros amser, yn cael ein perspecif yn symud dros amser. Oherwydd hyn y mae pob ffurf arall ar wybodaeth wyddonol, a phob ymdrech hefyd, wedi ei gymhwyso gan amser. Mae na elfen o stori ynddi, ac ni fyddai'n bod hebddo. Ac mae hynny'n ein gwneud ni i gyd, prun ai ydyn ni'n hoffi hynny neu beidio, yn haneswyr sy'n adolygu ac yn edrych o'r newydd ar hanes, a hynny weithiau i ategu rhyw ddogma'n hytrach na cheisio deall hanes o'r newydd.

Mae haneswyr o'r fath yn cael eu galw yn Saesneg yn *revisionist historians.* Yn ystod y Rhyfel Oer cyhuddid y Comiwnyddion o edrych ar hanes trwy eu sbectol eu hunain. Cyhuddwyd nhw o deilwra ffeithiau er mwyn dangos sut yr oedd Cuba, neu Ogledd Korea neu Albania wastad wedi bod ar y ffordd i ddatblygu'n wladwriaethau sosialaidd perffaith. Yr oedd pob eiliad yn ngorffennol hanesyddol y gwledydd hynny rywsut yn rhagfynegiad o bethau fel ag y maen nhw nawr. Yr oedd unrhyw beth anghydnaws â'r darlun, rhywsut yn cael ei anghofio ac mewn ffordd ddirgel yr oedd teithwyr, artistiaid, milwyr o genedlaethau cynharach yn ymddangos fel Sosialwyr cyn pryd. Oherwydd hyn byddai Comiwnyddion yn dadlau nad oes ond un ffordd gywir o ddeall hanes ac y mae'r holl ffyrdd hanesyddol eraill yn arwain yn anochel at y ddealltwriaeth bresennol o ble yr ydyn ni nawr. Mae popeth yn arwain at y paradwys Sosialaidd.

Dyma'r math o gyhuddiad oedd yn cael ei anelu at yr haneswyr arbennig hyn a byddai beirniaid wastad yn cwyno: "Dyw hynny ddim yn gall." Mae na liaws o ffyrdd eraill i ddeall hanes Cuba neu Ogledd Korea. Y mae hanes wedi ei ail-wampio'n hanes gwael. A do, wrth gwrs fe wnaeth haneswyr yr ail-wampio gynhyrchu hanes sâl. Fe wyddom ni hynny. Mae hanes yn hen fusnes llawer rhy fawlyd i alluogi neb ohonom i benderfynu o flaen llaw beth fydd y llinell fras fawr, a beth y bwriadwyd iddi fod o'r dechrau. Ond ar y llaw arall, rydyn ni i gyd, ar bob cyfle, yn gwneud yr un peth. Rydyn ni i gyd yn ailwampio, yn cywiro hanes gan nad oes yna ffordd arall i ddweud y stori am sut y daethom i fodolaeth, a phwy ydyn ni. Ac nid yw'r dull sydd gennym yn ddrwg i gyd.

Ystyriwch y peth fel hyn: dychmygwch eich bod yn ddeuddeg oed a bod rhywun yn dod o hyd i chi mewn picil ac yn dweud, "Pwy y'ch chi a beth y'ch chi'n wneud?" Ac fe fyddwch yn ystyried yn hir a dwys, gyda'r holl ddidwylledd a diniweidrwydd y gall person ddeuddeg oed ddal i'w gynhyrchu, a rhoi ateb cwbl addas, a chyfyng. A dyna ateb person ddeuddeg oed. Yna ugain mlynedd yn ddiweddarach daw rhywun a dweud wrthych, "Pwy ych chi a beth ych chi'n wneud?" Ac fe fyddwch chi'n cofio beth ddywedsoch chi pan oeddech chi'n ddeuddeg oed a dweud wrth eich hunan, "Rarswyd, rhaid i mi fod yn onest. Er bod hynny amser maith yn ôl rydw i'n berson cyson a geirwir a rhaid i mi ddweud yr un peth, neu fe fydda'i'n dweud celwydd." Ac fe rowch yr un ateb ag a wnaethoch pan oeddech chi'n ddeuddeg. Wel, rwy'n gobeithio y byddai'r person oedd yn siarad â chi'n drideg rhywbeth yn syllu arnoch mewn syndod ac arswyd ac yn meddwl bod angen mynd â chi i'r seilam. Oherwydd bydden nhw wedi darganfod rhywun bregus tu hwnt, person nad oedd yn y blynyddoedd rhwng ddeuddeg a 32 wedi dysgu dim am bwy ydoedd. Ni fyddai'ch darlun ohonoch chi'ch hunan wedi datblygu o gwbl. Canlyn, syrthio mewn cariad, mynd i'r ysgol, mynd i brifysgol, ymladd mewn rhyfel, priodi, cael plant; nid yw'r pethau hynny wedi cael unrhyw ddylanwad ar eich disgrifiad o bwy ydych chi. Yn fyr, rydych chi wedi methu ag adolygu, ail-wampio'ch hanes. Rydych chi wedi methu â sôn am eich hunan mewn ffordd fyddai'n cyfleu fod yr holl bethau hyn oedd wedi digwydd yn cael eu cynnwys mewn stori oedd yn datblygu'n naturiol.

Nawr mae'n bosibl hefyd ail-wampio hanes mewn ffordd gelwyddog. Cymerwch achos rhywun sy'n llenwi CV gwbl dychmygol gyda graddau prifysgol neu fedalau Olympaidd na ennillwyd ganddo erioed. Gallai'r person yna fod yn gelwyddgi; ar y llaw arall gallai fod yn ffantasist. Dyna ddwy ffordd gwahanol o adolygu hanes personol. Nid gwadu ydw i bod mathau drwg ar ailwampio hanes yr ydw i, ond rwy'n mynnu na allwch fod yn dweud y gwir ond fel hanesydd sy'n ailadolygu trwy'r amser. Rydyn ni'n adolygu'n stori wrth fynd ymlaen, a phe baen ni ddim yn gwneud hynny fe fyddem yn llai, nid yn fwy geirwir. Yn ddiweddarach yn y cwrs yma fe welwn ni bod hyn yn bwysig mewn diwinyddiaeth, oherwydd hebddo ni fyddai'r syniad o faddeuant pechodau'n golygu dim. Oherwydd y mae rhywun y mae ei bechodau'n cael eu maddau yn un sydd yn cael ei ryddhau mewn ffordd arbennig oddi wrth ei orffennol. Mae e'n derbyn gan rywun arall y rhodd o ddealltwriaeth newydd gyfan i'w gynnal mewn perthynas â'i orffennol. Ond nid gelyn y gwir yw'r adolygu hwn; trwy adolygu'n hanes yr ydyn ni'n datblygu'r gallu i ddweud y gwir.

Datguddio a Darganfod

Un pwt bach olaf o anthropoleg sylfaenol cyn i mi roi i chi bigiad diwinyddol sydyn yn eich braich i'ch hamddiffyn yn erbyn un o'r problemau mawr y byddwn yn cwrdd â nhw, ac fe wna'i eich gollwng chi. Un o'r geiriau yr ydym wedi arfer eu clywed pan ddaw hi at faterion crefyddol yw'r gair 'Datguddiad'. Wrth gwrs mae'r ffordd yr ydyn ni'n deall y gair hwnnw yn rhan o sut yr ydyn ni'n dychmygu bod yn rhan o'r weithred o gyfathrebu, y buom ni'n sôn amdano ar y dechrau. Yn nodweddiadol felly, mae'n darlun ni o 'ddatguddiad' yn ymwneud â rhywun pwysig, Duw er enghraifft, yn ein donio oddi uchod â rhywbeth yr ydyn ni, wedyn, i fod i allu ei amgyffred, gwybod amdano, a wedyn i ddal ein gafael ynddo. Wrth gwrs mae hynny'n ffitio'n iawn yn y darlun o amgyffred, y fframwaith deallusol yr ydw i wedi ceisio'n diddyfnu ni oddiwrtho. Mae Duw yn rhoi rhywbeth, a ninnau'n dal ein gafael ynddo.

Wel fe hoffwn i ystyried y ffordd gyffredin ddynol y byddwn yn defnyddio'r gair "datguddiad" sy'n rhoi i ni, rwy'n credu, ddarlun mwy cywir o beth sy'n digwydd. Er enghraifft, pan fydd papur tabloid yn cyhoeddi bod rhywbeth yn 'ddatguddiad', beth mae hynny fel arfer yn ei olygu ? Gan amla mae'n golygu rhyw ffurf ar dynnu'r llen ar fywyd preifat rhyw wleidydd, actores neu arweinydd crefyddol. Mae hyn yn newid golwg y cyhoedd ar y person hwnnw ac yn ei achosi i ymddiswyddo, neu rywbeth tebyg. Neu mae 'na ffurf fwy cadanrhaol ar ddatguddiad, fel pan mae rhywun fel Pavarotti yn mynd i ganu mewn opera ond yn cael plwc hir o *hiccups* ac yn methu mynd ar y llwyfan. Mae'r cyfarwyddwr yn chwilio ac yn cael hyd i ddisgybl, gwas ffarm o Feirionydd neu Ben Llŷn nad oes neb (yn Llundain beth bynnag) wedi ei glywed yn canu'n fyw ar lwyfan erioed o'r blaen. Mae'n ymddangos mewn gwisg nad yw'n ei ffitio, yn nerfau i gyd, ei dro cyntaf o flaen cynulleidfa o'r fath, yn agor ei geg, ac yn peri syfrdandod i bawb. Bydd y gynulleidfa a'r beirniaid, a'r papurau newydd i gyd yn dweud "Roedd Gwilym yn ddatguddiad! Mae'r gwas ffarm o Feirionydd bellach yn denor byd-enwog. Pwy fyddai'n meddwl bod gwas ffarm o Feirionydd yn llwyddo i fod ar frig y sêr operatig." Wel mae hynny'n 'ddatguddiad' am ei fod yn rhywbeth cwbl annisgwyl. Ond yr oedd yr hyn a ddatguddiwyd yn rhywbeth a oedd yn wir cynt – sef bod gan Gwilym lais godidog – ond nad oedd neb y tu allan i Gymru'n gwybod amdano. A thra roedd y llwyfan yn cael ei lanw gan Pavarotti a'i debyg doedd neb yn mynd i wybod amdano.

Felly dyna ystyr ychydig mwy cadarnhaol i 'ddatguddiad'.

Nawr beth am enghraifft neu ddwy o fyd ysgol. Chi ydy'r rhiant ac mae'ch plentyn yn dod adre o'r ysgol ac yn dweud "Mam , Mam" neu "Dad, Dad – oeddech chi'n gwybod bod 22,793,456 o bobl yn byw yn Ninas Mecsico?" Ac fe fyddwch chithau'n dweud "Arswyd y byd, dyna syndod!" a bwrw mlaen yn syth gyda pharatoi swper neu beth bynnag yr oeddech chi'n ei wneud cyn hynny. Oherwydd nid yw'r darn gwybodaeth yna, er ei fod yn wir, yn arbennig o ddiddorol. Ond fe fyddai yn ddatguddiad i chi petae chi'n aelod o sect fach anhebygol o bobl sy'n gwadu bod Dinas Mecsico yn bod o gwbl. I bobol felly, oedd ddim yn credu bod Mecsico'n bod, byddai'r newyddion yn sioc. Ond yn gyffredinol, fe fyddech yn bwrw mlaen gan ddisgwyl y bydd eich epil hynod yn dod i mewn yfory ac yn cyhoeddi bod Harri'r 8ed wedi priodi chwe gwraig. Yn fyr, sôn y byddem ni am gyfleu gwybodaeth. Mae rhywbeth yn cael ei ddatguddio, ond does fawr o bwys iddo.

Wel gadewch i ni rhoi tro i dynhau'r sgriw. Gallwch ddychmygu yr un plentyn tair ar ddeg oed yn dod adre ychydig ddyddiau nes ymlaen ac yn dweud, "Mam, Mam, rwy'n mynd i fynd allan gyda A neu B" – fe ddwedwn ni Catrin neu Aled. O'r gorau. Dyma dipyn o ddatguddiad. Roeddech chi wedi amau fod y plentyn yn yr oed pan fyddai'r math yma o beth yn digwydd, ond roeddech chi'n gobeithio y byddai plentyndod yn parhau ryw ychydig bach mwy. Felly, dyma dipyn o ddatguddiad, ie, a 'rydych chi hefyd yn ymwybodol bod rhai o'r ffrindiau yn fath o bobl nad ydych chi'n rhy awyddus i'ch plentyn fod gyda'nhw: a wel, dyna bwnc arall i boeni amdano! Beth bynnag, mae'r plentyn yn dod ac yn dweud wrthoch. Datguddiad bychan, tirgryniad bach yn eich perfedd, ond mae'r cryndod yn ymwneud ag "Arglwydd! Ydw i mor hen â hynny eisoes ? Arglwydd! Mae hi wedi tyfu mor gyflym, mae ei phlentyndod hi bron wedi mynd heibio." Y math yna o beth. O'r blaen, dim ond gwybodaeth oedd yn y neges. Y tro hwn, oes mae na wybodaeth yn cael ei roi, ond mae'n fwy na gwybodaeth. Mae'n gychwyniad newid mewn patrwm o berthynasau, neu'n dwyn i'r amlwg newidiadau oedd wedi dechrau digwydd, ond heb gael eu rhannu gyda chi.

Neu ystyriwch olygfa arall. Daw eich plentyn ychydig yn hŷn a dweud "Mam, rwy'n disgwyl!" Neu "Mam, rwy'n hoyw". Dyna dipyn mwy o dirgryniad! Dyna ddweud nad oedd o gwbl yn rhan o beth fyddech chi'n ei ddisgwyl. Byddai i blentyn gyhoeddi ei fod yn "mynd allan" gyda rhywun yn beth eithaf cyffredin mewn gwirionedd. Ond bod yr un plentyn yn cyhoeddi ei bod yn disgwyl neu'n hoyw – dyna gyfathrebu sy o bwys dipyn yn wahanol. Mae'r hyn sy'n cael ei gyfleu yn rhywbeth sy'n mynd i newid eich perthynas â'r plentyn am byth. Y mae'n cyflwyno rhywbeth newydd, cwbl annisgwyl, a thu hwnt i'ch rheolaeth chi ar y berthynas ac i gylch o berthynasau yr ydych yn eu rhannu. Fe gewch eich hunan yn ymwneud â hwy, yn ymwneud â pherthnasau a theulu, ag athrawon a ffrindiau a phlant eraill, ond mewn ffordd gwbl newydd. Fe gewch eich hunan yn darganfod llawer amdanoch eich hunan ac amdanyn nhw nad oeddech yn ei wybod cynt; rydych chi mewn man gwahanol o'i herwydd.

Rwy am awgrymu ein bod, pan ddown at sôn am 'Ddatguddiad Dwyfol' yn sôn am ryw gyhoeddiad tebycach i "Rwy'n disgwyl" neu "Rwy'n hoyw" na chyhoeddiad am boblogaeth dinas Mecsico. Sôn yr ydyn ni am y math o ddaeargryn sy'n digwydd y tu hwnt i'n rheolaeth ni; sy'n mynd i newid ein perthynas â phawb arall, eich arwain i broses o ddarganfod pethau amdanoch chi'ch hunain a phobl eraill nad oeddech yn eu gwybod o'r blaen, gan wneud y darganfyddiadau wrth i'r perthnasau newid.

Am ein bod yn aml yn ymresymu mewn rhigolau, ein tuedd yw meddwl bod 'datguddiad' yn fater o wybodaeth (am ddinas Mecsico er enghraifft) ac fe anghofiwn am yr elfen o 'ddarganfod'. Ond o safbwynt dynol 'darganfod' yw'r math yna o 'ddatguddiad' mewn gwirionedd. Beth, er enghraifft, sydd i'w weld pan fo meteor yn taro'r ddaear, neu'r lleuad? Mae yna dwll fel cawg. Os nad oes cawg i'w weld, gallwn amau a fu meteor go iawn yno o gwbl. Mae'n debyg i'r hen ddihareb am addysg: os nad oes dim wedi ei ddysgu, ni bu addysgu. Dim ond ar ôl i rywun fod yn addysgu mae unrhyw beth yn cael ei ddysgu. Y gair sy'n gyfateb i ddysgu yw addysgu: y gair sy'n cyfateb i ddatguddio yw darganfod.

Nid stori foesol, ond stori'n cael eu hadrodd gan bobl 'ddrwg'

Mae fy mhwynt olaf a chyflym yn bigiad yn y fraich cyn i chi adael, ac un sy'n arfer mynd â fi i drwbl. Rych chi'n cychwyn ar gwrs o gael eich cyflwyno i'r ffydd Gristnogol, sef sawl awr o ddiwinyddiaeth. A gan amlaf pan fydd pobl yn clywed geiriau fel 'ffydd Gristnogol' a 'diwinyddiaeth', mae llen o ddiflastod moesegol yn gysgod dros y geiriau, fel eich bod chi'n dychmygu eich bod yn arwyddo i fod yn aelod o grwp o bobl dda yn cwrdd â'i gilydd i drafod bod yn dda.

A wir, wir rwy am newid eich meddwl yn gyfangwbl am hyn. Y rhagdybiaeth y tu cefn i'r cwrs yw nad pobl dda mohonom, na wyddom sut i siarad yn dda, ac nad oes dim ots am hynny. Wedi'r cyfan, onid gwaith rhywun arall yw ein gwneud yn dda, a'u busnes nhw yw gwneud hynny dros gyfnod o amser? Mae stori'r Efengyl yn gawg yn ein dynoliaeth. Fe'i ffurfiwyd gan y tystion Apostolaidd; mae'n stori wedi ei hadrodd gan bobl nad ydynt yn rhinweddol, yn ymwneud â rhywbeth a ddigwyddodd yn eu plith ac a sgydwodd yr ymdeimlad o rinwedd oedd yn eiddo iddyn nhw cynt, gan roi iddyn nhw ddyhead am fath cwbl wahanol o rinwedd. Cawsant eu hunain yn datblygu i fod yn rhinweddol, nid trwy eu hymdrechion eu hunain, ond dan ddwylo rhywun arall – a hynny er tramgwydd mawr iawn i'r rhai oedd yn arbenigwyr mewn daioni.

Mae'n gwbl hanfodol i ni gofio hyn: rhagdybiaeth y cwrs yw ein bod ni, sy'n dod at ein gilydd a fi sy'n treio'i gyfleu, er ein bod yn llwyddo'n hynod i'w guddio, yn bobl gelwyddog, ffantasïol, yn lladron, yn chwilio am gyhoeddusrwydd i ni'n hunain, yn ystrywgar, yn gaeth i ffug enw-da ac i flacmêl emosiynol, yn dioddef o hunan dwyll, dryswch, ac weithiau'n eithaf llygredig. Rhagdybiaeth y cwrs hwn yw mai pobl o'r fath yna, y rhai sy wedi cael eu twyllo ganddyn nhw eu hunain, rhai'n briod â hunandwyll ac yn twyllo pobl eraill, *yr union y math yma o bobl* sy'n cael eu hannerch. Am ein bod ni felly, yr ydyn ni'n cael derbyn gweithred o gyfathrebu gan rywun sy'n gwybod hyn i gyd amdanom, un nad yw'n cael ei dwyllo gennym ni, sy ddim yn poeni am cyn lleied o rinwedd sy ynom ni, ac eto, ar waethaf hynny, sy'n dymuno mynd â ni i fan gwahanol.

I lawer ohonom mae hyn yn beth anodd i'w dreulio. Mae hynny am fod gafael mewn 'damcaniaeth' gadarn, ac yna arfer 'moesau', ein hunaniaeth fel rhai 'da', ymhlith ein delwau mwyaf cysegredig. Mae'n ein gwneud yn dra pheryglus i bobl eraill ac i ni'n hunain. A dyna pam y mae mor anodd i ni dderbyn maddeuant. Dim ond pobl nad ydyn nhw'n 'dda' yn eu golwg eu hunain all ganiatáu i'w hunain dderbyn maddeuant.

Un o'r pethau rwy'n gobeithio fydd yn digwydd i chi wrth brofi'r cwrs yma yw y byddwch yn gallu ymlacio i sylweddoli nad bod yn dda na bod yn ddrwg yw'r pwynt. Y pwynt yw – cael eich caru.

TRAETHAWD 1

Dim gair nes i rywun siarad â thi

Sesiwn 3 Cof a datguddiad

CRYNODEB O'R SESIWN

Mae'r sesiwn yma'n cynnwys tri phen:

Cof: rhywbeth sy'n cael ei gynhyrchu ynom ni dros amser wrth i ni geisio dweud stori amdanom ein hunain

Stori neu narratif: rhywbeth sy'n hanfodol er mwyn i ni ddod i fodolaeth fel personau posibl/dichonadwy.

Darganfod: sut y mae bodau dynol yn profi datguddiad, boed ddynol neu ddwyfol.

PRIF SYNIADAU

1. Mae cof yn cael ei gynhyrchu ynom ni dros amser trwy ail adrodd wrth i *niwronau drych* danio i ddynwared yr ystumiau a'r synau a gynhyrchir gan eraill.
2. Wrth i ni oedi'n dynwared, fe ddechreuwn ni gyfuno ystumiau a sain i ffurfiau cyfathrebu ac iaith.
3. Nid casgliad o sawl *Fi* sy'n creu *Ni*; *Ni* sy'n ei gwneud yn bosibl i'r *Fi* gael ei ddwyn i fodolaeth.
4. Y Cof sy'n dal ynghyd ein hymdrechion i ddechrau dweud stori amdanom ein hunain.
5. Nid ychwanegiad i'n bywyd yw narratif: dyna sy'n llunio'n bywydau.
6. Rydyn ni'n adolygu'n stori wrth i ni fynd ymlaen, a phe baen ni ddim yn gnweud hynny fe fydden ni'n llai gonest, nid mwy gonest. Rydyn ni i gyd yn haneswyr sy'n adolygu'r stori.

7. Mae *Datguddiad* yn rhywbeth sy'n digwydd y tu hwnt i'ch rheolaeth, ond sy'n mynd i'ch harwain i broses o ddarganfod pethau amdanoch eich hunain a phobl eraill, na wyddech amdanyn nhw gynt.

8. *Darganfod* yw ochr arall ceiniog *Datguddiad* – os yw rhywbeth yn cael ei ddatguddio i chi, mae'n edrych yn debyg i chi yn darganfod rhywbeth.

9. Mae stori'r efengyl yn stori sy'n cael eu hadrodd gan bobl nad ydyn nhw ddim yn dda, am rhywbeth a ddigwyddodd yn eu plith ac a roddodd sgydwad i'w hymdeimlad cynharach o ddaioni; mae'r profiad yn rhoi iddyn nhw ddyhead am fath cwbl wahanol o ddaioni, a darganfod eu bod yn tyfu tuag ato trwy law rhywun

MATERION I BENDRONI DROSTYNT

Mae James yn disgrifio'n hatgofion fel rhai wedi eu hadeiladu trwy'n hymdrechion i ddechrau dweud stori amdanom ein hunain.

- Pa atgofion sy'n chwarae rhan bwysig yn eich stori chi?
- Pa wirionedd y mae'r atgofion hyn yn eu cyfleu amdanoch chi?
- Dywed James ein bod yn haneswyr sy'n adolygu'r stori (*revisionist historians*) a bod hynny'n beth da. Beth mae'n ei feddwl wrth hynny?
- Sut mae'r stori y byddech chi'n ei hadrodd heddiw yn wahanol i'r un y byddech chi wedi ei roi 5, 10 neu 20 mlynedd yn ôl?
- Ystyriwch y dyfyniad hwn o'r traethawd cyntaf. *"Y rhagdybiaeth y tu cefn i'r cwrs hwn yw nad ydyn ni ddim yn bobl dda, ac na wyddom ni sut i siarad yn dda, ac nad oes ots am hynny, gan mai busnes rhywun arall yw ein gwneud yn dda, a hynny'n fusnes dros gyfnod o amser."*
- Pam nad oes ots nad ydyn ni'n bobl dda?
- Sut y gall rhywun arall ein gwneud ni'n dda, dros gyfnod ?
- Allwch chi ddweud stori am rhywun sydd wedi eich "gwneud chi'n dda" dros gyfnod o amser?

SYNIAD I GLOI

Pam ydych chi'n meddwl fod y teitl ar y traethawd sy'n mynd gyda' thri sesiwn cyntaf y cwrs yn "Dim gair, nes i rywun siarad â thi".

TRAETHAWD 2

Emaus ac Ewcharist

Sesiwn 1 Iesu ein Rabbi

Cyflwyniad

Yn y traethawd cynta, buom yn edrych yn bennaf ar bynciau anthropolegol – y ffordd yr ydyn ni'n 'tycio'; beth yw lle arfer, stori, cofio, iaith a dyhead yn ein bywydau: uwchlaw popeth, y ffordd yr ydyn ni'n ddibynnol ar bobl eraill am y pethau hynny i gyd. Roedd hynny er mwyn ein paratoi i wneud gwell synnwyr o'r materion diwinyddol y byddwn yn edrych arnyn nhw. Trwy ddal ein gafael ar rai o'r pethau a welsom ni'r tro diwetha', fe fyddwn mewn gwell safle i werthfawrogi'r darnau o Ysgrythur y byddwn yn eu darllen o hyn ymlaen.Y darn cyntaf yw'r Fford i Emaus, Luc 24.13-35.

Cyn edrych ar y testun, rwy am bwysleisio bod hyn yn gwbl ganolog i'r cwrs cyfan. Fe fydd yn rhyw fath o echel y byddwn yn troi o'i chwmpas yn yr wythnosau nesaf. Fe'i darllenwn yr wythnos hon, ac fe ddychwelwn ato eto gan gymharu beth yr ydyn ni wedi ei ddysgu, gan ei ddefnyddio fel ffon fesur i'r pethau y cyflwynir ni iddynt. Mae'r rhan fwyaf ohonom wedi clywed y geiriau hyn o'r blaen, droeon efallai, a rydyn ni wedi mynd i'w clywed fel petae'n stori am wyrth. Rwy am awgrymu bod yr hyn sy gennym ni yn y fan hon yn rhywbeth llawer cyfoethocach, mwy soffistigedig, mwy cyffrous ac yn wir mwy gwyrthiol nad dim ond gwyrth. Mae Luc yn storïwr arbennig o soffistigedig, fel y gwnewch chi ddarganfod os na wyddoch chi hynny eisoes. Yn y fan hon mae e wedi cymeryd rhywbeth a ddigwyddodd, yr Arglwydd Atgyfodedig yn ymddangos i ddau ddyn (gan enwi un ohonyn nhw), a hynny'n fuan iawn ar ôl yr Atgyfodiad. Mae e wedi gosod y cwbl mewn ffordd sy'n ei alluogi nid yn unig i ddweud ei stori, ond mae'n rhoi, mewn llawer o fanylion, ateb i'r cwestiwn o sut i ddehongli'r testun, cwestiwn â'r enw crand arno, cwestiwn *hermeniwtaidd*. Mae'n rhoi i ni fframwaith y gall Cristnogion ei ddefnyddio i ateb y cwestiwn 'Trwy lygaid pwy ydych chi'n darllen y testunau a alwn ni'n Ysgrythurau?'

Yeshua Rabénu

Un o'r pethau sy'n ein dallu wrth ddarllen yr Ysgrythurau yw'n rhagdybiaeth gyfoes bod awduron yr hen destunau hyn, a'r testunau eu hunain, rhywsut yn gyntefig, a'n bod ni'n llawer iawn mwy soffistigedg na nhw. Dyna pam y byddwn ni'n darllen y testunau fel pe baen nhw'n enghreifftiau o hanes gwael, neu ddaeareg salw, neu baleontoleg ffug, ac yn methu gweld beth sy'n wir ddigwydd ynddyn nhw. Fe garwn i awgrymu bod yr hen awduron, fel y rhai a fu byw yn amser Crist, yn berffaith ymwybodol o rywbeth y byddwn ni foderniaid yn ymfalchïo mewn gwybod: bod modd gwneud i destun olygu fwy neu lai beth bynnag ydyn ni dymuno iddo fe'i olygu. Felly i'r hen ddarllenwyr, yn hytrach na gofyn "Beth mae'r testun yn ei ddweud?" eu cwestiwn oedd : "Sut wyt ti'n ei ddarllen?" neu "beth yw dy ddehongliad di ohono fe?" Ac ystyr hynny, fel y gwydden nhw'n iawn oedd "Pwy yw'ch athro/rabbi? Trwy lygaid pwy ydych chi'n darllen y testun?"

Gadewch i ni gofio rhywbeth am destunau'r Ysgrythur yn amser Iesu. Roedden nhw mewn Hebraeg a oedd, erbyn hynny, os nad yn union yn iaith 'farw', eto'n iaith wedi ei chyfyngu i ddosbarth bach dethol, addysgedig, a doedd hi ddim yn famiaith i neb. Yn y rhan honno o'r byd yr iaith lafar oedd Aramaeg – iaith gyffredin, feunyddiol hen ymerodraeth Babilon.Yr oedd yr Hebraeg yn iaith carfan fach ddethol, fel yr oedd Lladin yr eglwys yn iaith i'r etholedig rai yn ystod y Canol Oesoedd yn Ewrop. At hynny, mewn Hebraeg, dim ond y cytseiniaid oedd yn cael eu hysgrifennu, a dim llafariaid. Petaech chi'n darllen testun Hebraeg heddiw fe welech ddotiau a marciau bach dan y llythrennau sy'n dangos pa lafariaid y dylech eu hynganu, ond dyfeisiwyd y drefn honno dipyn ar ôl y cyfnod yr ydyn ni'n sôn amdano. Mae hynny'n golygu bod yn rhaid i unrhyw un oedd yn codi'r testun i'w ddarllen yn uchel, yn mynd i orfod cyflenwi'r llafariad cywir er mwyn rhoi anadl einioes ac ystyr yn y testun. Nid yw'r gymhariaeth yn gwbl fanwl, ond ystyriwch beth fyddai hynny'n golygu pe na bai llafariaid mewn Cymraeg ysgrifenedig! Wrth sefyll i ddarllen, chi fyddai'n gorfod dewis y llafariaid. Felly fel enghraifft mae gennych ddwy gytsain – *d* ac *r*. Gallech ddweud *dŵr*, *derw*, *adar*, neu *adre*. Gyda'r llythrennau *m* ac *n* gallai fod yn *man*, *amen*, neu *emyn*. Fwy na thebyg fe fyddech chi'n dewis cymysgwch o'r llafariaid a glywsoch chi o'r blaen pan ddarllenwyd y darn gan un o'r athrawon, a beth fyddai synnwyr cyffredin yn ei awgrymu fel y darlleniad mwyaf tebygol a rhesymol. Mae diwylliant llafar yn meithrin gwell cof na'n cofio ni.

Nodwch hefyd po fwyaf medrus y dewch i fod wrth ddarllen yn y ffordd yma, po fwyaf diddorol ac amrywiol fyddai'r llafariaid y byddech yn eu darparu, a'r ystyron y gallech eu cyhyrchu. Mewn gair, byddai'r ymarfer yn rhywbeth llawer tebychach i beth welwn gerddorion yn ei wneud na beth yr ydyn ni'n ei alw yn ddarllen testun. Mae cerddorion yn cynhyrchu perfformiad unigryw bob tro y maen nhw'n chwarae gyda'i gilydd, gan anadlu bywyd, egni ac arddull i'r nodau distaw sy'n addurno'r papur o'u blaen. Felly yr oedd darllen testun yn golygu llawer o gyfrifoldeb am yr ystyr oedd i ddod ohono. A roedd darllen testun yr ystyrid ei fod yn rhodd gan Dduw yn golygu hyd yn oed mwy o gyfrifoldeb, ac yn wir ymdeimlad o ryfeddod at y lliaws ystyron a allai ddod o'r gwahanol gysyllteiriau, neu'r cytseiniau arbennig ar y dudalen o'ch blaen.[4]

Mae hyn i gyd yn golygu fod yna bobl ar y pryd oedd yn dra chyfarwydd â beth y bydden ni heddiw yn ei alw yn *hermeniwteg* – y drafodaeth ffurfiol ar sut i ddehongli pethau. Ac roedden nhw'n gwbl ymwybodol taw'r cwestiwn a fyddai'n rhoi dehongliad iddyn nhw oedd nid "Beth mae'r testun yn ei ddweud?" ond "Trwy lygaid pwy ydych chi'n darllen y testun?". Daeth dau ateb cwbl wahanol i'r cwestiwn hwnnw o weddillion y byd Iddewig ar ôl dinistrio'r Deml yn 70 OC. "Trwy lygaid pwy ydych chi'n darllen y testun?" Yr ateb a roddid gan yr athrawon, a ddaeth at ei gilydd ar ôl y rhyfel yn Jwdea, wrth iddyn nhw dynhau'r gwahanol edau o ddehongli a fu ar gael yn ystod y canrifoedd cynt, oedd, "Rydyn ni'n darllen y testunau hyn trwy lygaid Moses ein Rabbi – Moshe Rabénu." Yr oedd yr honiad bod llyfrau'r gyfraith – y Torah – wedi eu hysgrifennu gan Foses yn llawer mwy na'r honiad ffwndamentalaidd am awduraeth hanesyddol. Roedd yn golygu "Darllenwch y testunau hyn fel petae *trwy lygaid Moses*". Ac wrth gwrs mae testunau'r Torah ei hunan yn frith o orchmynion ar sut i'w ddarllen – yn union fel geiriau mewn sgôr i gerddorfa sy'n dweud *rallentando, allegro ma non troppo* gan roi cyngor ar sut i chwarae'r nodau islaw.

Dyma engraifft o lyfr Numeri[5] lle mae na ddadl am bwy sy'n cael llefaru dros Dduw – hynny yw, dadl ynglŷn â dehongli. Mae Aaron a Miriam ill

4. Ydych *chi'n cofio'r hwyl a gâi cynulleidfaoedd mewn eisteddfodau 'slawer dydd wrth ddarllen darnau heb atalnodi? Doedd dim atalnodi chwaith yn yr Hebraeg. ERM*

5. *Numeri 12*

dau'n dadlau "Pam na ddylen *ni* gael siarad dros Dduw yn ogystal â Moses?" Pwynt da – wedi'r cyfan yr oedd Aaron yn Arch-offeiriad ac yn frawd hŷn i Moses. Roedd Miriam hefyd yn bwysig – wedi'r cyfan, hi wnaeth achub Moses pan oedd yn faban. Ond mae Duw yn dangos yn glir mai dim ond Moses oedd â'r hawl i lefaru dros Dduw; mae Moses yn cael ei gyflwyno fel rhywun oedd yn un gostyngedig, mwy na neb arall ar wyneb y ddaear, lle'r oedd y ddau arall yn cael eu cyflwyno fel rhai eiddigeddus ohono. Felly, Moses gostyngedig yw'r un y mae Duw'n llefaru trwy ei enau a thrwy ei lygaid ef: felly y mae'n briodol darllen gair Duw. Pwyleisir hyn pan yw Duw'n cosbi Aaron a Miriam – yn ei hachos hi trwy iddi ddioddef pwl o'r gwahanglwyf am wythnos, a'r bwrw allan o'r gwersyll yr oedd hynny'n ei olygu. Sut felly y dylai darllenydd da Rabinaidd ddarllen y Torah? Trwy lygaid y Moses gostyngedig, siwr iawn, un heb arlliw o hunan-bwysigrwydd eiddigeddus ei frawd a'i chwaer.

Y prif ateb arall i'r cwestiwn "Trwy lygaid pwy ydych chi'n darllen yr Ysgrythur?" yw'r ateb a roddir, nid gan Iddewiaeth Rabinaidd, ond gan ei gydoeswr ychydig yn hŷn, sef Iddewiaeth fydeang, Iddewiaeth y Testament Newydd, beth yr ydyn ni nawr yn ei galw'n Gristnogaeth oedd wedi bod yn ceisio ateb y cwestiwn yn y blynyddoedd rhwng marw Iesu a dinistrio'r deml yn 70 OC. Yr ateb oedd "Rydyn ni'n darllen yr Ysgrythurau trwy lygaid Iesu ein Rabbi". Roedd y rhai a roddai'r ateb hwn yn ymwybodol iawn eu bod yn ateb cwestiwn penodol a chymhleth ynglyn â dehongli. Yr oedden nhw'n hawlio bod Iesu yn Rabbi marw a byw. Mewn geiriau eraill roedd ganddyn nhw egwyddor ddehongli fyw ar gael i agor eu llygaid i ddarllen y testunau.

I ddangos nad rhywbeth unigryw i Efengyl Luc yw hwn (a byddwn yn edrych ar ei destun yn y man) ceir enghreifftiau trawiadol ohono yn Efengyl Mathew. Yn Matthew 23 mae Iesu'n gwneud datganiad ymosodol iawn ynglyn â dysgu a dehongli. Wrth wraidd ei eiriau mae'r syniad nad oes gan y disgyblion ond un Rabbi, dim ond un Tad a dim ond un Athro, sef y Crist, ac yn ei bresenoldeb Ef maen nhw i gyd ar yr un lefel. Hynny yw, trwy ei lygaid ef y maen nhw i ddarllen testunau'r Ysgrythur. Mae presenoldeb yr un meistr yn gweithredu fel ffordd o addysgu ei ddisgyblion, sef ni, sut i gymhwyso, gan beidio â chael ein gorlethu gan holl gelwydd ac ystumiau'r arweinwyr crefyddol. Mae e'n bresenoldeb cyfoes parhaol, ac mae angen hynny, gan na ddaeth celwydd ac ystumiau'r arweinyddiaeth grefyddol i ben pan ddinistriwyd Teml Jeriwsalem, na chael eu cyfyngu i un grwp ethnig, nac un blaid nac un enwad crefyddol.

Er mwyn bod yn eglurach fyth mai gorchymyn bwriadol a sut i ddarllen sydd yma, beth am y darn yma o Efengyl Mathew[6] yr ydych i gyd wedi ei glywed o'r blaen?

> *Yr amser hwnnw dywedodd Iesu "Yr wyf yn dy foliannu di, O Dad, Arglwydd Nef a Daear, am i ti guddio'r pethau hyn rhag y doethion a'r deallusion, a'u datguddio i rai bychain; ie, O Dad, oherwydd felly y rhyngodd dy fodd di. Traddodwyd i mi bob peth gan fy Nhad. Nid oes neb yn adnabod y Mab ond y Tad, ac nid oes neb yn adnabod y Tad ond y Mab ond y rhai hynny y mae'r Mab yn dewis ei ddatguddio iddo. Dewch ataf fi, bawb sy'n flinedig ac yn llwythog, ac fe roddaf fi orffwystra i chwi. Cymerwch fy iau arnoch a dysgwch gennyf, oherwydd addfwyn ydwyf a gostyngedig o galon, ac fe roddaf fi orffwystra i'ch eneidiau. Y mae fy iau i yn hawdd ei dwyn, a'm baich i yn ysgafn."*

Wel, mae hwn hefyd yn cynnwys defnydd eitha technegol! Y Mab yw dehonglwr priodol y Tad a'r un sy'n rhydd i yrru'r dehongliad yn ei flaen – ef yw'r grym sy'n dehongli. At hynny, disgrifiwyd Moses gan Dduw fel "fy ngwas", ond bellach y mae gennym ni Fab. Yr 'iau' oedd y ffordd safonol o gyfeirio at gyfraith Moses, a lle mae Llyfr Numeri wedi defnyddio'r gair anghyffredin 'gostyngedig' i ddisgrifio Moses, yma mae Iesu'n disgrifio'i hunan gyda'r union air hwnnw – gostyngedig. Mewn geiriau eraill y mae Mathew'n rhoi cyfarwyddiadau ar sut i ddarllen: '"Ydych chi eisiau gwybod sut olwg oedd ar y Moses gostyngedig"? Dyma fe, Iesu, dyma sut mae'r 'Moses gostyngedig' yn edrych. Mae'r Rabbi a groeshoeliwyd ac a atgyfododd yn mynd i'ch dysgu chi i fyw yn ôl cyfraith Dduw mewn ffordd cwbl wahanol. Nid mater o 'Moses gwael, Iesu da' ydyw, ond yn hytrach "Fe wyddoch beth oedd neges Moses – wel roedd y gwas hwnnw yn gam ymlaen ar y ffordd i'r Mab, ac felly dyma beth oedd gwir ystyr y Moses gostyngedig, ac mae hwn yn mynd i agor pethau allan i chi a'ch gollwng yn rhydd."

Wel dyna i chi rai cyfarwyddiadau i ateb Mathew i'r cwestiwn "Trwy lygaid pwy ydych chi'n darllen testunau'r Ysgrythur?" Ond heddiw ryn

6. *Mathew 11. 25-30*

ni'n mynd i edrych ar Luc yn gosod allan ei ateb ei hun i'r un cwestiwn. Mae'n mynd i egluro i ni beth yw'r profiad normal o gael yr Ysgrythur wedi ei ddarllen i chi trwy lygaid eu Rabbi hwy a'n Rabbi ni. Mae'n gosod fframwaith i bresenoldeb un sy'n wahanol, yn *arall* i chi, un sydd yn mynd i ddehongli pethau i chi. Ac mae e'n gwneud hynny trwy naratif, trwy stori. Dyma rywbeth sy'n cael ei drin yn aml fel petae'n wyrth braidd yn od, ond fy mod yn gobeithio y gwelwch chi sy'n rhywbeth llawer mwy rhyfeddol na hynny.

Darllen Luc 24. 12-35

Felly, os edrychwch ar y testun, fe welwch fod y naratif yn dechrau ar ddydd yr Atgyfodiad. Mae dau o ddilynwyr Iesu ar eu ffordd i bentref o'r enw Emaus, rhyw saith milltir o Jeriswalem. Fel y gŵyr unrhywun sydd wedi bod i'r Wlad Sanctaidd, mae na sawl man yn ymgeisio am fod yn Emaus – pedwar o leiaf! Ond fel mater o ffaith, does gan neb unrhyw syniad pa un, o'r ymgeiswyr sy'n gywir, os unrhyw un. Er bod yna gyfeiriad at le o'r enw Emaus yn Llyfr y Macabeaid (ond wedi ei sillafu'n wahanol) mae o leiaf yn bosibl bod Luc wedi defnyddio enw annelwig yn fwriadol a'i bwysigrwydd yn deillio o'r ffaith nad Jeriwsalem ydoedd, er ei fod yn agos i Jeriwsalem.[7] Nid twpsyn oedd Luc, ac fe allai fod wedi dewis rhoi disgrifiad daearyddol manwl gywir, fel yn ei ddisgrifiadau o Malta a'r Eidal yn Llyfr yr Actau. Ond yr oedd hefyd yn hyddysg mewn beth allwn ei alw'n 'ddaearyddiaeth diwinyddol' – fel y gwnaeth wrth awgrymu bod yna glogwyn yn Nasareth y llwyddodd Iesu i osgoi cael ei daflu oddiarno. Cyfeirio y mae Luc nôl at yr hen ddefod o fwrw pechodau ar fwch gafr a'i yrru i'w farwolaeth dros ben clogwyn neu i'r anialwch; mae Luc hefyd yn cyfeirio i'r dyfodol oherwydd wrth wrthod neges Iesu y mae trigolion Nasareth yn ymddwyn fel y byddai trigolion Jeriwsalem yn ymddwyn wrth weiddi "Croeshoelier ef". Does dim angen chwilio am glogwyn yn Nasareth.

Gwir bwysigrwydd 'Emaus' fel darn o 'ddaearyddiaeth diwinyddol' yw nad yw'n lle o unrhyw bwys ynddo'i hunan. Yn wahanol i Jeriwsalem sydd yn lle pendant iawn, ac wedi ei lwytho â baich enfawr o arwyddocâd, gallai Emaus, mewn egwyddor, fod yn unman. (*Rhyw Gwmsgwt o le!*) Wedi'r cyfan, pe bai wedi bod yn hawdd clymu Emaus i fod yn lle arbennig o bwys

---

7. *Gweler y sylwadau ar tt. 1560-63 yn esboniad J Fitzmeyer ar Efengyl Luc yn y gyfres Anchor Bible.*

ynddo'i hun, beth ydych chi'n meddwl fyddai wedi digwydd o ganlyniad i'r stori? Wel, gallwch fentro; byddai yno gysegr, creirfa, math o barc thema "Welwch chi fi, welwch chi ddim mohono'i", o'r fath y mae Catholigion yn eu hoffi gymaint. A buasai'r cyfarfyddiad llawn dirgelwch ar y ffordd ac yng nghartre Cleopas a'i gyfaill, yn dod yn stori gwyrth benodol, wedi ei chlymu i fan arbennig, yn hytrach na bod yn batrwm o'r math o gyfarfyddiad a all, ac sydd yn digwydd yn unman. Sôn yr ydyn ni am ddigwyddiad y gellir ei throsglwyddo. Ac fel y gwelwn ni, y mae Luc yn wirioneddol gynnil yn y ffordd y mae'n gosod hyn i gyd.

Iawn, felly dyma ddau ddisgybl yn cerdded ac maen nhw'n trafod y cwbl sydd wedi digwydd. Rwy wedi rhoi darnau bach o'r Groeg gwreiddiol yn y testun ochr yn ochr â'r cyfieithiad Cymraeg. Felly dywed y Gymraeg "Yr oeddent yn ymddiddan â'i gilydd..." Ac rwy wedi rhoi gair Groeg *homilein* i mewn. Fe fentra'i eich bod, wrth glywed y gair *homilein* yn meddwl am y gair 'homili' sydd yn wir yn dod o'r gair Groeg. Fel mae'n digwydd, nid yw'r gair yn golygu dim mwy na 'siarad', yn union fel ag yn y Lladin hwyr y mae *sermo* yn golygu 'gair'. Felly mae 'pregeth' yn golygu 'llawer o eiriau'. Dyma'n dau ddisgybl yn cerdded gyda'i gilydd ac yn siarad, yn *homileiddio*, yn trafod gyda'i gilydd. Dyna yw strwythur sylfaenol y darn. Tra'u bod nhw'n gwneud hynny:

> *nesaodd Iesu ei hun atynt a dechrau cerdded gyda hwy, ond rhwystrwyd eu llygaid rhag ei adnabod ef.*

Nawr dyma i chi rhywbeth arwyddocaol. Dyma drydydd person yn agosáu, ac nid rhywun y maen nhw'n ei nabod, ar waetha'r ffaith fod Cleopas yn aelod o beth rwy'n ei alw yn tîm B apostolaidd. Nid yw'n un o'r Apostolion, y tîm A y byddwn yn cwrdd â nhw ar ddiwedd y stori, ond mae e'n bendant yn un o'r grŵp ehangach sy wedi bod yn crwydro o gwmpas y Wlad Sanctaidd gyda Iesu ers ychydig flynyddoedd. Felly, dyma'r trydydd person yn agosáu, heb iddyn nhw ei adnabod, ac yn dweud wrthyn nhw:

> *Beth yw'r sylwadau hyn yr ydych yn eu cyfnewid wrth gerdded?*

Nawr rhag i chi feddwl bod y trydydd person wedi taro ar draws sgwrs fach ar brynhawn tawel rhwng dau ficer Seisnig yn trafod "Pethau diddorol iawn wedi digwydd i Iesu medden nhw", "Ie wir, diddorol iawn, tybed beth wnâ'n nhw o hyn i gyd yn Tűbingen?" Ond y gair Groeg yn y testun gwreiddiol am 'cyfnewid' yw *antiballete*. Daw'r gair Saesneg *antiballistic* ohono; mae'n golygu 'taflu rhywbeth o gwmpas mewn ffordd eitha gwyllt'. Felly yn hytrach na thrafodaeth fach dawel, beth sy'n mynd ymlaen yw tipyn o ddadl; fe wyddoch chi am yr hen jôc 'dau Iddew, pum barn' – cyfnewid tra thrydanol o sawl safbwynt. Ac fe fydd hyn yn wirioneddol bwysig gan fod y ddau berson sy'n methu cytuno am ddim yn y fan hon, erbyn diwedd y stori yn canu o'r un llyfr emynau, megis; byddan nhw'n siarad gyda'i gilydd yn gytûn. Ond ar y funud hon, allan nhw ddim gweld y stori'n gywir, maen nhw'n taflu'r peth nôl ac ymlaen mewn ymgais i wneud rhyw synnwyr.

Safasant hwy â'u digalondid yn eu hwynebau.

Mae'r gair a gyfieithir "â'u digalondid yn eu hwynebau", sef y gair Groeg *skuthrōpoi*, yn golygu rhywbeth tebyg i *â'u hwynebau wedi'u tywyllu* neu *a'u hwynebau'n syllu tuag i lawr.* Nid yw'n air cyffredin o gwbl yn y fersiwn Roeg o'r ysgrythurau Hebraeg – y fersiwn a elwir wrth yr enw *Septuagint* . Ond y mae'r gair hwnnw *skuthrōpoi* yn ymddangos yn y Septuagint mewn un man arall arbennig yn Llyfr Genesis.[8] Ydych chi'n cofio stori Joseph? Mewn un man yn y stori y mae Joseph yng ngharchar yn yr Aifft ac ymhlith eu gyd-garcharorion y mae dau o weision Pharo, y bwtler a'r pobydd. Mae'r ddau wedi bod yn breuddwydio, ac yn methu'n deg â dyfalu beth yw ystyr y breuddwydion. Wydden nhw ddim sut i'w dehongli. Yn y diwedd mae'n troi allan bod un o'r breuddwydion yn cyfeirio at ddienyddiad y breuddwydiwr, tra bod yn llall yn cyfeirio at ddychweliad y breuddwyddiwr i'w swydd. Ond tra'u bod nhw'n dal wedi drysu ac yn methu â darganfod beth yw ystyr y breuddwydion, daw Joseph atyn nhw a gofyn "Pam y mae'ch hwynebau ddigalon heddiw?" – ein hen ffrind *skuthrōpa*. Maen nhw'n egluro eu bod wedi cael breuddwydion drwg a neb i'w dehongli ac fe ddywed "Onid i Dduw y perthyn dehongli? Dywedwch yn awr i mi.".

Welwch chi beth y mae Luc yn ei wneud? Mae'n gosod golau coch yn fflachio ar y testun fel pe bae i ddweud "Sylwch, sylwch, stori am ddehongli yw hon". Fel mater o ffaith roedd Luc yn cymeryd yn ganiatáol bod gan y mwyafrif o'i ddarllenwyr fodd i ddarllen a chofio'r Septuagint, ac mae'n gwneud sawl cyfeiriad ato. Mae'n dynwared yr arddull mewn mannau gan roi teimlad mwy 'cain' i'w ysgrifennu na dull Marc, Mathew ac Ioan,

8. *Genesis* 40.7-8

lle y mae ambell atsain o'r geiriau Semitaidd gwreiddiol, sef o'r Hebraeg a'r Aramaeg, yn aml yn dangos trwy Roeg prennaidd y testun. Felly pan fydd yn gosod gair braidd yn brin o'r Septuagint wrth adrodd stori yn y Testament Newydd, rydyn ni i fod i sylwi. Ac yn wir, beth sy'n digwydd yn stori Joseph ? Dau berson yn trafod pethau na fedren nhw ddim eu dehongli, a thrydydd person yn ymddangos ac yn cynnig dehongliad terfynol oddi wrth Dduw. A dyna'n union sy'n mynd i ddigwydd ar ffordd Emmaus! Rydyn ni ar fin derbyn dehongliad.

Symudwn ymlaen: *Atebodd yr un o'r enw Cleopas.* Iawn, cyn i ni ystyried ateb Cleopas, fe garwn ofyn: beth oedd enw'r llall, cyfaill Cleopas? Bu llawer o ddyfalu dros y blynyddoedd. Awgrymodd rhai mai Mrs Cleopas yw'r person hwn, er fy mod i'n credu bod hynny braidd yn anhebygol gan fod y ddau'n cyfeirio yn ddiweddarach yn y testun at "rai gwragedd o'n plith".'Rwy'n dyfalu, fel yr awgrymais gyda'r enw 'Emaus' bod hyn yn fwriadol amhendant gan adael lle gwag megis, a'i wneud yn 'ble bynnag'; yn yr un ffordd rwyn credu bod Luc eto'n fwriadol yn gadael bwlch. Felly gallwn ninnau'r gwrandawyr roi enw i mewn , peth sy'n adnabyddus mewn llyfrau litwrgaidd fel 'N'. Rych chi'n gyfarwydd â "gweddiwn dros N, ein Pab, N ein Hesgob, ac N ac N ein ffyddloniaid ymadawedig", lle y mae 'N' yn sefyll dros *Nomen,* neu *enw i'w gynnig.* Mewn geiriau eraill rhowch eich enw chi i mewn; gallai fod yn chi, neu fi.

Ac edrychwch, y mae Luc yn gosod hyn mor gywrain yn ei le: mae gennym ddau berson, un wedi ei enwi o blith y tîm B Apostolaidd, Cleopas, nad oes unrhyw gyfeiriad arall ato yn y Testament Newydd, un oedd yn dyst gwirioneddol i'r digwyddiadau, ac un 'N', yn golygu chi neu fi, nad oedden ni o reidrwydd yn llygad dystion i'r digwyddiadau. Chi, neu fi, felly, sydd trwy gadwyn o unigolion gafodd eu henwi, mewn cysylltiad â phobl oedd yn llygad dystion i fywyd hanesyddol Iesu. Y rheswm pam y mae hyn o bwys yw ei fod yn gosod fframwaith i'r profiad o ddehongli y mae'r ddau yma ar fin mynd trwyddo. Mae'n rhywbeth sy'n rhan o'r strwythur, ond ddim yn fater o awdurdod. Mae'r digwyddiad, disgrifiad sy'n diffinio beth yw dehongli Cristnogol, yn digwydd yn llwyr y tu hwnt i olwg y tîm A Apostolaidd, Pedr a'r deg arall sydd yn dal yno ar ôl i Jiwdas fynd a chrogi ei hun.

Gallai rhai pobl dybio bod a wnelo Cristnogaeth â chyfres o

ddigwyddiadau gwyrthiol i grwp o bobl mewn awdurdod, a adnabyddir fel Tîm A, a hwy sydd wedi hynny'n cael eu cyfrif fel y rhai syn 'gwybod yn iawn', a'u dehongliad hwy yw'r un i gael ei basio mlaen fel pe bai oddi uchod. Ond NA! medd Luc. Mae'r profiad safonol o ddehongli yn rhywbeth sy'n digwydd i N, i unrhywun mewn cwmni sydd â chysylltiad hanesyddol â'r digwyddiadau hanesyddol real am Iesu. Y Rabbi croeshoeliedig ac atgyfodedig yw'r awdurdod. Mae Cleopas ac N yn mynd nôl i Jeriwsalem ar ddiwedd y stori, ac yn cymharu beth y mae tîm A yn ei ddweud gyda beth ddigwyddodd iddyn nhw. Mae'r ffaith bod Luc wedi rhoi'r stori iddyn nhw yn arwydd bod tîm A wedi cadarnhau eu stori eu hunain; y cadarnhau hwnnw yw ffurf awdurdod tîm A.

Edrychwch mor gywrain y mae Luc yn gosod allan strwythur y naratif; yn Mathew mae hyn yn cael ei gyfleu yn y geiriau "Mae gennych oll Rabbi, a rydych chi i gyd yn frodyr." Mae Luc yn cymeryd o ddifri'r cysylltiad hanesyddol, a'r gwahaniaeth rhwng tîm A a thîm B – felly y mae fel petae'n cadarnhau bod yr hyn y bydden ni'n ei alw'n strwythur eglwysig yn y mater o ddehongli, ac nad mater o bawb drosto'i hun, anrhefnus mohono. Ond mae'n egluro nad yw'r profiad o ddehongli canolog ddim yn fater o awdurdod Eglwysig, ond yn digwydd i unrhywun, yn unman, trwy law'r Rabbi croeshoeliedig ac atgyfodedig.

Yn rhyfedd ddigon, sylwyd ar hyn yng ngwaith Luc gan ddiwinyddion Protestanaidd o'r Almaen yn y bedwaredd ganrif ar bymtheg a chyhuddwyd yr Efengylwr ei hun (!) o heresi difrifol, sef 'Frűkatholizismus' neu 'Gatholigrwydd Cynnar'. Credent ei fod yn heresi gan eu bod yn dymuno dehongli'r drefn eglwysig fel dyfais ddiweddarach, a wthiwyd ar ben yr efengyl bur, ond fe sylwon nhw nad oedd Luc o fawr fudd iddyn nhw yn hyn o beth, gan ei fod yn bur awyddus i ddangos sut y mae strwythurau'n gweithio ac yn rhan hanfodol o daenu'r efengyl. Y cysylltiad hanesyddol sy'n bwysig i Luc, ond nid yw'n profiad o Iesu yn dibynnu ar, nac yn cael ei dderbyn gan lygad cilwgus awdurdod eglwysig. Os ydym yn cael profiad o'r peth dilys, fe fyddwn yn ei adnabod, ac fe ddaw i'r amlwg trwom ni wrth i ni ei rannu gydag eraill yn yr eglwys, gan adael i awdurdod eglwysig ei gadarnhau nes ymlaen.

TRAETHAWD 2

Emaus ac Ewcharist

Sesiwn 1 Y ffordd i Emaus

CRYNODEB O'R SESIWN

Dyma ran gyntaf y stori am y ffordd i Emaus yn Efengyl Luc, lle y cawn ein cyflwyno i *Y Dioddefus sy'n Maddau*. Y mae Emaus yn fwy na stori am wyrth nac am ymddangosiad – y mae hi'n stori am sut i ddehongli'r Ysgrythur.

PRIF SYNIADAU

1. Luc 24:13-35 Mae'r darn hwn yn codi cwestiwn pwysig am ddehongli: trwy lygaid pwy ydyn ni'n darllen yr Ysgrythur?

2. Down o hyd i un ateb yn llyfr Numeri: rydyn ni'n darllen yr ysgrythrau trwy lygaid Moses yr un sy'n wylaidd – "mwy felly na neb ar wyneb y ddaear".

3. Cawn ateb arall gan beth a elwir nawr yn Gristnogaeth: darllenwn yr ysgrythurau trwy lygaid Iesu ein Rabbi, sy'n dangos i ni beth oedd ystyr dweud bod Moses yn wylaidd.

4. Y mae Emaus yn damed o *ddaearyddiaeth diwinyddol*: trwy beidio â bod yn unman pendant nac o unrhyw bwysigrwydd, gall, mewn egwyddor, fod yn unrhywfan o gwbl.

5. Stori am sut i ddehongli yw stori Emaus; dau berson yn trafod pethau na allan nhw ddim eu dehongli, a thrydydd person yn dod ac yn cynnig dehongliad terfynol oddiwrth Dduw.

6. Mae Luc yn fwriadol heb enwi'r disgybl sydd gyda Cleopas. Y bwriad yw i ni roi ein henw ni'n hunain i mewn; gallet ti fod yno, gallwn i.

7. Mae yma strwythur eglwysig sy'n fater o ddehongliad, ond y mae Luc yn ei gwneud yn glir nad yw'r profiad canolog o ddehongli ddim yn fater o awdurdod eglwysig. Mae'n digwydd i unrhywun, yn un man, trwy law'r Rabbi croeshoeliedig ac atgyfodedig.

MATERION I BENDRONI DROSTYNT

- Defnyddiodd James y gair *hermeneutaidd* ar ddechrau'r sesiwn hon. Ydych chi'n cofio beth yw ystyr y gair?
- Pa *hermeniwteg* ydych chi wedi ei ddefnyddio, neu a ddysgwyd i chi ei ddefnyddio wrth ddarllen yr Ysgrythur?
- Beth yw'r gwahaniaeth rhwng gofyn am y Beibl: "Beth mae'r testun yn ei ddweud?" a "Sut ydych chi'n ei ddarllen?"
- Ydi e'n helpu neu'n rhwystro'ch ffordd chi o ddarllen y Beibl i osod pwys ar yr *hermeniwteg*, y dull dehongli?
- Sut mae'ch swyddogaeth chi'n newid pan yw'r pwyslais ar y cwestiwn "Sut ydych chi'n ei ddarllen?
- Mae llyfr Numeri yn pwysleisio bod Moses yn wylaidd iawn, iawn! Pam ydych chi'n meddwl bod llyfr Numeri yn rhoi cymaint pwys ar ei wyleidd-dra?
- Ym mha ffordd y mae bywyd a dysgeidiaeth Iesu yn dangos beth yw gwyleidd-dra?
- Os 'gwyleidd-dra' yw eich hermeniwteg, pa wahaniaeth mae'n ei wneud i'ch dealltwriaeth o ddysgeidiaeth Iesu?
- Dychmygwch eich bod chi mewn sefyllfa debyg i un o'r disgyblion ar ffordd Emaus ar fore'r atgyfodiad. Mae dieithryn yn gofyn i chi egluro, "Pa bethau?". Sut fyddech chi'n egluro beth oedd wedi digwydd i Iesu yn nyddiau olaf ei oes i rywun nad oedd wedi clywed y stori erioed o'r blaen?
- Ydych chi eroed wedi cael profiadau lle'r oeddech chi'n teimlo'ch bod chi wedi derbyn gorchymyn gan Dduw? Wnaethoch chi ymddiried ynddo, ei amau, neu geisio help i'w ddeall gan rywun arall?

SYNIAD I GLOI

Wrth wrando ar yr Aberth atgyfodedig sy'n maddau, rhoddwyd i'r disgyblion ar ffordd Emaus ffordd newydd i ddehongli'r digwyddiadau trawmatig oedd wedi digwydd iddyn nhw a'u cymuned. Beth fyddai ystyr gwrando ar lais na chlywyd ynghanol digwyddiadau dryslyd a thrawmatig yn ein cymunedau neu'n cymdeithas ni?

TRAETHAWD 2

Emaus ac Ewcharist

Sesiwn 2 Cleopas yn ceisio ateb

Gallwn ganiatáu i Cleopas o'r diwedd, ateb y cwestiwn y mae'r Iesu anhysbys wedi ei holi ganddo. Dyma'i ateb:

> *'Rhaid mai ti yw'r unig ymwelydd (paroikeis) â Jeriwsalem nad yw'n gwybod am y pethau sydd wedi digwydd yno yn y dyddiau diwethaf hyn.*[9]

Nawr, mae'r gair bach Groeg *paroikeis*, a gyfieithir yma fel 'ymwelydd' yn bwysig. Mae'n swnio fel y gair Saesneg 'parochial' neu 'parish', ac yn wir dyna darddiad y geiriau hynny. Ond lle y mae'r gair parochial (neu blwyfol) yn cyfleu rhywbeth cartrefol iawn, y mae'r gair 'paroikes' yn golygu rhywbeth sy ddim yn gwbl gartrefol, ond rhywbeth tebycach i beth a olygir gan 'dieithryn trigiannol', hynny yw, rhywun sy'n byw yma, ond sy ddim yn perthyn, yn fewnfudwr yn y cyd-destun Cymreig, rhywun sy ddim yn perthyn 'go iawn'. Ddim yn 'un ohono ni'. Y math o berson a fyddai yn yr Unol Daleithiau yn meddu carden werdd, ond heb fod yn ddinesydd, ac y byddai ei wladgarwch a'i ddibynolrwydd fel cymydog dipyn bach yn amheus ymhlith y rhai sy'n cadw llygad ar y fath bethau.

Mae'r gair 'dieithryn trigiannol' y byddai'r hen gyfieithiadau yn eu cyfieithu fel 'preswylwyr' yn air pwysig yn y Beibl, gan fod bron pawb sy'n cyfrif yn llyfrau Moses yn *breswylwyr*. Preswylydd oedd Abraham, Isaac yn breswylydd, Jacob yn breswylydd, Joseph yn breswylydd – roedd pobl Israel yn breswylwyr yn yr Aifft. Yr oedd y profiad o fod yn rhywun 'sy'n byw yma, ond ddim oddi yma' yn greiddiol i stori'r Hebreaid. Pobl heb iddyn nhw ddinas barhaus, fel y dywedir yn yr epistol at yr Hebreaid. Pobl sydd wastad ar eu ffordd i rywle arall, heb eu dofi'n llwyr. Felly beth y mae Cleopas wedi sylwi arno wrth ddweud wrth y trydydd person anhysbys yw, "Ai ti yw'r unig *breswylydd* yn Jeriwsalem sydd heb wybod am y pethau sydd wedi digwydd yn y dyddiau hyn?" Mae e wedi clywed rhywun â

9. Luc 24:18

chanddo acen ddieithr! Mae rhywbeth yn ynganiad y trydydd person sydd wedi bradychu'r ffaith nad yw 'o fan hyn' ac nad yw'n 'un ohonon ni'. Un o'r pethau am bobl nad ydyn nhw'n 'un ohonon ni' yw eu bod yn perthyn i'r bobl hynny sy ddim yn debyg o ddeall yn union sut y mae pethau . Os ydych chi newydd gyrraedd Cymru, fyddwch chi ddim yn debyg o ddeall am Waldo Williams, neu Ann Griffths. A byddai'n rhaid i rywun sydd newydd lanio yn Lloegr gael rhywun i egluro iddyn nhw beth yw *Private Eye*, gan ei fod yn dibynnu ar gyfres o jôcs nad ydynt yn ddealladwy i'r newydd-ddyfodiad.

Nawr ystyriwch effaith hyn ar y berthynas rhwng Cleopas ac N, hynny yw, arnoch chi a'r Trydydd Person Anhysbys, sydd ar fin rhoi dehongliad diffiniol. Eich ymateb cyntaf fyddai diystyru'r math o ddealltwriaeth fyddai gan yr hanner dieithryn hwn. Fe fyddai'n debyg i "Ein sgwrs ni yw hon, ac os ydyn ni, sy'n bobl sy'n perthyn i'r fan hon yn ffaelu ei deall hi, gymaint llai y mae rhywun fel ti ym mynd i fedru ei deall hi." Mae gan y dehonglydd safonol anhysbys rhyw dinc yn ei lais, a thinc y mae un o'i wrandawyr yn dueddol i'w diystyru. Mae'n amlwg na fydd yn fater hawdd o gwbl i ddysgu gwrando'u stori eu hunain yn cael ei hadrodd wrthyn nhw gan y dehonglydd hwn

Felly dyma'r Trydydd Person Anhysbys yn mynd yn ôl at y pwnc -y 'pethau sydd wedi digwydd' ac yn dweud "Pa bethau?" Wel, gadwch i ni weld beth sy'n mynd ymlaen yn y fan hon. Ai bod yn ddoniol mae'r Iesu? Chwarae bod yn glyfar? Fel petai yma rhyw ddrama fach a Iesu'n rhoi winc i'r gynulleidfa ac yn dweud "Rwy'n gwybod beth sy'n mynd ymlaen a fi yw'r person hwnnw! Felly mi wnai chwarae mig â nhw, a hwylio dan faner y twpsod, er mwyn gweld faint maen nhw'n ei wybod, eu dal am fod mor dwp, a rhwbio'u trwynau yn y baw." Neu mae'na bosibilrwydd arall: bod y trydydd person yn dod o 'fan draw' sydd yn lle cwbl wahanol o ran seicoleg a theimlad, fel bod gwrando ar y bois yma'n clebran, fel gwrando ar ewyn yn chwythu ar wyneb y mor, tra'i fod e'n bysgodyn mawr i lawr yn nyfnder y cefnfor fel nad oes dim bron yn gyffredin rhwng ei realiti ef a'u dryswch nhw. Yr oedd ei wybodaeth ef o beth ddigwyddodd, holl fframwaith ei stori, y man yr oedd yn byw ynddo, mor gwbl wahanol i unrhywbeth yr oedd y bois yma'n ei ddeall, fel na fedrai wneud synnwyr o beth yr oedden nhw'n ei drafod.

Beth bynnag, rwy'n tybio bod yr awgrym yna'n debycach o fod yn wir na chredu bod Iesu'n chwarae gêm; a'r peth pwysig yn y fan hon yw ymwybyddiaeth y trydydd person nad yw'r bois yma byth yn mynd i ddeall beth oedd yn digwydd ond trwy'r weithred o geisio adrodd eu stori eu hunain. Petaen nhw'n dweud dim ond "O fyddet ti ddim yn deall, wnawn ni ddim hyd yn oed ddechrau treio egluro i ti" – fydden nhw byth yn dechrau dysgu rhoi'r darnau yn y stori at ei gilydd a sylweddoli beth yw'r tyllau yn eu stori hwy. Felly dyma'r dehonglwr diffiniol gyda'r llais o rhyw *fan draw* yn gorfod cyflwyno'r 'bobl sy'n perthyn' i roi'r gorau i ddadlau â'i gilydd, ac yn lle hynny i ddechrau adrodd eu hanes. Trwy eu methiant i ddweud y maen nhw'n mynd i ddechrau derbyn y posibilrwydd o ddehongliad sy'n gwneud synnwyr.

Dyma Luc felly yn dangos Cleopas ac N yn gosod allan, yn fyr iawn, rhyw bum ffordd o edrych ar y stori am Iesu, a dim un ohonyn nhw'n ffitio gyda'i gilydd mewn ffordd sy'n gwneud synnwyr. Dyma bytiau o stori heb allwedd hermeneutaidd i glymu'r cwbl ynghyd mewn un naratif. Mae'r ddeuawd yn dechrau trwy gyfeirio at Iesu o Nasareth fel person, o fewn cof hanesyddol diweddar, ac maen nhw'n ei ddisgrifio fel 'proffwyd' – gweithred o ddehongli eisoes – ac un a oedd yn "nerthol ei weithredoedd a'i eiriau yng ngwydd Duw a'r holl bobl". Mewn geiriau eraill, dyma rywun oedd wedi gwneud math o argraff gyhoeddus trwy beth ddywedodd ac a wnaeth, a'i fod yn adnabyddus dros y lle i gyd.

Yna daw llinyn nesa'r dehongliad. Yr archoffeiriaid a'r llywodraethwyr – dyna'r sefydliad lleol gwleidyddol a chrefyddol, yn amlwg yn meddu ar eu dehongliad nhw o beth oedd ystyr y cwbl. Roedden nhw wedi ei drosglwyddo i'w gondemnio i farwolaeth – hynny yw ei drosglwyddo i rym y gyfraith a threfn y Rhufeiniaid, y grym llywodraethol. Fe'i croeshoeliwyd – math arbennig o gas o ddienyddio cyhoeddus y byddai'r Rhufeiniaid trwyddo yn peri cywilydd i'w hysglyfaeth. Felly y mae yma bethau na fydd yn ffitio gyda'i gilydd; dyma broffwyd, ond y mae'r awdurdodau lleol gwleidyddol a chrefyddol, y gellid disgwyl iddyn nhw fod ar eu mantais o gael cynrychiolydd clir o'u safbwynt eu hunain o'u gwrthgyferbynu â'r Rhufeiniaid, wedi ei ladd. Mae na rhywbeth o'i le ar y darlun.

Maen nhw'n mynd ymlaen i gynnig llinyn dehongli arall: roedden nhw wedi gobeithio y byddai hwn yn *gwaredu* Israel. Mewn geiriau eraill yr oedd a wnelo'i ystyr â rhywbeth yr oedden nhw'n ei ddehongli o fewn cyfres o hen ddisgwyliadau a gobeithion y gellid eu cyflawni. Yr oedd yr Iesu hwn, yn ôl eu dealltwrieth nhw, yn y busnes o adfer rhyw bethau: y Deml go iawn, teyrnas Israel gyda'i sefydliadau. Byddai'r deuddeg llwyth yn cael eu hadfer. Dyna pam yr oedd e wedi dewis deuddeg o'i ddisgyblion i fod yn apostolion. Yr oedd yr Israel newydd yn cael ei dwyn i fodolaeth ac ystyrid hyn fel rhyw fath o 'brynu Israel i ryddid', neu o leiaf yn rhyw fath o gyfiawnhau arni. Serch hynny, roedden nhw wedi cael eu siomi – doedd dim o hyn fel petai wedi ei gyflawni.

Daw llinyn dehongli arall i'r golwg gyda'r sylwadau nesaf. Mae hyn i gyd wedi digwydd yn ddiweddar iawn, "heddiw yw'r trydydd dydd er pan ddigwyddodd y pethau hyn" – ac mae yna atsain ysgrythurol i'r ymadrodd hwnnw, nad ydyn ni'n siwr iawn o'i ystyr. Ar ben hynny mae yna linyn arall wedi cael ei ddynodi gan rywbeth y mae rhai o'r gwragedd yn ei awgrymu, llinyn na allwn wneud unrhyw synnwyr ohono. Buont wrth y bedd yn gynnar yn y bore, ond ni ddaethant o hyd i gorff yno. Ac fe ddaethon nhw nôl yn dweud eu bod wedi cael gweledigaeth o angylion – ond yma, rhaid cofio mai gwragedd ydyn nhw, ac yn nhrefn pethau yn ddim ond tystion ail orau; a bod yr angylion wedi dweud bod Iesu'n fyw. A dyna honiad go fawr. Felly aeth rhai o'n cyfeillion, gan eu bod yn dystion mwy dibynadwy, nôl at y bedd, ac er na welson nhw nac angylion na Iesu, roedden nhw'n medru cadarnhau beth ddywedodd y gwragedd: doedd yna ddim corff yn y bedd.

Felly beth sy gyda ni fan hon yw un dryswch ar ôl y llall am bobl sy yn llygad y cyhoedd, digwyddiadau hanesyddol, digwyddiadau cyfoes, pethau amhosibl a dehongliadau nad ydyn nhw'n gwneud synnwyr. Does yna ddim un stori sy'n pontio'r cwbl a thynnu'r cwbl at ei gilydd, ac o ganlyniad mae na daflu'r defnyddiau nôl a mlaen rhwng ei gilydd – yr *antiballete* y buom yn sôn amdano. A nawr dyma'r Trydydd Person yn eu hannerch:

> *Mor ddi-ddeall ydych, a mor araf yn eich calonnau i gredu'r cwbl a lefarodd y proffwydi. Onid oedd yn rhaid i'r Meseia ddioddef y pethau hyn, a mynd i mewn i'w ogoniant?*[10]

Yn gyntaf mae'n eu ceryddu mewn dull glasurol feiblaidd, ac yna'n cyhoeddi iddyn nhw beth y mae'n bwriadu ei wneud. Hynny yw, mae'n

10. *Luc* 24:25

bwriadu cyflwyno iddyn nhw un dehongliad cyson o bopeth y buon nhw yn ei drafod, gan ddangos sut yr oedd y cwbl yn cydlynu wrth ei gilydd, sut yr oedd yn rhaid iddo gydlynu, a sut y bydden nhw wastad yn mynd i gydlynu. Mae yna ddehongliad sy'n clymu pethau, ac mae yna ddehongliad angenrheidiol – a'r un dehongliad ydyn nhw. Unwaith y gwelwch chi beth oedd yn mynd ymlaen, fe welwch mai fel hyn yr oedd yn rhaid iddi fod. Mewn gair, mae'n dweud, "Mae'r cwbl wnaethoch chi ei ddisgrifio, a chithau heb wybod sut i roi'r cwbl ynghyd, yn gwneud synnwyr perffaith fel rhan o brosiect neu weithred fwriadol." Nawr, os gwelwch yn dda, wnewch chi sylwi ar rywbeth yn y fan hon: y mae'r Trydydd Person Anhysbys hwn yn dechrau rhoi ei ddehongliad trwy gyfeirio at ei hunan fel trydydd person, y Crist, gan ddefnyddio'r rhagenw 'Ef'. Felly am y tro y mae gennym 'ef' yn siarad am 'ef.'

> *A chan ddechrau gyda Moses a'r holl broffwydi, dehonglodd iddynt (diermeneusen autois) y pethau a ysgrifennwyd amdano ef ei hun yn yr holl Ysgrythurau.*

Wel, fel y gwelwch chi, o'r gair Groeg sydd yn cael ei gyfieithu yma fel *dehonglodd* ac oddiwth ei sain, gallwch ddyfalu mai dyma'r gair sydd y tu cefn i'n gair cyfoes *hermeniwteg*, yr enw crand sydd gennym am 'y wyddor o ddehongli'. Felly fe wnaeth y trydydd person ddehongli neu *hermenyddu* iddyn nhw. Mewn geiriau eraill, a dyma beth yw ystyr y darn yma, ef ei hun a ddaeth i fod yn egwyddor dehongli'r darn (hynny yw, Ef ei hun yw'r allwedd i ddeall yr ysgrythur, yr egwyddor hermeniwtaidd). Weithiau fe glywch ambell bregethwr neu esboniwr yn beirniadu Cleopas a'i gyfaill. Pam? Am nad eglurodd yr Arglwydd a rhoi ar glawr a chadw sut yr oedd e'n dehongli'r ysgrythurau. Byddai hynny wedi arbed cyfrolau o ddyfalu a thomenni o esboniadau. Ond mae'r pregethwyr hynny wedi camddeall y pwynt yn llwyr. Pe bai Cleopas wedi gwneud hynny fe fyddem wedi cael ein gadael gyda thestun arall i'w ddehongli, oherwydd does dim terfyn ar ddehongli testunau. Beth mae Luc eisiau'i ddangos i ni yw siâp y digwyddiadau pan fu'r presenoldeb, y dehonglwr byw hwn yn ein plith; yng ngoleuni hynny y mae testunau i gyd yn israddol.

Felly mae'r dehongli'n cychwyn. Mae'r Trydydd Person, nag ydynt wedi ei adnabod, yn mynd trwy holl gorff yr Ysgrythrau gan ddechrau gyda Moses a'r holl broffwydi. Sylwch nad ydi hwn ddim o reidrwydd yn ddisgrifiad o ran trefn amser. Disgrifiad cynhwysfawr ydyw. Wyddom nid ddim yn gwbl bendant pa lyfrau fyddai wedi cael eu cynnwys yn yr ymadrodd 'yr holl Ysgrythurau' oherwydd tra roedd rhestr llyfrau'r gyfraith a'r proffwydi wedi sefydlogi erbyn hyn, yr oedd yr adran a elwid yn 'ysgrifeniadau' yn dal i newid, ac felly nid oedd *canon* yr Ysgrythurau Hebreig, y rhestr o lyfrau oedd i mewn neu allan, wedi ei sefydlu eto. Felly mae'n bosibl bod Iesu wedi cyfeirio at lyfrau na chafodd eu derbyn i'r testun terfynol ac sydd heb ein cyrraedd ni. Beth bynnag, beth sy'n bwysig yw bod y 'pecyn holl-gynhwysol' hwn nid yn unig yn ddetholiad o beth y byddem ni'n eu galw yn llyfrau 'crefyddol'. Pe baech yn Hebread ar y pryd, nid hanes crefyddol yn unig oedd llyfrau Moses a'r holl broffwydi. Dyma hefyd eich holl hanes gwleidyddol a diwylliannol. Dyma'r stori gyfan, y *pethe* yr oedd Cleopas a'i gyfaill wedi eu magu ynddyn nhw ac a roes iddyn nhw eu hunaniaeth. Ac yr oedd e'n dweud wrthyn nhw am eu hunain o safbwynt cwbl newydd, un nad oedden nhw wedi ei glywed o'r blaen o gwbl.

Dychmygwch os mynnwch, yn achos yr Unol Daleithiau bod rhywun yn dechrau dweud wrth bâr o Americaniaid stori wir eu gwlad o safbwynt rhai o'r trigolion cynhenid ar yr adeg pan gyrhaeddodd y Tadau Pererin o Ewrop. Byddai'r gwir stori y tu cefn i wledd y Diolchgarwch, sut brofiad oedd cael eich cyflenwad bwyd wedi ei ddinistrio gan yr estroniaid gwynion hyn oedd wedi glanio. Fe gaent wybod beth oedd yn digwydd gyda'r datganiad Annibyniaeth, economi'r gaethwasiaeth Africanaidd, y Rhyfel Cartref, y lladdfa ar yr Americaniaid Brodorol, y Dirwasgiad Mawr ac yn y blaen. Ie, gallwn oll ddychmygu'r hanes hwn yn cael ei hadrodd o wahanol safbwyntiau.

Ond yma, nid peri iddyn nhw deimlo'n euog am bwy ydyn nhw yw'r amcan. Mae'n stori sy'n gweu pethau ynghyd, mae'n fwy na chasgliad o ddarnau bach digyswllt o safbwynt lleiafrif, ond yn rhywbeth holl-gynhwysol sy'n gwneud synnwyr i'r darllenwyr. Yn ddiweddarach, fe fydden nhw'n disgrifio'r profiad o dderbyn y weithred hon o ddehongli trwy ddweud: *Onid oedd ein calonnau yn llosgi ynom?* Fe wydden nhw fod y gwir yn cael ei ddweud wrthyn nhw ac yr oedd ei glywed yn troi wyneb i waered pwy oedden nhw'n meddwl yr oedden nhw, a ble'r oedden nhw'n tybio eu bod yn perthyn. Yr oedden nhw fel petae'nhw'n cael eu hail-adrodd i fodolaeth.

Nawr sylwch am y tro mai beth sy'n digwydd yn y fan hon ydi un creadur yn siarad â chreadur arall. Er bod Luc yn ei gwneud yn eitha clir bod Iesu yma'n siarad amdano ef ei hunan, am y tro nid yw Cleopas ac N wedi gafael yn hynny o gwbl. Ni ddywedwyd y gair 'fi' o gwbl! Mae'n dal yn stori yn y trydydd person sy'n brofiad ysgytwol i ddau o'r bobl yno, a nhw yw arwyr y stori yn eu pennau hunain wrth iddyn nhw wrando.

> *Wedi iddynt nesau at y pentref yr oeddent ar eu ffordd iddo, cymerodd ef arno ei fod yn mynd ymhellach. Ond meddent wrtho, gan bwyso arno, "Aros gyda ni, oherwydd y mae hi' n nosi, a'r dydd yn dirwyn i ben."* [11]

Fel yr awgrymais, gallai'r pentref fod yn unrhyw fan; mae'r ddaearyddiaeth ei hun yn gwbl ddibwys. A dyma Luc yn cyfeirio'n gynnil iawn at YHWH. Mae fel petae'r trydydd person am fynd yn ei flaen ond maen nhw'n pwyso arno. Rwy'n mynnu bod hwn yn gyfeiriad at YHWH gan mai un o'r pethau y mae YHWH yn ei wneud yn yr Ysgrythurau Hebraeg ydi *mynd heibio*, a rhywun yn ymbalfalu amdano wrth iddo ddiflannu i'r tu hwnt. Mae YHWH'n gwneud hynny i Foses, a dim ond ei gefn neu ei ben ôl y mae'n ei weld. Rwy'n dwli ar y cyfieithiad yna. Fe gawn rhywbeth tebyg yn Marc pan yw Iesu'n cerdded heibio'r pysgotwyr ar y dŵr a hwythau'n gorfod ei alw nôl i ddod i mewn i'r cwch. Awgrym Luc yw eich bod ar fin cael datguddiad o YHWH, sef ymddangosiad o Dduw. Mae YHWH ar fin gwneud ymddangosiad. Ac felly maen nhw'n pwyso arno, ac y mae e'n mynd i mewn ac yn aros gyda nhw.

Hyd yn hyn mae gennych chi ddau berson, a oedd o'u safbwynt hwy eu hunain yn gychwynwyr, hynny yw yn achos bod y drafodaeth yn digwydd. Ni all y Trydydd Person sy'n ddieithryn ei deall hi'n iawn, mae e wedi dod atyn nhw a gofyn beth sy' n mynd ymlaen. Maen nhw'n dweud, gorau y gallan nhw, ac yna mae fe'n dechrau troi'r holl beth o gwmpas. Fe sy'n dweud wrthyn nhw am eu stori eu hunain mewn ffordd sy'n peri iddyn nhw dybio eu bod yn perthyn y tu mewn i'r stori, ond mewn ffordd cwbl wahanol. Mae e wedi bod yn dangos iddyn nhw bod yma brosiect a thrafodaeth ar waith sy'n eitha gwahanol i beth yr oedden nhw wedi ei ddychmygu, ac yn y presenoldeb hwn nid y nhw yw'r arwyr fel yr oedden nhw wedi tybio. Nawr maen nhw wedi gwahodd y dieithryn i mewn gan ddal i feddwl mai nhw yw'r arwyr ac ef yw'r gŵr gwâdd. A beth nesa? Fe

11 Luc 24:28

welwch hyd yn oed yr elfen honno yn eu harwriaeth yn cael ei throi wyneb i waered. Mae e'n dal i aros gyda hwy ac eto:

> *Wedi cymryd ei le wrth y bwrdd gyda hwy, cymerodd y bara a bendithio, a'i dorri a'i roi iddynt.*[12]

Mewn geiriau eraill, yn sydyn, *nhw* sydd wedi cael eu gwahodd, ac ef yw'r un sy'n eu gwahodd, y gwesteiwr. Ac nid gwesteiwr yn unig ond un a gyflawnodd ryw arwyddion yr oedd Cleopas ac o bosibl N hefyd, wedi eu cysylltu â Iesu. Mae'r drafodaeth yn cael ei throi wyneb i waered.

> *Ac agorwyd eu llygaid hwy (dienoichthesan) ac adnabuasant ef. A diflannodd ef o'u golwg. (autos aphantos egeneto).*

Wel, mae hwn yn swnio fel petae tri pheth yn digwydd un ar ôl y llall – munud o syndod, Waw! yna munud o adnabod "Dacw fe!" Ac yna un arall (gan godi llaw i ffarwelio) "Ie, dyma fi, h-w-w-wyl!" Ond mewn gwirionedd un llif yw'r cwbl yn y Groeg, tair agwedd ar un symudiad. Agorwyd eu llygaid – a dyma rhywbeth y mae rhywun yn ei wneud *iddyn* nhw, mae'r ferf yn oddefol, fel yr oedd yn gynharach pan ddywedwyd "caewyd eu llygaid rhag ei adnabod." Maen nhw'n ei adnabod, ac yna, wel mae'n gair ni 'diflannodd' yn rhy weithredol ac yn awgrymu ei fod yn symud oddiwrthyn nhw. Beth mae'n ei ddweud yw 'fe aeth yn anweladwy'. Nid yw hynny'n golygu chwarae "Weli di fi!" Dyma ddatguddiad (theophani) Yahwistaidd, lle mae na ryw adeiladu ar gyfer rhywbeth ac mai dim ond yn syth wedyn 'wrth iddo fynd heibio' yr ydych yn sylweddoli eich bod wedi cael y profiad hwnnw, oherwydd ni ellir dal gafael yn YHWH.

Un peth sy'n gwbl hanfodol i'r theophani Yahwistaidd hwn yw nad dim ond rhywbeth i'r llygaid yw e, ond mae'n gweithio ar lefel y clyw, neu ar lefel dehongli. Mae Cleopas ac N yn dechrau sylweddoli nad unrhyw 'ef' a fu'n siarad â nhw trwy'r amser, ond YDWYF, hynny yw YHWH. Mewn geiriau eraill nid gwrando fuon nhw ar ddieithryn yn egluro llinyn o'r stori o'r tu allan. Cawson nhw eu hunain wedi eu galw i mewn i'r stori y bu arwr y digwyddiadau hyn yn ei hadrodd, a'r adrodd hwnnw yn rhan o'r digwyddiad. Fe ddechreuodd trwy edrych fel petai yn 'ef', ond beth ddaethon nhw i weld oedd mai YDWYF oedd wedi bod wrthi trwy'r amser yn dehongli ei hunan iddyn nhw. Yr 'ef' oedd yr YDWYF. A dyma nhw, a

12. *Luc 24:30*

fu'n tybio mai nhw eu hunain oedd yn arwyr yng nghanol y stori, wedi bod trwy'r amser ar yr ymylon, yn dderbynwyr ac nid yn weithredwyr. Cawson nhw eu trawsnewid yn wahanol fathau o 'fi'. A dyma'r peth rhyfeddol. Yr oedd y Trydydd Person anhysbys hwn yn un gwahanol , arall, y tu allan iddyn nhw, ond wrth sylweddoli eu bod yn derbyn 'fi' newydd gan YDWYF, maen nhw'n dysgu nad yw YDWYF mwyach yn drydydd person y tu allan iddyn nhw , ond yn ffynhonnell y tu mewn iddyn nhw o bwy ydyn nhw a beth y maen nhw'n tyfu i fod.

> *Onid oedd ein calonnau ar dân ynom wrth iddo siarad â ni ar y ffordd, pan oedd yn egluro'r Ysgrythurau inni?*[13]

Pa syndod bod eu calonnau ar dân ynddyn nhw! Maen nhw'n cael derbyn disgrifiad o beth sy wedi digwydd, sy'n eu cynnwys nhw eu hunain, ac yn wir yn eu hysgrifennu i mewn i'r stori mewn ffordd cwbl newydd, ffordd sy'n wir, gyda gwirionedd nad yw'n dod oddi wrthyn nhw, ond nad oes angen iddyn nhw gystadlu ag e. Felly, lle y buon nhw yn '*antiballetan*' ar hyd y lle hyd nawr, bellach maen nhw'n siarad ag un llais, fel rhai sydd wedi derbyn datguddiad sy'n dehongli Duw.

> *Codasant ar unwaith a dychwelyd i Jeriwsalem. Cawsant yr unarddeg a'u dilynwyr wedi ymgynnull ynghyd ac yn dweud fod yr Arglwydd yn wir wedi ei gyfodi, ac wedi ymddangos i Simon.*[14]

Felly ar waetha'r ffaith ei bod yn hwyr, maen nhw'n codi ac yn brysio nôl i Jeriwsalem, ac yno maen nhw'n dod o hyd i'r Tîm A, yr unarddeg wedi eu casglu at ei gilydd gyda chriw o rai eraill, ffrindiau Cleopas yn y Tîm B. A'r rhain sy'n dweud wrthyn nhw "bod yr Arglwydd yn wir wedi ei gyfodi ac wedi ymddangos i Simon". Dyma, fel y gwyddom oddi wrth ddarnau eraill yn y Testament Newydd oedd y 'Kerygma' cyntaf un, cyhoeddiad ffurfiol ar y newyddion da, yr Efengyl. "Yr Arglwydd a gyfododd ac a ymddangosodd i Cephas." Dyna beth y mae Tîm A yn ei gyhoeddi, cyhoeddiad ffurfiol awdurdodol. Yna cawn beth y mae Tîm B wedi ei rannu â nhw.

> *Adroddasant hwythau yr hanes am eu taith, ac fel yr oeddent wedi ei adnabod ef ar doriad y bara*[15].

13. *Luc 24:32*
14. *Luc 24:34*
15. *Luc 24:35*

Hynny yw, digwyddodd eu profiad hwy yn gwbl ar wahan, ond fe'i cadarnheir gan y Tîm A. Mae Luc wedi rhoi i ni'r fframwaith ar gyfer y profiad cyffredin o beth yw e i fod yn Gristion, ac i gael eich testun, eich stori, ac felly chi'ch hunan, wedi torri ar ei draws, a'i ail ddehongli drosoch gan yr Arglwydd croeshoeliedig ac atgyfodedig.

Dyn marw'n llefaru

Rwy'n gobeithio'ch bod chi'n gweld strwythur y narratif cyfan. Beth garwn i ei wneud nawr yw codi rhywbeth o ansawdd llais yr un oedd yn llefaru. Yn gynharach fe ddangosais mai un o'r pethau cyntaf wnaeth Cleopas loffa ynglyn â'r Trydydd Person, a hynny oddiwrth ansawdd ei lais oedd nad oedd yn 'un ohonon ni' ac felly na fyddai'n 'ei deall hi'. Ac wrth gwrs beth mae hynny'n ei olygu i unrhyw un ohonon ni, yw nad yw'n clyw wedi ei diwnio'n gywir i lais yr Arglwydd, ac i'r graddau ei fod yn siarad â ni, mae'n mynd i ymyrryd, i dorri ar draws ein hunan-bwysigrwydd a'n hymdeimlad mai ni yw'r rhai sydd yn 'ei deall hi'.

Nawr mi garwn ddwyn i'r golwg rhywbeth sydd mewn un ffordd yn fater rhyfeddach fyth am ansawdd llais y trydydd person anhysbys. Bu Cleopas a'i ffrind N yn cerdded y ffordd gan wrando ar lais dyn marw. Meddyliwch am hynny os gwelwch yn dda! Mae'n swnio'n od, oherwydd, wel fe glywson ni'r stori, ac fe wyddom bod Iesu wedi ei ladd ar ddydd Gwener y Groglith ac fe wyddom ei fod wedi atgyfodi ar fore'r Pasg. Ac yn nodweddiadol tybiwn felly nad yw e bellach yn farw. Anghywir!

Meddyliwch am y peth fel hyn. Gadewch i ni feddwl bod Iesu yn 33 oed ar Ddydd Gwener y Groglith ac y buasai'n benblwydd 34 oed arno ar y Sadwrn. Wel dyw e ddim yn 33 am ei fod wedi marw. A dyw e ddim yn 34 chwaith. Bu farw go iawn ar ddydd Gwener y Groglith. Nid mater o gael y ffliw ond gwella ar y Sadwrn ydoedd. Fe ddaeth ei fywyd ar y ddaear hon i ben ar ddiwrnod penodol, fel y digwydd i bob un ohonon ni. Nid yw'r Arglwydd Atgyfodedig yn Arglwydd sydd wedi dod dros blwc cas o 'farwolitis'. Yr Arglwydd Atgyfodedig yw'r dyn yma sy wedi marw, a fu byw am 33 o flynyddoedd ac a laddwyd; dyma fywyd a marwolaeth cyfan y dyn marw hwn yn cael ei gynnal yn fyw fel nad ydi marwolaeth yn cau lawr arno. Peth anodd iawn i ni afael ynddo ydi hyn, oherwydd yn gyffredin mae bod yn fyw a bod yn farw yn ddau realiti cyfartal a gwrthwyneb i'w gilydd;

dim ond un neu'r llall allwch chi fod ar unrhyw funud. Fedrwn ni ddim deall y math o 'fod yn fyw' sy'n medru cynnwys ynddo'i hun, wedi llyncu iddo'i hun math o 'fod yn farw' heb fod na gystadlu rhwng y ddau. Ond dyna y mae Luc yn ei ddangos i ni. [16]

Felly ai dyn marw oedd wedi cerdded wrth eu hymyl ac yn siarad? Peth chwerthinllyd fyddai hynny. Gallwn ddychmygu cael rhywun yn siarad â ni sy wedi bod yn sâl am ddiwrnod neu ddau ac yna wedi gwella. Neu hyd yn oed rhywun a fu yng ngharchar am sawl blwyddyn ac yna wedi ei ollwng yn rhydd. Ond doedden nhw ddim yn cael eu hannerch gan rywun oedd wedi gwella ar ôl bod yn sâl. Roedden nhw'n cael eu hannerch gan ddyn marw. A does neb ohonon ni wedi clywed dyn marw yn llefaru. Yn wir beth ydi pwynt dynion marw os ydyn nhw'n llefaru? Pam fyddai tystion yn cael eu 'diflannu' gan y Mafia pe na bai hynny'n cau eu cegau yn derfynol? Holl bwynt gwneud dynion marw yn farw yw nad yw'r meirw yn cario clecs. Ac eto beth sydd gennym yma yw dyn marw yn adrodd stori. Mae hyn yn wir hynod.

Does gyda ni ddim yr *antennae* priodol i glywed lleisiau'r meirwon yn dweud stori. Y peth agosaf sy gyda ni ydi ysprydion. Ysbrydion yw'r ffurf draddodiadol ar feirwon yn dweud straeon. Ond mae'r straeon sy ganddyn nhw yn ddigon anniddorol. Mae ysbrydion yn dod, yn ysgwyd eu cadwyni, ac yn mynd 'Wooooo', yn dychryn pobl. A phan maen nhw'n darfod â'r busnes cadwyni ac oernadau, maen nhw'n dueddol o ddweud pethau fel "Mae angen fy rhoi i orffwys – mae'r cnafon wedi fy nal. Nes i chi ddïal arnyn nhw fydda'i ddim yn medru gorffwys. Felly rhowch derfyn ar y cwbl drosta'i; lladdwch y diawliaid!" Cwbl glasurol! Dyna sy'n digwydd gydag yspryd tad Hamlet. Dyna pam y mae Herod ar ôl lladd Ioan Fedyddiwr yn anghyfiawn yn credu bod Iesu'n ysbryd Ioan Fedyddiwr wedi dod nôl i aflonyddu arno. Un o'r pethau am y straeon yw eu bod yn straeon am ddïal. Mae'r ysbrydion yn dod nôl yn ceisio dïaledd, ac mae eu stori'n gwbl gredadwy ar yr un lefel â'r stori am y rhai sy wedi goroesi ac sy'n dal mewn cystadleuaeth â nhw. Dyna paham y meddyliwn ni am ysbrydion fel pethau yn eu hanfod wedi eu taflunio, yn gynnyrch breuddwydion, fantasïau, cof drwg, mympwyon seicolegol.

16. (*Nodyn y cyfieithydd: Os ydych chi Gymry yn holi fan hyn 'Beth felly yw atgyfodiad?' Mae'n arddangosiad o'r bywyd dihysbydd di bendraw sydd yn Nuw ei hun – efallai beth a olygai Waldo Williams yn y geiriau 'rhuddin yng nghwreiddyn bod'.*)

Ond yma, fel mewn mannau eraill yn yr Efengylau, y mae presenoldeb y dyn croeshoeliedig ac atgyfodedig, y dyn marw sydd yn llefaru, a'r gwahaniaeth rhyngddo ac ysbryd, wedi ei ddangos yn reit ofalus. Yn y lle cyntaf does yna ddim cais am ddïal. Yn wir nid yw'r presenoldeb hwn yn cynnig cynffon ar ddiwedd y stori sy'n hysbys i bawb. I'r gwrthwyneb, y mae'r un sy'n llefaru yn agor stori gwbl newydd, ac yntau'n arwr yn y stori ei hunan, yn rhywun oedd trwy'r cwbl wedi bod yn gwneud rhywbeth yn gwbl bwrpasol, rhywun oedd yn agor bethau newydd i lawer o bobl, nid yn rhywun oedd yn ymateb i bethau cas yr oedd pobl eraill wedi eu gwneud iddo fe. Mewn gwirionedd, does arno ddim affliw o ots am ddim y gwnaeth pobl eraill iddo fe, ac mae'r dehongliad i gyd wedi ei symud y tu hwnt i unrhyw gêm o dalu dant am ddant.

Felly nid dim ond mater o ddyn marw'n llefaru yw hyn. Dyma rywun sydd wedi cael cam difrifol, fel y gŵyr Cleopas ac N yn iawn, rhywun wedi ei ddienyddio'n greulon trwy gynllwyn treisiol rhwng grymoedd crefydd a gwleidyddiaeth. Gan amlaf pan fydd pobl sydd wedi cael cam yn dehongli pethau, maen nhw'n gwneud hynny er mwyn cwyno'n enbyd am y ffordd wael y cawson nhw eu trin. Felly dyma un sy wedi diodde cam yn dweud stori nad yw yn stori am ddioddef unrhyw gam. Pan ddywed y Trydydd Person nad ydyn nhw'n ei nabod:

> *Onid oedd yn rhaid i'r Meseia ddioddef y pethau hyn, a mynd i mewn i'w ogoniant?*[17]

Does yna ddim un smic o gwyno am ddiodde cam. I'r gwrthwyneb yn hollol: yr oedd y cwbl yn gynllun pwrpasol y gwnaeth y prif arwr fynd i mewn iddo'n gwbl fwriadus. Ac fel y mae Cleopas ac N yn darganfod nes ymlaen, yr un sy'n dweud yr hanes yw arwr y stori. Nid cwyno y mae e, dyw e ddim yn sôn am ddioddef cam. Ie, aberth yw e, ond un heb ddicter. Dyn marw'n llefaru, ond heb ddyheu am ddialedd. Dyna'r ddwy elfen hon fydd y rhai olaf yn beth a ddywedir heddiw, am ansawdd y llais sy'n llefaru.

Oherwydd y maen nhw'n elfennau ychwanegol yn natur llais yr un sy'n llefaru. Dyma beth yw e i gael ein testunau wedi eu dehongli i ni trwy lygaid ein Rabbi marw ac atgyfodedig. Maen nhw'n ein galluogi i rannu profiad y disgyblion a ddyfynnir mewn mannau eraill yn yr Efengylau, sef 'Dyma Iesu', neu yng ngeiriau arferol y testun, 'Yr Arglwydd yw'. Mae

17. *Luc 24:26*

hynny'n golygu, nid yn unig mai'r Iesu sy'n siarad, ond y ffaith mai Iesu yw YHWH. Oherwydd dim ond un ffynhonell weithredu sy'n bod nad yw ar yr un lefel ag angau; nad oes a wnelo ei fywyd na'i fywiogrwydd ddim o gwbl ag angau: Duw yw hwnnw. Felly mae yna ddyn marw yn cyfathrebu er yn dal i fod yn farw, ac eto heb ei rwymo gan angau. Mae'n weithred o gyfathrebu na ellid dychmygu amdano ond trwy YHWH. A does dim ond un ffynhonell o gyd-berthynas nad yw'n cystadlu â dim sy'n bodoli, ac felly na all adrodd stori am ddioddef cam, ond dim ond stori fwriadus am ddwyn rhywbeth i fodolaeth, allan o ddim. A dyma, eto y creawdwr, YHWH.

Felly beth sy gennym ni yma yn nhestun Luc yw siâp cyffredin egni creadigol YHWH yn troi'n weithred ddynol o gyfathrebu, ac yn egwyddor ddehongli byw – ateb Luc i'r cwestiwn "Trwy lygaid pwy ydych chi'n darllen yr Ysgrythurau?"

Strwythur yr Ewcharist

Un ystyriaeth arall cyn i mi adael i chi fynd! Fynnwn i ddim i chi fynd oddi yma'n meddwl, "Dyna ymarferiad bach deallusol y mae Luc wedi gosod ar gyfer ei wrandawyr!" Nid mater o bobl glyfar yn eistedd o gwmpas yn cael trafodaeth am destunau yw hyn. Mae Luc yn adeiladu ei narratif fel nad yw'n ddim byd ond taith a thrafodaeth a gweithred o ddehongli, ond fel y mae hefyd yn weithred o letygarwch sy wedi ei throi wyneb i waered: mae na bryd bwyd yn cael ei rannu lle y mae'r gŵr gwâdd yn troi yn westeiwr, a'r arwr yn rhoi ei hunan i'w adnabod ar ffurf drawiadol presenoldeb sy'n gysylltiedig â thorri bara. Beth sy gyda ni, yn fyr, yw strwythur yr Ewcharist, yn Gymun Bendigaid, yn Swper yr Arglwydd neu beth a alwn ni'n gyffredin yn 'Offeren'.

Mae'r holl elfennau yma: cydgerdded, testunau, yr homileiddio, y dehongli, y torri bara a'r adnabod. YDWYF sydd wedi rhoi ei hun yn fwriadol drosoch – beth a alwn ni yn Bresenoldeb Real. Gwneir hyn nid yn unig fel gweithred o ddehongli ond fel pryd o fwyd. Mae'n golygu bod rhan o strwythur yr Ewcharist yn cofio am drydydd person, un sy allan yn y fan yna sy'n dod i darfu arnoch chi. Os taw dau ohonoch sy'n sgwrsio â'ch gilydd, mae'n ddigon hawdd osgoi trydydd person yn torri ar eich traws. Ond mae beth alwn ni yn Offeren bob amser yn golygu trydydd person yn torri ar ein traws trwy ei ffordd arbennig ef o fod yn bresenoldeb sy'n dehongli.

Felly nid yn unig y mae Luc yn rhoi ateb *technegol* i'r cwestiwn "Trwy lygaid pwy ydyn ni'n darllen yr Ysgrythur?" Mae'n rhoi ateb litwrgaidd. Ei ateb yw "Rydyn ni'n darllen yr Ysgrythurau yn *ewcharistaidd*, trwy lygaid Iesu ein Rabbi". Hynny yw, darllenwn trwy lygaid un sy'n cwbl bresennol yn ein plith ac sy'n peri i ni fynd trwy drawsnewidiad llwyr yn ein ffordd o berthyn i'n byd. Mae fel petae ef yn torri ar ein traws, yn siarad â ni o'r tu hwnt i'r ffin, ychydig oddiar ymyl sgrin ein dealltwriaeth gyffredin, gan ein cynnwys ni yn y stori sydd yn eiddo iddo fe, yr un y mae e'n brif-arwr ynddi. Beth y darganfyddwn o dipyn i beth yw bod y stori'n gwneud gwell synnwyr o'n stori ni'n hunain, gwell na'r stori yr oedden ni'n tybied ein bod yn ei hadnabod. Cawn ein bod yn cael ein cymeryd i rywle arall, yn cael ein tynnu i mewn i fframwaith fwy. Ac mae hynny'n hawlio rhywbeth y tu allan i ni. Nid dim ond testun sydd yma, mae'n destun ac yn bryd o fwyd gyda Thrydydd Person.

Welwch chi beth y mae Luc wedi ei wneud yma? Bod rhywbeth oedd yn edrych fel stori wyrthiol, mewn gwirionedd yn ddarn hynod soffistigedig o narratif, ac yn strwythur sy'n gosod allan sut brofiad yw e' i gael darllenwr ein testunau yn ein plith. Dyma beth yw'r profiad Cristnogol sylfaenol, ac i'r math yma o bresenoldeb, i rym y cyfathrebu yma, y byddwn yn dychwelyd lawer gwaith wrth i'r cwrs yma ddatblygu.

TRAETHAWD 2

Emaus ac Ewcharist

Sesiwn 2 Cleopas yn ceisio ateb

CRYNODEB O'R SESIWN

Yn ail ran ein darlleniad o stori Emaus, mae'r disgyblion yn cael profiad o gael eu troi tu chwith allan, ac mae'r profiad yn newid eu narratif o bwy ydyn nhw. Wrth y bwrdd lle'r oedden nhw'n tybio mai nhw oedd yn westeiwyr, maen nhw'n darganfod mai nhw sy wedi bod westeion trwy gydol yr amser. Maen nhw'n cael eu hunain yn llawen ddarganfod bod yr Arglwydd croeshoeliedg ac atgyfodedig wedi bywhau ynddyn nhw narratif newydd, un sydd ar yr un pryd yn eiddo iddyn nhw, ond eto i gyd yn llawer mwy na hynny.

PRIF SYNIADAU

1. Mae Luc yn portreadu Iesu, y dehonglydd terfynol, fel dieithryn sy'n gorfod cymell yr aelodau i roi'r gorau i ffraeo â'i gilydd, ac yn lle hynny, i ddechrau dweud eu stori. Trwy eu methiant i ddweud y maen' nhw'n mynd i dderbyn y posibilrwydd o stori newydd.

2. Mae'r dehongliad a gynigir i'r disgyblion yn caniatau iddyn nhw weld bod beth oedd yn mynd ymlaen yn gorfod bod fel yna, a'i fod yn gwneud synnwyr perffaith fel rhan o brosiect bwriadol tebyg i dafl-lwybr (trajectory).

3. Beth mae Luc eisiau dangos i ni yw siâp a digwyddiad yn ein plith o bresenoldeb byw sy'n dehongli; yng ngoleuni hynny mae testunau yn mynd yn eil beth.

4. Wrth i'r disgyblion wrando ar Iesu'n dehongli'r ysgrythurau, fe wydden nhw eu bod yn clywed y gwirionedd amdanyn nhw eu hunain a'u hanes. Yr oedden nhw'n cael eu hail-fynegi i fodolaeth.

5. Wrth y bwrdd, pan fendithiodd Iesu bara a'i dorri a'i roi iddyn nhw, yn sydyn ef yw'r Gwestai a hwy yw'r gwesteion.

6. Mae Luc yn portreadu'r ymddangosiad hwn gan Iesu fel ymddangosiad gan YHWH (*theophani Yahwistaidd*). Daeth y disgyblion i sylweddoli nad *Ef* oedd wedi bod yn siarad â hwy ond YDWYF ei hun, y grym bywiol ym mhobpeth a ddigwyddodd, yn ogystal â ffynhonnell pwy oedden nhw, a beth oedden nhw'n tyfu i fod.

7. Mae'r stori'n dod i ben wrth i'r disgyblion fynd i Jeriwsalem a chael cadarnhau eu profiad gan y tim A.

8. Yr Arglwydd Atgyfodedig yw'r dyn hwn sydd wedi marw, a fu byw ei dri deg tri o flynyddoedd ac a laddwyd; ef yw bywyd ac angau'r dyn marw yn ei gyfanrwydd sy'n cael ei gynnal mewn bywyd mewn ffordd nad ydi angau'n gallu ei atal. Allwn ni ddim yn hawdd ddeall y math o *fod yn fyw* sy'n medru llyncu y tu mewn iddo'i hun gyflwr o *fod yn farw* heb fod yna gystadlu rhwng y ddau gyflwr.

9. Mae'r Arglwydd Atgyfodedig yn ddyn marw sy'n siarad heb chwerwder. Dyma aberth yn llefaru ond heb ddymuno dial. Dim ond YHWH all fod yn ffynhonnell y math o weithredu nad yw'n cystadlu ag angau.

10. Strwythur yr Ewcharist yw'r cof am drydydd person, o'r tu allan, yn dod i aflonyddu arnoch chi.

11. Mae Luc yn rhoi ateb litwrgaidd i'r cwestiwn: Trwy lygaid pwy ydyn ni'n darllen yr Ysgrythur? Rydyn ni'n darllen yn Ewcharistaidd, trwy lygaid yr un sy'n bresennol yn ein plith ac sy'n peri i ni ddioddef newid llwyr yn ein perthynas â'r byd, gan ein cynnwys mewn stori sydd yn eiddo iddo ef, un man lle y mae ef yn brif weithredwr.

MATERION I BENDRONI DROSTYNT

- Fyddech chi'n hoffi petae Luc wedi cynnwys popeth a ddywedodd Iesu wrth ei ddisgyblion ar ffordd Emaus? Pa straeon yn yr Hen Destament y carech chi i Iesu eu hegluro?

TRAETHAWD 3

Ydi'r "llyfr mawr du" yn eich dychryn?(Rhan 1)

Sesiwn 1 Llabyddio Achan

Yn y traethawd diwethaf fe fuon ni'n edrych ar ffordd Luc o ateb y cwestiwn "Trwy lygaid pwy ydyn ni'n darllen yr ysgrythurau?" Mae'n peri i'r adwaith rhwng Iesu â'i ddisgyblion ar y ffordd i Emaus, fod yn *egwyddor ddehongli fyw*. Fe welson ni aberth marw-a-byw, yn disgrifio, heb ddicter yn y byd, beth oedd wedi bod yn mynd mlaen trwy gydol yr amser. Felly fy mwriad i yw neidio'n syth i mewn ac edrych ar un o'r darnau Ysgrythur y gallasai Iesu fod wedi eu dehongli, er mwyn i chi gael rhyw syniad o sut mae'r egwyddor ddehongli fywiol hon yn gallu gweithio, ac i ninnau gael dysgu, wrth ganiatau i ni'n hunain ddarllen yr Ysgrythur yn y ffordd yma.

Y testun yr ydyn ni'n bwriadu edrych arno yw Josua 7, ac fe'i darllenwn ddwywaith. Un waith fel ag y mae, mewn cyfieithiad safonol, ac yna, fel y bydde fe pe bai'n ymddangos mewn papur newydd cyfoes. Ac fel y gwelwch chi, does na ddim llawer o wahaniaeth rhwng y ddwy fersiwn. Ond dyma dipyn o gefndir cyn i ni ddechrau. Y mae Joshua, olynydd apwyntiedig Moses, yn arwain pobl Israel mewn cyrch i mewn i Ganaan, ac y mae ef a'i filwyr newydd gipio Jericho. Efallai'ch bod yn cofio'r stori honno, pan fu gorymdaith saith gwaith o gwmpas y muriau tra'n chwythu utgyrn. Mae'r muriau'n syrthio a'r ddinas yn cael ei chipio. Un o'r pethau a ddigwyddodd cyn y gwarchae ar Jericho oedd bod Duw wedi dweud wrth Joshua ei fod wedi rhoi gwaharddiad ar bopeth y byddai ei filwyr yn dod ar ei draws; fe fyddai pethau'n *ddiofryd;* golygai hynny eu fod wedi eu *cysegru*, ac felly i'w llosgi neu i'w dinistrio. Felly 'doedd dim *ysbeilio* i fod. Hwyrach bod hynny'n ymddangos yn orchymyn anhebygol i griw o wŷr milwrol heddi, ond i rai mewn *rhyfel sanctaidd* byddai unrhywbeth a allai chwalu eu hundod ac achosi i filwyr gweryla â'i gilydd dros yr ysbail yn beth yr oedd yn rhaid ei osgoi. Wel, mae Jericho newydd syrthio a'n harwyr ar fin cymeryd y cam nesaf yn eu tynged amlwg (*manifest destiny*) i feddiannu'r wlad sy'n llifo o laeth a mêl, gan yrru'r trigolion allan. Ac yna cawn ddarn bach braidd yn od mewn cromfachau, y gwnawn ni nawr ei ddarllen.*(Josua 7)*

Bu'r Israeliaid yn anffyddlon ynglŷn â'r diofryd; cymerwyd rhan ohono gan Achan fab Carmi, fab Sabdi, fab Sera o lwyth Jwda, a digiodd yr Arglwydd wrth yr Israeliaid. Anfonodd Josua ddynion o Jericho i Ai ger Bethafen, i'r dwyrain o Fethel. Dywedodd wrthynt, "Ewch i fyny ac ysbïwch y wlad." Aeth y dynion i fyny ac ysbïo Ai. Yna daethant yn ôl at Josua a dweud wrtho, "Peidied y fyddin gyfan â mynd i fyny; os dwy neu dair mil o ddynion i fyny fe orchfygant Ai. Paid â llusgo'r holl fyddin i fyny yno, oherwydd ychydig ydynt." Aeth tua thair mil o'r fyddin i fyny yno, ond ffoesant o flaen dynion Ai. Lladdodd dynion Ai ryw dri dwsin ohonynt trwy eu hymlid o'r porth hyd at Sebarim, a'u lladd ar y llechwedd. Suddodd calon y bobl a throi megis dŵr. Rhwygodd Josua ei fantell, a syrthiodd ar ei wyneb ar lawr gerbron arch yr Arglwydd hyd yr hwyr, a'r un modd y gwnaeth henuriaid Israel, gan luchio llwch ar eu pennau. Dywedodd Josua " Och! F'Arglwydd Dduw, pam y trafferthaist i ddod â'r bobl hyn dros yr Iorddonen i'n rhoi yn llaw'r Amoriaid i'n difetha? Gresyn na fuasem wedi bodloni aros yr ochr draw i'r Iorddonen. O Arglwydd, beth a ddywedaf, wedi i'r Israeliaid droi eu cefn o flaen eu gelynion? Pan glyw y Canaaneaid a holl drigolion y wlad, fe'n hamgylchynant a dileu ein henw o'r wlad, a beth a wnei di am d'enw mawr?"

Ac meddai'r Arglwydd wrth Josua, "Cod; pam yr wyt ti wedi syrthio ar dy wyneb fel hyn? Pechodd Israel trwy dorri fy nghyfamod a orchmynnais iddynt; mwy na hynny, y maent wedi cymeryd rhan o'r diofryd, ei ladrata trwy dwyll, a'i osod gyda'u pethau eu hunain. Ni all yr Israeliaid sefyll o flaen eu gelynion; byddant yn troi eu gwar o flaen eu gelynion, oherwydd aethant yn ddiofryd. Ni fyddaf gyda chwi mwyach oni ddilewch y diofryd o'ch plith. Cod, cysegra'r bobl a dywed wrthynt, "Ymgysegrwch erbyn yfory, oherwydd fel hyn y dywed yr Arglwydd, Duw Israel: "Y mae diofryd yn eich plith, Israel; ni fedrwch sefyll o flaen eich gelynion nes ichwi symud y diofryd o'ch plith." Yfory bydd rhaid ichwi ddod gerbron yr Arglwydd fesul llwyth; yna daw'r llwyth a ddelir ganddo fesul tylwyth, y tylwyth fesul teulu, a'r teulu fesul gŵr. A phwy bynnag a ddelir gyda'r diofryd fe'i llosgir ef a'r cwbl a berthyn iddo, am iddo droseddu yn erbyn cyfamod yr Arglwydd a gwneud tro ysgeler yn Israel."

Cododd Josua yn fore drannoeth, a dod â'r Israeliaid gerbron fesul

> *llwyth. Daliwyd llwyth Jwda. Daeth â thylwythau Jwda gerbron, a daliwyd tylwyth y Sarhiaid; yna daeth â thylwyth Sarhiaid fesul teulu, a daliwyd Sabdi. Pan ddaeth â'i deulu ef gerbron fesul gŵr, daliwyd Achan fab Carmi, fab Sabdi, fab Sera o lwyth Jwda. Dywedodd Josua wrth Achan "Fy mab, rho'n awr glod a gogoniant i'r Arglwydd Duw Israel. Dywed imi'n awr beth a wnaethost; paid a'i gelu oddi wrthyf." Atebodd Achan "Yn wir yr wyf wedi pechu yn erbyn yr Arglwydd, Duw Israel; dyma a wneuthum: ymysg yr ysbail gwelais fantell hardd o Sinar, dau can sicl o arian a llafn aur yn pwyso hanner can sicl. Cododd blys arnaf amdanynt ac fe'u cymerais. Y maent wedi eu cuddio yn y ddaear i mewn yn fy mhabell, gyda'r arian oddi tanodd." Anfonodd Josua negeswyr; ac wedi iddynt redeg at y babell, fe'u gwelsant wedi eu cuddio, a'r arian oddi tanodd. Cymerasant hwy allan o'r babell a dod â hwy at Josua a'r holl Israeliaid, a'u gosod gerbron yr Arglwydd. Yna bu i Josua ac Israel gyfan gydag ef, gymryd Achan fab Sera, a'r arian a'r fantell a'r llafn aur, a'i feibion, a'i ferched a'i ychen a'i asynnod a'i ddefaid a'i babell, y cwbl a feddai, ac aethant ag ef i fyny i Ddyffryn Achor. Dywedodd Josua, "Am i ti ein cythryblu[18] ni, bydd yr Arglwydd yn dy gythryblu dithau y dydd hwn!"A llabyddiodd Israel gyfan ef â cherrig a llosgi'r lleill â thân ar ôl eu llabyddio. Codasant drosto garnedd fawr o gerrig sydd yno hyd heddiw; yna peidiodd digofaint yr Arglwydd. Dyna pam y gelwir y lle hwnnw Dyffryn Achor hyd y dydd hwn.*

Nawr pe baem ni mewn gwasanaeth, mewn 'lle o addoliad', a minnau newydd ddarllen hwn yn uchel i chi, fe fyddai ateb i'r gynulleidfa yn rhywbeth tebyg i "Bendithied yr Arglwydd y darlleniad hwn o'i Air Sanctaidd" neu "Dyma Air yr Arglwydd – Diolch a fo i Dduw". Ac mi fentra i y byddai llawer ohonoch, ar ôl clywed y stori, yn teimlo bod y geiriau ymateb hynny yn codi syrffed arnoch; byddai rhywbeth chwithig am ddweud "Diolch a fo i Dduw" ar ôl y digwyddiad bach difyr yma. Felly daliwch eich gafael ar eich syrffed– mae hynny ynddo'i hun yn rhoi cyfeiriad pwysig yn y dasg o ddehongli.

Nawr rwy'n mynd i ail adrodd y stori gyda newidiau bach iawn. Fe welwch chi mai'r union un stori yw hi, ond gallwn ddychmygu newid amryw o'r enwau priodol. Felly gallwn ddechrau trwy ddychmygu bron

---

18. *cythryblu – 'achar' yn Hebraeg*

unrhyw wlad y gallech feddwl amdani. Mae na gadfridog yn arwain cyrch milwrol. Mae "tynged amlwg" o'i blaid ac mae'r fintai wedi ei chynhyrfu'n llwyr am ei bod yn sicr-ddiamau mai nhw yw'r ochr fuddugol mewn rhyfel concwera. Mae'r milwyr newydd ennill buddugoliaeth fawr, a maen nhw'n edrych mlaen i'r sgarmes fach nesa mewn tre fechan sy ar eu ffordd. Mae'r cadfridog, yn gall ddigon, yn gyrru sgowtiaid allan i chwilota ac mae'r sgowtiaid yn gwneud eu gwaith ac yn dychwelyd gydag adroddiad sy'n dweud nad oes unrhyw broblem. "Rhowch saib i'r fintai, gyrrwch blatŵn neu ddau, dim byd rhy drwm – beth bynnag, fwy na thebyg, fe fyddan nhw'n derbyn ein bechgyn ni fel gwaredwyr, carnations yn eu reifflau". Felly mae'r cadfridog yn dilyn cyngor arbenigwyr ac yn gyrru mintai gymhedrol mlaen. Ond roedd y sgowtiaid yn anghywir. Doedden nhw ddim wedi sylwi ar yr arwyddion fod gan y gelyn mwy o fintai nag oedd i'w gweld; roedden nhw wedi cam-ddeall ysbryd y bobl leol ac wedi rhoi cyngor allai fod yn farwol i'w hochr eu hunain.

Y canlyniad yw tipyn o sgarmes; daw'r fyddin leol allan, a pherfformio'n well na'r disgwyl, a mae'r fintai annigonol, a anfonwyd gan y cadfridog, yn cael ei chwalu, a mae rhai ohonyn nhw'n cael eu lladd. Dim llawer iawn, ond eilbeth yw hynny. Mewn ymgyrch lle bo *tynged amlwg* o'ch plaid, dych chi ddim i fod i golli mewn sgarmes. Mae'r fath beth yn ddrwg iawn gan mai holl bwynt *tynged amlwg* yw mai chi sydd i fod i ennill. Os daw newyddion ar lêd eich bod yn colli sgarmes, bydd y bobl yn y gwledydd ry'ch chi'n mynd i'w concro, ac sy wedi clywed am eich grym anorchfygol, yn mentro meddwl y bydd yn werth gwrthsefyll. Gynt, gan cymaint ofn eich enw roedden nhw wedi meddwl rhoi'r gorau iddi heb fawr ymdrech. Ac felly ar ôl colli'r sgarmes, mae *tynged amlwg* mewn trafferth a'r cadfridog wedi ei adael â phroblem go iawn ar ei ddwylo – mintai wedi digalonni o ddifri.

Mae ganddo ddau ddewis; fe alwai'r cyntaf yn ddewis Jimmy Carter. Mae Jimmy Carter wedi gyrru byddinoedd i achub gwystlon Americanaidd oedd yn cael eu dal yn Tehran. Trefnwyd y cyrch yn anfoddhaol ac fe fethodd. Gan fod Jimmy Carter yn ddyn da ac anrhydeddus aeth ar y teledu a llefaru geiriau i'r perwyl "Dyma ble mae'r *buck* yn aros. Fi yw'r Prif Gadlywydd. Er nad fi yn bersonol oedd yn gyfrifol am hel y wybodaeth, fi sy'n gyfrifol amdano ac fe wna'i rywbeth i'w gywiro." Wrth gwrs fe gollodd yr etholiad nesa i adolesent o arwr papur, oherwydd nid yw pobl eisiau cadfridogion sy'n cymeryd y cyfrifoldeb am beth y maen nhw'n ei wneud.

Felly gallai'n Cadfridog ni ddewis fel Jimmy Carter, neu gymeryd y dewis mwy normal sy'n mynnu "Os ydw i'n mynd i arbed fy wyneb fy hun, rhaid cael rhywun i gymeryd y bai. Felly mi wna'i gyhoeddi bod *rhywun* ar fai. Mae na gochion dan y gwely, mae na bobl ddrwg wedi cripian i mewn a thanseilio'n byddin a sigo'i hyder. Fe gynhaliwn ni helfa wrachod i ddarganfod pwy sy'n gyfrifol." Rhaid i'r Cadfridog drefnu'r helfa wrachod, – a dyna'n union y mae Josua yn ei wneud. Yn yr hen fyd, y ffordd orau o drefnu helfa wrachod oedd loteri. Oherwydd roedd yn rhaid sicrhau bod yr holl beth yn edrych yn amhersonol. Lle bo cefndir o amrywiaeth llwythi wedi hel at ei gilydd, mae unrhyw symudiad nad yw'n edrych yn gwbl amhersonol yn cael ei ystyried yn enghraifft o gystadlu rhwng y llwythi. Byddai cadfridog modern yn trefnu carthu'r system, sioe brawf, rhyddhau'r cyfryngau i chwilio am y cochion dan y gwelyau ac felly chwynnu'r beth-bynnag-yw-e peryglus sy'n tanseilio'r grwp. Yn yr hen fyd fe fyddech chi' n trefnu bod rhyw dduw yn trefnu loteri.

Mewn gwirionedd trefnu loteri yw'r unig waith i'r gair *Duw* yn y darn. Dyma'r unig beth y mae *Duw* yn ei wneud. Mae *Duw* yn dweud wrth Josua "Oes, mae na gochyn dan y gwely a fi sy'n mynd i drefnu ffordd i ti ddod o hyd iddo fe". Gan nad yw'r Cadfridog (Josua) ei hun yn mynd i gymeryd y cyfrifoldeb, mae'n rhaid iddo gael rhywun arall i gymeryd y bai, ac ar yr un pryd rhaid iddo adnewyddu hwyliau'r grwp. Mae proses y loteri yn cyflawni'r ddau beth yn ardderchog. *Dychmygwch* fod yna gwdyn, ac ynddo ddeuddeg carreg – un wen a'r lleill yn ddu.[19] Daw arweinydd y llwyth heibio a dewis-heb-weld un garreg o'r cwdyn. Dyma system dda iawn i adnewyddu morale, oherwydd wrth i bob carreg ddu gael ei thynnu allan, mae gollyngdod yn gorlifo. Mae'n bwysig bod y loteri'n cael ei chynnal yn araf a gweddus, a dyna pam y cyhoeddir ar y dechrau fod yna loteri'n mynd i ddigwydd, fel y gall pawb sydd yno, *ymsancteiddio*. 'Dyw hyn ddim yn golygu "Golchwch ein hunain â dwr sanctaidd;" mae'n golygu "Paratowch, oherwydd fel y gwyddoch i gyd, pendraw'r broses hon yw cyfreithloni aberth dynol."

Wrth i bob carreg gael ei thynnu allan, y mae'r gollyngdod yn cynyddu. Mae pob grwp sydd â'i enw heb ei alw – a dyna fwyafrif helaeth y grwp, yn cael y profiad o deimlo'i fod wedi cael dihanga rhag rhywbeth arswydus. Ac nid hynny'n unig; mae'n ddigon posibl, mewn gwrthgyferbyniad i

19. *Dyma'r math o ddyfais ellid ei ddefnyddio i 'ddewis' yr euog.*

honiad y Cadfridog Gogoneddus, bod rhywun arall wedi anufuddhau i'r gorchymynion sanctaidd am ysbeilio, a bod, mewn gwirionedd, sawl un o'r rhai sy'n sefyll o gwmpas wedi helpu eu hunain. Mae pob carreg ddu sy, fel petae'n, dod allan yn gwarantu na fydd neb yn mynd i chwilota dan bebyll y grwp hwnnw, i weld a fuon nhw'n ysbeilio. Y funud honno, pan nad yw'r garreg wen yn syrthio i'ch llwyth chi, mae'r llwyth yn cael rhwydd hynt i ba ysbeilio bynnag y buon nhw'n ei fwynhau; ac mae hynny'n golygu bod gan eich llwyth chi ddiddordeb penodol mewn sicrhau bod penderfyniad y loteri yn cael ei barchu. Felly wrth i lwyth ar ôl llwyth fynd heibio, y mae unarddeg ohonyn'nhw'n teimlo gollyngod. Dim ond un sy' mewn trwbl. Mae'r grwp sy mewn trwbl yn mynd yn llai bob tro, a theimlad o ollyngdod y grwp yn mynd yn fwy-fwy, a mwy o ollyngdod, a mwy o argyhoeddiad bod y system yn iawn. Yn y diwedd, dim ond un person sy ddim yn teimlo gollyngdod (ac wrth gwrs ei wraig a'i blant, sy ddim yn cyfri fel pobl iawn). Gallwch weld beth sydd wedi digwydd yn ystod y cyfnod cysegredig hwn; bu teimlad anferth o ollyngdod ynghyd â rhyfeddod at y ffordd y mae pawb yn dod at ei gilydd, ac yn cael eu hadnewyddu. Y gollyngdod nad y nhw sy'n mynd i gael eu beio. Mae *Rhywun* yn mynd i gael y bai, ac nid y nhw fydd y *rhywun* hwnnw.

Nawr prosesau bregus, methedig ydi'r loteris yma. Mewn gwirionedd mae'n eitha pwysig nad ydi'r blewyn byr yn cael ei roi yn ddamweiniol i rywun o bwys mawr. Rhaid i'r goelbren syrthio ar rywun sy heb fawr neb i sefyll drosto. Y peth diwetha sydd ei angen ar system loteri fyddai rhywbeth yn cyfateb i'r ail-gyfrif hwnnw a fu yn Florida. Ydych chi'n cofio sut y bu'n rhaid gyrru i mewn fasnachwr dylanwadol fel James Baker III i droi dedfryd yr etholiad, a sicrhau mai ei grwt bach ef oedd yn cael ei wneud yn arlywydd. Byddai hynny'n dinistrio ffydd yn nilysrwydd y system. Rhaid sicrhau bod y bys yn cyfeirio at rywun na fydd fawr neb yn gweld ei golli. Yn sicr, nid rhywun â pherthnasau pwysig sy'n mynd i droi lan a hawlio taw twyll yw'r cwbl a mynnu bod yr holl beth yn cael ei ail-wneud nes cynnig dedfryd *gywir*. Mae'n syndod mewn gwirionedd sut y mae loterïau'n arfer osgoi targedau a allai fod yn anodd.

Beth bynnag, fan hyn mae'r system wedi gweithio'n dda, mae wedi bwrw ymlaen, o gam i gam yn fanwl fanwl, ac o'r diwedd y mae'r bys yn cyfeirio at rywun na chlywodd neb amdano na chynt na chwedyn: Achan, sy'n gwybod, wrth gwrs, yn union sut mae'r ddefod hon yn mynd i orffen.

Dywed y cadfridog "Fy mab, dyro ogoniant i'r Arglwydd, Duw Israel" – sy' ddim yn golygu "Saf ar dy draed a dawnsia ddawns fach garismatig." Yn hytrach, dyma frawddeg ffurfiol gyfreithiol sy'n rhoi person ar ei lw. Fel mewn unrhyw sioe-brawf lle'r rydych chi am iddi fod yn berffaith glir i bawb bod y cyhuddiedig, nid yn unig yn euog, ond yn cydnabod ei euogrwydd; rhaid ei orfodi i ymuno yn unoliaeth y grwp, hyd yn oed ar ei draul ei hunan. Y disgwyl yw i rywun ar ei lw, mewn loteri neu sioe-brawf o'r math yma, lefaru'r gwirionedd swyddogol a bod yn gwbl hyderus, pe na wnae ef hynny, y byddai'r record yn cael ei newid i ddangos ei fod wedi gwneud. Yr oedd ffug-dreialon Stalin yn y tridegau yn enwog am fod y rhai cyhuddiedig yn cael eu gorfodi, nid yn unig i gyffesu'r troseddau a gyflawnwyd ganddyn nhw, ond y troseddau, y bydden nhw, pe bai nhw wedi cael byw, wedi eu cyflawni, fel y gellid ei ddarganfod o deithi eu meddwl oedd yn wrthwyneb i feddwl Stalin. Y meddwl hwnnw oedd yn cynrychioli gwirionedd gwrthrychol hanes. Cylch totalitaraidd perffaith.

Peth da yw unoliaeth, ond gwell fyth yw unoliaeth *minus un*, gan fod yr "un" ar fin diflannu, a bydd unoliaeth y rhai sydd wedi goroesi wedi ei brofi yn y broses, ac yn gamp sylfaenol. Beth bynnag, os yw'n bosibl o gwbl, mae'n beth da fod yr un sy'n cael ei erlid yn cytuno i gael ei aberthu. Dyna pam, ymhlith y Groegiaid, roedd na gôr yn canu'n uchel yn ystod y defodau aberthu. Pan oedd meidrolyn ar fin cael ei aberthu, byddai torf o alarnadwyr yn nadu yn arbennig o uchel, rhag ofn i'r ysglyfaeth anghofio'r rhan a ddyfarnwyd iddo. Gallai ddigwydd ei fod, yn hytrach na mynd yn bendefigaidd, gan ganu caneuon am yr anrhydedd a gynigiwyd iddo o gael ei offrymu i'r duwiau, yn cael ei lusgo'n cicio a sgrechian i'r allor, yn protestio yn erbyn anghyfiawnder y llofruddio. Felly byddai llen o sŵn oddiwrth y côr yn amddifyn yr unoliaeth hanfodol, rhag ofn unrhyw berygl y gallai'r stori answyddogol dorri trwodd.

Dyma pam y mae'r Cadfridog yn gosod dan lw y person y mae'r bys ymddangosiadol wrthrychol, amhersonol, yn cyfeirio ato. Y mae Achan yn gwybod na thâl hi ddim gwrthsefyll, oherwydd prun ai wnaeth e wir ddwyn rhywbeth neu beidio, bydd y *comisars* yn cael eu hanfon, a'r stwff yn cael ei ddarganfod dan y babell. Felly, waeth iddo fe ddweud wrthyn nhw beth y maen nhw eisiau'i glywed, am beth maen nhw eisiau'i ddarganfod. Mae e braidd yn debyg i ardaloedd lle, os oes angen i'r heddlu arestio rhywun am unrhyw reswm, daw pecyn o *cocaine* i'r golwg yn ei boced neu'i phoced. Mae

Achan yn cyfaddef, neu dyna mae'r record yn ei ddangos; darganfyddir yr ysbail, ac mae'r achos wedi ei gwblhau. Dim ond yr elfen olaf un, y ddefod, sydd ei hangen, a bydd y cwbl wedi ei gyflawni i'r pwrpas y bwriadwyd. Mae pawb wedi dod nôl at ei gilydd mewn cytundeb. Gwelwyd 'cyfiawnder' yn cael ei gyflawni, tynnwyd y cochyn mas o dan y gwely, a nawr y cwbl sydd ei angen yw i'r Cadfridog nodio'i ben ac i'r squad gynnwyr ddechrau tanio. Felly mae'r Cadfridog yn mynd ag e i le arbennig ac yn llefaru brawddeg ddifrifol briodol. "Daethost ti ag enbydrwydd arnom ni, y mae'r Arglwydd yn dwyn enbydrwydd arnat ti" – dyma rywbeth sy'n cyfateb i orchymyn cychwyn y llabyddio. Ac mae'r grwp cyfan, wedi ei gryfhau gan ymwybyddiaeth o'i gyfiawnder ei hun (a gwaredigaeth lwcus) ac yn ymuno yn y llabyddio.

Mae'n bwysig iawn fod pawb yn ymuno'n unfryd yn yr aberth dynol. Wiw i neb sefyll ar y naill ochr a mynnu "Peth gwael yw hwn, fynna'i ddim rhan ynddo" – oblegid byddai hynny'n bygwth unoliaeth y stori ac felly unoliaeth y grwp. Byddai'r holl ymarfer yn methu, gan mai ei bwrpas yw cynhyrchu unoliaeth. Dyna un o'r rhesymau bod yn rhaid cael gwared, nid yn unig ar yr un dynnodd y blewyn cwta, ond rhaid cael gwared ar ei berthnasau i gyd hefyd. Rhaid peidio â chael plantos anghyfleus neu wragedd o gwmpas allai herio'r fersiwn swyddogol a mynnu "Ddalion nhw Nhad, ond dwn i ddim wir pam, achos fe welais i dri cherflun a phedwar llafn aur dan babell Wncwl Phineas, ond wnaethon nhw ddim mynd ar ei ôl e." Nid yn unig bod yn rhaid cael gwared ar ei deulu, ond rhaid gwaredu ei holl anifeiliaid a'i eiddo hefyd gan ei bod yn bwysig nad oes dim ar ôl i bobl gwympo mâs drosto.

Holl amcan gwahardd ysbeilio yn y lle cyntaf yw, nid rhyw wrthwynebiad o ran egwyddor i'r milwyr gael ymgyfoethogi mewn rhyfel, ond bod ysbail yn arwain at gweryla ymhlith y milwyr, a dyna sy'n arwain at golli *morale* ymhlith y minteioedd, gan eu gwneud yn llai effeithiol fel uned ymladd. Y peth diwethaf sydd ei angen, unwaith i chi labyddio'r troseddwr, yw i weddill y grwp gwympo mâs am bwy sy'n cael ei eiddo. Felly rhaid i bopeth fynd, dinistrio popeth, a dim ar ôl i ymladd drosto. Nawr mae gyda ni sefyllfa lle y mae pawb yn rhannu yn y dïenyddio. Os yw pawb yn gwneud, yna mae fel petae neb wedi gwneud. Mae pawb yn gyfrifol, ac felly neb yn gyfrifol. Mae trefnydd y loteri wedi darparu dull cwbl amhersonol i adeiladu *morale*, a hynny'n effeithiol. Dim syndod felly, pan, yn syth ar ôl i'r ysglyfaeth gael ei guddio â cherrig, y mae'r testun yn dweud "Yna peidiodd digofaint yr ARGLWYDD!"

Wrth gwrs ei fod wedi peidio! Os gofiwch chi ar yr union bryd y collwyd *morale*, y dechreuodd dicter yr Arglwydd, dyna'r funud "y trodd calonnau'r bobl fel dwr." Mewn gwirionedd yr oedd colli *morale* a'r dicter yn un profiad. Dim syndod ei fod yn darfod ar eiliad yr aberth, oherwydd mae *morale* wedi ei adnewyddu; pawb ynghyd, yn unfryd, mewn tangnefedd â'i gilydd, yn cytuno â'i gilydd eu bod wedi dala'r cnaf. Nawr mlaen â nhw ar eu ffordd wedi eu llwyr baratoi ar gyfer gweithredu milwrol effeithiol.

Welwch chi sut y mae'n bosibl adrodd yr un stori ddwywaith, unwaith yn y testun beiblaidd, ac unwaith heb y pytiau duwiol, fel disgrifiad papur newydd? Unig swyddogaeth y gair "Duw" yn y darn yma yw bod yn drefnydd y loteri. Yn strwythur y darn, y mae'r gair "Duw" yn cyfeirio at yr un sy'n gwarantu bod strwythur cynnal y loteri, a'r aberth dynol terfynol, yn gwbl amhersonol. Yr un sy'n gwarantu yw'r un sy'n ei gwneud yn bosibl i'r cadfridog drefnu'r loteri. Dyna fe. Ymhellach, mae'r math yma o stori, stori â'r strwythur yma, yn cynnwys, neu ddim yn cynnwys, y gair "Duw" yn gwbl gyfarwydd i chi o unrhyw ganrif na gwlad y gwyddoch amdanyn nhw. Mae'n rhywbeth y gall unrhywun ohonom ei ddeall heb radd uwch mewn diwinyddiaeth, anthropoleg, athroniaeth na hanes! Dim ond rhyw wybodaeth sylfaenol am newyddion y dydd. Mae pob un elfen yn berffaith ddealladwy i ni ar lefel ddynol syml.

I grynhoi: fe gawson ni stori am Dduw a Josua, ac yna'r disgrifiad o'r Cadfridog a'r Loteri. Ac mae'r ddwy stori yn union yr un fath. Nawr dyma gwestiwn: pam y mae hynny'n codi syrffed arnom ni? Pan ddarllenais i'r darn o'r Beibl, fe ddwedais i y bydden ni petaen ni mewn gwasanaeth wedi ateb "Diolch a fo i Dduw" neu rywbeth tebyg. Ac eto allwn ni ddim llyncu'r syniad o ganmol y person drefnodd y loteri ac a drefnodd y dorf lofruddiol. Beth rwy am awgrymu i chi, yw eich bod chi'n iawn i deimlo syrffed am ymateb felly. Nid yw teimlad o syrffed yn arwydd ein bod yn bobl anobeithiol o seciwlar sy'n methu cymeryd pethau crefyddol o ddifri. Mae'r teimlad o syrffed, fynnwn i, am fod yna rhywbeth yn y stori hon sy'n procio yng nghefn ein meddwl. Gallem ganolbwyntio arno trwy ofyn "Pwy yn y stori hon sy'n ddarlun o Grist?"

Mae 'na sawl ymgeisydd. Gallech ddweud mai'r un amlwg yw Josua ei hun, gan mai'r un enw yn wreiddiol oedd enwau Iesu a Josua. Hefyd, trwy'r Testament Newydd cawn gyfeiriadau at Iesu fel yr "Arglwydd", a gallai'r cyfeiriadau ar yr *Arglwydd* yn y darn yma fod yn rhagweld Iesu. Ond mewn gwirionedd, rydyn ni'n reddfol yn gwybod nad yw'r ddau ateb yna'n gwneud y tro. Y ffigwr amlwg o Grist yn y stori hon yw Achan. Yr un sy'n cael ei roi i farwolaeth. Mae hyn yn ddiddorol, gan ei fod yn awgrymu nad am ein bod yn foderniaid secwlar a ddim yn gwybod sut i ddarllen hen destunau y mae'n codi syrffed arnoni. I'r gwrthwyneb, moderniaid ydyn ni sy' wedi codi darlleniad arbennig o hen destunau heb, hyd yn oed, feddwl amdano. Daethom i gysylltu'r gair "Arglwydd" â rhywun sy'n cael ei aberthu.

Yn y stori fel y mae hi gyda ni nawr, cyfrifir mai Achan sy'n euog. Adroddir y stori wedi'r cyfan gan y rhai wnaeth oroesi, a goroesi am mai eu hunfrydedd nhw yn y broses o'i ladd wnaeth sicrhau eu bod nhw yn goroesi o gwbl. Felly dyma ddisgrifiad o farwolaeth trwy lofruddiaeth *lynch* sy'n cael ei hadrodd gan yr erlidwyr. Gallem ddychmygu'r Cadfridog, galwch e'n Josua neu pwy bynnag, yn dweud wrth unrhyw amheuwyr wrth lunio'r loteri mai "mantais i chwi fydd i un dyn farw dros y bobl, yn hytrach na bod y genedl gyfan yn cael ei difodi." Y llais na chlywn o gwbl yn y stori hon yw llais Achan, dim ond fel y mae'r erlidwyr yn dewis ei ddyfynnu. Darfu ei lais ef, ei fersiwn ef o'r stori gydag ef, heb adael unrhyw fwlch yn y stori swyddogol. Gallwn ddychmygu Achan, pe bai'n medru dweud unrhywbeth o gwbl yn dweud "Dwn i ddim pam syrthiodd y goelbren arna i, gan fod llawer ohonom ni wedi gwneud yr un peth" neu "Hoffwn i petawn i wedi gallu ysbeilio, ond roedd na eraill yn gynt a chryfach na fi". Gallwn ei ddychmygu yn dweud gwahanol bethau, ond byddai'r cwbl yn ddim ond amrywiad ar "Maen nhw wedi fy nghasau heb achos", geiriau a gysylltwyd â Iesu yn ei Ddioddefaint. Ond yma does gennym ni ddim adroddiad annibynnol ar beth wnaeth Achan feddwl, na theimlo, na dweud – dim ond yr adroddiad a gawn o safbwynt y llofruddion.

TRAETHAWD 3

Ydi'r "llyfr mawr du" yn eich dychryn?(Rhan 1)

Sesiwn 1 Llabyddio Achan

CRYNODEB O'R SESIWN

Pan ddarllenwn yr Ysgrythur trwy lygaid yr Aberth sy'n Maddau, ni allwn beidio â gweld pethau o safbwynt yr un sy'n cael ei erlid, hyd yn oed os adroddir y stori o safbwynt yr erlidwyr. Fe ddarllenwn stori felly yn y sesiwn hon, stori llabyddio Achan a geir yn Josua 7.

PRIF SYNIADAU

1. Gan ddefnyddio Iesu fel egwyddor ddehongli fywiol, fe ddarllenwn Josua 7
2. Mae milwyr Josua newydd oresgyn Jerico lle y mae Duw wedi gosod pethau dan *ddiofryd*. Ystyr hynny oedd nad oedd dim i'w ysbeilio; byddai'n rhaid dinistrio beth bynnag y byddai'r milwyr yn dod o hyd iddo. Byddai'n *tabŵ* hollol.
3. Y mae'r loteri yn y byd hynafol yn gyfystyr â helfa wrachod pan yw ysbryd y grŵp yn cael ei adnewyddu trwy ddod o hyd i rywun i'w feio.
4. Yn Josua 7 unig swyddogaeth y gair 'Duw' yw trefnu'r loteri
5. Mae'r grŵp yn uno yn erbyn yr aberth – mae yna undod – ond am un. Mae'n gweithio'n well os yw'r aberth yn cytuno i'w aberthu, neu os yw ei brotestiadau yn cael eu boddi gan gôr yn galarnadu.
6. Y mae dicter tanllyd Duw yn dechrau ar yr union adeg â phan gollir *morale* ac mae'n dod i ben pan yw'r ysbryd y fyddin yn cael ei hadnewyddu drwy aberthu Achan.
7. Does a wnelo Duw ddim oll â'r broses; ffenomen gwbl ddynol yw hi.
8. Mae'n gwbl iawn bod y digwyddiad yn codi syrffed arnom.

9. Ffigiwr Crist yn y stori yw Achan, ef yw'r un a gyfrifir yn euog ac sy'n cael ei aberthu.

10. Yr un stori sydd yn Josua 7 ac yn y stori am Emaus wedi ei hadrodd o ddau safbwynt gwahanol; y cyntaf o safbwynt yr erlidwyr, a'r llall o safbwynt yr un a aberthir.

11. Unwaith y clywn stori'r aberth, datguddir mai celwydd yw'r stori arall.

MATERION I BENDRONI DROSTYNT

- Pam y mae James yn dweud ein bod yn iawn i deimlo syrffed at straeon yn y Beibl fel stori Achan? Ydych chi'n teimlo syrffed? Pam, neu pam ddim?
- Wrth ddarllen y stori trwy lygaid yr Aberth sy'n Maddau, sut mae dehongli lle Duw yn y stori? Ystyriwch sut y bu i labyddio Achan adnewyddu ysbryd y fyddin.
- Rhywsut y mae hyder Josua a'r Israeliaid yn eu rhinwedd eu hunain yn goroesi'r llabyddio, ac yn eu rhwystro rhag cynnwys safbwynt Achan wrth adrodd yr hanes.
- Beth yw'ch stori chi am eich rhinwedd eich hunan? Sut y gallai'r stori honno eich rhwystro rhag cydnabod llais anhyglyw'r rhai a aberthwyd?
- Dychmygwch bod Iesu wedi dehongli stori Achan ar y ffordd i Emmaus. Ail ysgrifenwch yr hanes fel y gallai ef fod wedi ei hadrodd wrth y disgyblion

SYNIAD I GLOI

Allwch chi feddwl am unrhyw straeon yn hanes eich cenedl y gellir eu hadrodd yn wahanol o gynnwys safbwynt y rhai a aberthwyd? Pa straeon arall allai fod yn disgwyl eu hailddehongli? Efallai y gallwch feddwl am straeon yn y newyddion sy'n beio'r rhai a aberthwyd neu sy'n cau allan safbwynt yr aberth.

TRAETHAWD 3

Ydi'r "llyfr mawr du" yn eich dychryn?

Sesiwn 2 Proffwydo a dehongli

Yn yr ail draethawd, wrth i ni'n ystyried stori Emaus, yr oeddem ni'n edrych ar stori sy'n wrthwyneb perffaith i stori Achan. Yn y stori yn Josua ni allech glywed llais yr un a aberthwyd. Ond yn stori Emaus cawsom ein hunain ym mhresenoldeb un sy'n rhoi cyfrif o'r llofruddiaeth(*lynch*) o safbwynt yr un oedd yn cael ei lofruddio (*lynchio*). Dyma lais na chlywsom o'r blaen, ac yn wir nid yw i'w glywed yn stori Achan. Y mae fel petae, o'r diwedd, fersiwn Achan o'r digwyddiadau hyn yn dechrau llifo mâs trwy'r craciau rhwng y cerrig a'i gorchuddiodd. Mi garwn i feddwl mai'r hyn a gawn ni, pan ddywedir am Iesu ar y ffordd i Emaus ei fod wedi "dehongli iddynt y pethau a ysgrifennwyd amdano ef ei hun yn yr Ysgrythurau", mai'r aberth, yr ysglyfaeth croeshoeliedig oedd wrthi yn dweud y stori o safbwynt Achan. Dyma stori am giwed o bobl oedd ag angen dod o hyd i elyn mewnol yn eu plith ac a'i sicrhaodd, a dyma beth ddigwyddodd iddo. Y dyn marw'n llefaru fyddai Achan, ac Achan sy'n rhoi cyfri am sut y cafodd ei lofruddio. Ac yn wir gallwch ddychmygu llawer o straeon tebyg ble mae'r rhai gafodd eu casáu heb achos, yn cael dechrau adrodd eu fersiwn hwy o beth ddigwyddodd

Beth oeddwn i eisiau'i ddwyn i'r golwg yw bod y ddwy stori, stori Achan a stori Emaus, y ddwy, yn meddu'r union un strwythur ond wedi eu hadrodd o berspectif gwrthwyneb i'w gilydd. Mae na fersiwn oddi uchod, y fersiwn a adroddir gan drefnwyr llwyddiannus y dorf unol, disgrifiad yr erlidwyr; ac yna cawn y fersiwn o'r gwaelod o'r un stori wedi ei hadrodd gan yr ysglyfaeth ei hun, o dan y cerrig, ar y groes, neu yn y pydew. Mae'r holl elfennau yn y ddau ddisgrifiad yn union yr un fath; cystadlu yn arwain at ddymchwel *morale* a strwythur, arweinwyr yn treio cael ffordd i ail godi hwyliau, yn llwyddo i wneud hynny trwy sefydlu ffordd i gael pawb i weithio gyda'i gilydd yn erbyn rhywun arall, a phan yw hynny yn y pen draw yn gweithio a'r "rhywun arall" wedi cael ei luchio allan, y mae heddwch yn cael ei ailsefydlu, trefn wedi ei eni drachefn, a phawb yn adrodd yr un stori.

Yr unig drafferth yw, y funud y gallwch chi glywed stori'r dioddefus, mae'n datguddio nad yw'r stori arall yn wir. Celwydd yw hi. Ond mae'n rhaid i'r rhai a'i lluniodd ei chredu er mwyn iddi weithio. Mae angen arnyn nhw i gredu eu bod wedi dala'r bachan drwg, ac yn wir, yn eu stori nhw, mae'r bachan drwg, hyd yn oed, yn cytuno â nhw. Mae na ddwy safbwynt wahanol ar yr un stori. Safbwynt y rhai sy'n goroesi, y rhai sy ar eu mantais o'r llofruddiaeth – stori gelwyddog; a safbwynt sydd ddim fel arfer yn cael ei chlywed, ac sy'n dechrau dod allan i'n byd, diolch i'r Arglwydd croeshoeliedig ac atgyfodedig, y safbwynt sy'n dweud y gwir, ac sy'n datguddio mai celwydd yw'r fersiwn swyddogol. Roedd angen credu'r celwydd ar y rhai oedd wedi goroesi, am eu bod yn tybio y byddai'n eu clymu at ei gilydd. Ond wnaiff e ddim. Mewn gwirionedd fe fyddan nhw yng ngyddfau'i gilydd ynglyn â rhywbeth arall, ac yn gorfod mynd trwy hyn i gyd eto a bachu yn rhywun arall gerfydd ei war.

Rwy'n gobeithio y gwelwch chi pam y cyfeiriais i at stori Emaus fel mwy na stori ond fel fframwaith, neu *fodel* i ddehongli trwyddi. Yn y Testament Newydd y strwythur weithredol yw bywhau'r un hen stori, ond oddi isod, a dyma beth yw *cyflawni'r Ysgrythur*. Wnes i ymdaflu i stori Josua am ei bod yn destun mor eglur. Ryn ni'n darllen, ac wrth i ni ddarllen, ein hymateb cyntaf oedd syrffed. A gwraidd y syrffed yw'n bod ni'n gwybod gormod! Wrth i ni ddarllen, fe gawson ni bod y stori'n bradychu ei hun; mae'n rhy dryloyw i bethau y gwyddon ni'n yn dda amdanyn nhw, a ninnau'n iawn i beidio â'u cysylltu â Duw. Dyma pam y mae pobl yn dweud "O, mae'r Beibl yn llyfr llawn trais. Mae'r Hen Destament yn llawn storïau gwirioneddol gas am y pethau sy'n digwydd i bobl yn enw Duw. Fyddai fe ddim yn well pe baen ni'n dechrau gyda'r Testament Newydd a gadael yr hen destunau arswydus yma ar ôl? Mae'r mythau Groegaidd wyddoch chi, yn llawer neisiach; mae'r duwiau'n chwareus ac yn yfed ambrosia ac chanddyn nhw ryw fân feiau. Maen nhw'n llawer iawn mwy o sbri rhywsut na'r hen straeon atgas hyn."

Ac i hynny rwyf am ddweud "Camsyniad! Anghywir!" Rwyf eisiau awgrymu i chi sut y mae'r ysgrythurau Hebreig, hyd yn oed tamed fel hwn, yn gam mawr ymlaen ar fyd mytholeg. Fe wna'i hynny trwy ddisgrifio beth fydda i'n ei alw yn ddau gamsyniad cyfartal a gwrthwyneb i'w gilydd ynglyn â darllen yr Ysgrythurau. Fe enwa'i'r naill yn gamsyniad Marcion – gan anrhydeddu dehonglydd cynnar Cristnogol o'r ysgrythurau o'r enw hwnnw. Yn gryno, fe wnaeth Marcion wrthwynebu testunau fel yr un yr ydyn ni newydd ei weld o'r Ysgrythurau Hebreig gan ddweud rhywbeth fel hyn "Hen straeon atgas ydi'r rhain – mae'n amhosibl mai'r un duw sydd ar waith ynddyn nhw â Duw Iesu. Rhaid mai duw cwbl wahanol yw e." Felly bwriad Marcion oedd cael gwared ar yr Ysgrythurau Hebreig fel rhywbeth yn ymwneud â duw gwahanol, ac fe'i cafodd ei hun yn tocio ar lawer o'r Testament Newydd hefyd, ac fe ddaeth i ben yn dethol rhyw flodeugerdd o'r Efengylau wedi ei seilio ar Luc, am ei fod ef yn teimlo bod rheini'n neisiach na'r gweddill gan osod pethau eraill i mewn. Ond mynnai awdurdod yr Eglwys ar y llaw arall "Na! Mae'r Ysgrythurau'n un ac fe dderbyniwn bod y ddau Destament wrthi yn gwneud synnwyr o'i gilydd." Felly gwrthodwyd safbwynt Marcion. Serch hynny yn nodweddiadol, yn y byd modern, y Catholigion sy'n cael eu temtio gan y camsyniad hwn.

I'r gwrthwyneb, y camsyniad arall, yr un y mae Protestaniaid yn fwy chwannog i'w temtio iddo yn y byd modern, yw darlleniad ffwndamentalaidd o'r Ysgrythur. Y safbwynt ffwndamentalaidd fyddai mynnu, ymhell o fod dau dduw gwahanol yn y ddau destament gwahanol, mai un Duw sydd mewn gwirionedd a bod y Duw hwnnw yr un fath ar y dechrau, yn y canol ac ar y diwedd. Felly pan yw'r Hen Destament yn dweud "Duw" neu "yr Arglwydd," yr un ystyr sydd iddo â Duw Iesu Grist. Wel, os ydych chi'n meddwl fel na, pan gewch eich wynebu â thestun fel ein testun ni o Josua, fe fydd yn rhaid i chi gynhyrchu stori gymhleth am sut y bu i Dduw, mewn gwirionedd drefnu aberthu Achan, ond dim ond er mwyn dangos ymlaen llaw ym mha ffordd yr oedd yn bwriadu dinistrio'r holl system aberthol nes ymlaen trwy aberthu ei Fab. Gallwch ddychmygu'r gymnasteg feddyliol y bydd pobl yn ei berfformio i gyfiawnhau'r gair "Duw" yn nhestun Josua, lle y mae'n amlwg ei fod yn cyfeirio at drefnydd loteri. Sut y medrwch chi ddatod y math yna o Dduw oddiwrth yr un sy'n gwneud pethau cas i'w Fab yn y croeshoelio? Gallwch weld pam y mae darlleniad arbennig o farwolaeth Iesu fel rhywbeth sy'n cael ei hawlio gan ei Dad, a'r Tad yn cosbi'r Mab oherwydd pechodau pobl eraill, mor boblogaidd. Mae'n ffitio'n dwt â'r angen i ddweud "Yr un Duw yw e".

Beth sy'n anodd i'r ddwy garfan yw deall sut y mae'r Testament Newydd yn gweithredu fel allwedd i ddehongli ac agor allan yr Ysgrythurau Hebreig. Beth y mae'r Testament Newydd yn ei wneud, yw caniatau i ni weld sut, yn araf a diollwng, bod yr *un-gwir-Dduw*, sydd o'r dechrau wedi bod yn gwneud *Duw-ei-hun* yn hysbys yn a thrwy testunau'r Ysgrythurau Hebreig, yn gyson ac wedi bod yn dod i mewn i'r byd o'r dechrau. Ac i'r graddau y mae Duw yn dod i mewn i'r byd, i'r graddau hynny y mae datguddiad Duw-ei-hun ohono'i hun fel Duw ac Ysglyfaeth ar yr un pryd, yn dod i fod yn ganolbwynt, yn ffocws fwy-fwy eglur, ac yn fwy-fwy anodd ffaelu ei weld fel peth cwbl amlwg, o flaen ein llygaid. Yr eglurder cynyddol sy'n dod o'r un erlidiedig sy'n datguddio'i hun ac yn dod i mewn i'r byd, sy'n gyfrifol bod y straeon ynglyn â digwyddiadau erlid yn mynd yn gasach-gasach, gan eu bod yn llwyddo llai a llai i "guddio" ac i "wneud pethau'n neisiach".

Mae'r testun o Josua y buon ni'n edrych arno yn enghraifft arbennig o dda o hyn, am ei fod yn edrych mor ffiaidd. Byddai'n hawdd dweud "Ond mae'r testun hwn yn gwbl wrthwyneb i'r Testament Newydd. Gallai Marcion ddim fod wedi gofyn am gwell engraifft i'w ddadl. Yn fy ngolwg i, dyna'r camsyniad. Os yw'r egwyddor-ddehongli-fyw o Emaus, fel yr awgrymais, yn gywir, yna beth fyddech chi'n disgwyl, wrth iddi ddod yn glir mai'r un a aberthir sy'n dweud y stori wir, gallwch ddisgwyl hefyd y daw'n glirach yn y testunau beth sydd mewn gwirionedd yn digwydd wrth i ni symud tuag at y llofruddio. Dyna pam y bydd y testunau yn edrych yn gasach.

Gallwch ddychmygu testunau cynharach, ac mae digon o destunau o'r fath gennym mewn llên fytholegol, lle mae'r duwiau'n trefnu pethau, yn casglu pobl ynghyd ac yn trefnu bod pobl yn cael eu bwrw allan ac yn cael eu haberthu ond heb ddim cyfrifoldeb yn cael ei roi ar y bobl o gwbl. Ond yn y testun a glywson ni o Josua, mae'r gair "Duw" yn un y gellir ei droi mlaen a'i droi ymaith. Beth sy'n berffaith glir, prun ai ydi'r gair Duw yno neu beidio, yw'r dimensiwn anthropolegol, y cyfrifoldeb *dynol* am beth sy'n mynd mlaen. Mae popeth wedi ei osod mewn termau anthropolegol heb i'r cyfrifoldeb gael ei drosglwyddo i'r duwiau. Gallwch weld beth sy'n mynd ymlaen. Mae'r testun ar fin bradychu ei hunan. Ac felly wrth i ni ei ddarllen mae'r sgeptigaeth, sgeptigaeth a ysbrydolwyd ynom gan yr Efengyl, yn ein cario ni dros yr ymyl. Lluniwyd ein sgeptigaeth ni trwy'r rhodd o ffydd. Os ydych chi'n credu bod Iesu'r aberth croeshoeliedig yn Dduw, fe rowch y gorau i gredu yn y duwiau a darfod â chredu mewn grymoedd od sy'n datguddio pwy sy ar fai, ac fe ddowch yn agos-agosach at weld sut mae pethau fel ag y maen nhw, yn ddynol, mewn gwirionedd.

Beth 'rwyn ei bwysleisio fan hyn yw dealltwriaeth o *ddatguddiad graddol.* Sut mae'n digwydd, wrth i'r gwirionedd ddod i'r wyneb yn fwy-fwy cyfoethog yn ein plith, na allwn ddisgwyl i effeithiau'r testunau fod yn neis-neisach, ond yn fwy-fwy eglur. Ac yn y pen draw fe welwch yr un stori'n union yn cael ei hadrodd o safbwynt cwbl wyneb i waered, fel nad oes mwyach hyd yn oed olion o'r tameidiau bach mytholegol ar waith. Does dim angen llawer o ddychymyg i feddwl naill ai "Mae'r Hen Destament yn ddrwg a'r Testament Newydd yn dda", neu "Mae gwerthoedd geiriau yr union yr un fath yn y ddau Destament". Mae'n gofyn am fwy o fanylder meddwl i ddychmygu proses, sydd, wrth i'r aberth diniwed ei ddatguddio'i hunan yn fwy-fwy eglur, felly y mae'n dealltwriaeth ni o sut mae'r ddynoliaeth yn nodweddiadol dueddol o ymddwyn, yn mynd yn dywyll-dywyllach ond yn fwy a mwy realistig.

Cymharwch hwn, dyweder, â stori Oedipus sydd yn ei hanfod yr un stori â'r un â welsom yn Josua. Mae yna bla a phroblemau cymdeithasol yn Theba, ac mae yna ddieithryn sydd, yn gyfleus, yn diodde o ryw nam bach corfforol; mae hwnnw wedi ennyn eiddigedd trwy briodi ag aeres adnabyddus; mae'n cael ei orfodi i gytuno mai ef oedd yn wir gyfrifol am wneud rhyw bethau nad oedd, bron yn sicr, wedi eu gwneud; a hyd yn oed pe bai e wedi eu gwneud, nid y rheini fyddai wedi achosi pla! Fe'i cyhuddir o ladd ei dad a chysgu gyda'i fam heb wybod beth yr oedd yn ei wneud. Mae'n ildio a chyfadde hyn. A phan gaiff ei fwrw allan, caiff ei alltudio er mwyn i'r ddinas ddychwelyd i heddwch. Nawr mae'r stori hon yn "neisiach" o lawer na'r stori Hebreig. Nid pobl y dre oedd yn gyfrifol am y bwrw allan treisiol; yr oedden nhw'n ysglyfaeth i bla arswydus, a chawson nhw eu cryfhau yn eu drwgdybiaeth ofnadwy ynglyn â'r dieithryn, ac fe gafodd yr un euog ei wobr gyfiawn. Y mae'r fersiwn Roegaidd wedi ei dal yn llaid hunan-dwyll. Ond mae'r stori gyffelyb Hebreig, yn ei wraidd, yn mwy gwir, am ei fod ar fin bradychu beth oedd yn digwydd mewn gwirionedd.

Mae'n amlwg bod hyd yn oed golygydd Llyfr Josua yn amau'r stori – mae'r awgrymiadau bach o amheuaeth am beth sy'n mynd mlaen yn un o ryfeddodau'r Ysgrythurau Hebreig. Dywed y golygydd ar y dechrau "Bu'r *Israeliaid* yn anffyddlon ynglyd â'r diofryd". Felly mae'n cychwyn gyda lluosog ac yna'n symud i'r unigol: "cymerwyd *rhan* ohono gan Achan fab Carmi" ac yn y blaen. Ar ben hynny y mae odrwydd ymddygiad Duw. Er y galle dybio ei fod yn gwybod yn iawn am y cwbl sy'n digwydd, am ryw reswm mae'n rhaid wrth loteri i ddarganfod "pwy wnaeth e". Ac fel mater o ffaith y mae Duw yn dweud wrth Josua mai pobl Israel, yn y lluosog, sydd wedi anufuddhau iddo, cyn rhoi cyfarwyddiadau am loteri fydd yn darganfod unigolyn y gellir llwytho'r cyfrifoldeb arno. A gallwch ddychmygu hen storïwr rabinaidd yn adrodd y stori mewn gwasanaeth, gan ddefnyddio'r testun yma fel nodiadau dehongli – a dyna, fwy na thebyg, sut yr oedd testun fel hwn yn cael ei drin yn yr hen fyd – byddai na lawer o sbri wrth ddyfalu ar lafar am y pethau hyn wrth ei gynulleidfa.

Proffwydoliaeth ac allwedd hermeniwtaidd

A minnau wedi plymio i'r pen dwfn trwy dreulio amser ar bwt o destun braidd yn anghyfarwydd o'r Ysgrythurau Hebreig, rwy am egluro beth wy'n treio'i wneud gyda chi. Rwy am ei gwneud hi'n bosib i chi drafod y Beibl heb fod ofn arnoch chi. Er mwyn i chi allu derbyn testunau'r ysgrythur, nid fel magl sy'n codi ofn arnoch, sydd yn rhaid i chi rywsut ei dderbyn os ydych i fod yn "berson da", ond yn rhywbeth llawer iawn cyfoethocach sy'n mynd fwy-fwy i'ch gollwng yn rhydd. Trwy'r hen destunau hyn y mae'r Duw byw, yn ein galluogi'n raddol i ddysgu pwy mewn gwirionedd yw Duw, a phwy ydyn ni. O'u darllen yn iawn, maen nhw'n ein galluogi i ddysgu sut i beidio taflunio'n trais dychrynllyd ni ar Dduw, ond yn realistig i dderbyn ein cyfrifoldeb am beth y tueddwn ni ei wneud; a sut, os mentrwn ni ganiatau i ni'n hunain gael ein rhyddhau o'n ffurfiau nodweddiadol dreisiol o ymddwyn, y down o hyd i Dduw yn ein calonogi, ac yn bywhau ynom ffyrdd newydd o fod gyda'n gilydd.

Er mwyn aros gyda hyn am ychydig, fe garwn eich hatgoffa am rai o'r pethau amlwg am y Beibl. Does yna'r fath beth yn bod â thestun *gwreiddiol* i'r Beibl. A does yna ddim o'r fath beth yn bod â ffordd naturiol o ddarllen y Beibl. Does yna ddim hyd yn oed un drefn naturiol i ddarllen y testunau. Doedd y testunau ddim yn wreiddiol mewn un llyfr. Chawson nhw ddim eu rhoi at ei gilydd yn yr un drefn â'r un y gwelwn ni yn ein Beiblau modern. Roedd yna hen destunau a oedd yn hysbys yn yr hen fyd, ond sy ddim gyda ni. Yr oedd yna destunau nad oedd yn eiddo i grwpiau arwyddocaol o Hebreaid yn yr hen fyd, ond sydd gennym ni. A thrwy'r cwbl i gyd yr oedd yna olygyddion yn casglu testunau, yn eu cymharu, yn eu defnyddio, yn eu hanfon a'u copïo, yn ceisio gwneud synnwyr o'r cwbl oedd ganddyn nhw, yn gweithio ar ba lyfrau y dylid eu cynnwys yn y casgliad a pha rai na ddylid eu cynnwys.

Fel hyn y mae hi, nawr yn yr unfed ganrif ar hugain, yn union fel ag y mae wedi bod am yn agos i ddwy fileniwm a hanner; yn ôl y ffordd yr ych chi'n dal y testunau hyn ynghyd, y drefn yr ych chi yn eu darllen nhw, yr amgylchiadau yr ychi'n eu defnyddio ar gyfer eu hail adrodd, felly y bydd yr ystyr y rhowch i mewn ac y tynnwch allan ohonyn nhw . Mewn geiriau eraill does yna ddim y fath beth yn bosibl â darllen y testunau hyn heb allwedd i'w dehongli. Beth bynnag yw'ch man cychwyn, o'r fan honno y cychwynnwch chi, ac fe adroddwch y stori o'r fan lle'r ydych chi wedi cychwyn. Mater arall yw pa mor hunan ymwybodol a hunan feirniadol ych chi o'r man cychwyn hwnnw, a beth sydd wedi achosi i chi ddarllen y testun yn y ffordd hon. Y rheswm yr ydw i am bwysleisio hyn yw bod pobol weithiau'n trin y Testament Newydd, y testunau Cristnogol, fel pe baen nhw'n set ychwanegol o straeon wedi eu hychwanegu at set o straeon sy'n bodoli eisoes. Ond na, rwy am eich hatgoffa chi, mai'r stori Gristnogol yw'r gweithredoedd a'r geiriau sydd, gyda'i gilydd, yn darparu allwedd ddehongli. Gallwch ddewis peidio'u derbyn fel allwedd ddehongli i'r testunau hyn. Gallech ddweud "nid un stori sydd ar waith yn yr hen destunau Hebreig, dim ond lluosowgrwydd o straeon gwahanol sy'n wrthrych dehongliadau unigol." Byddai hynny cystal â dweud nad ydi Duw'n siarad drwyddyn nhw mewn un weithred unigol o gyfathrebu. Neu gallech ddweud, er enghraifft, mai "prif egwyddor ddehongli gwirioneddol yn yr ysgrythurau Hebreig yw'r Deml yn Jeriwsalem, ei adeiladu ar y dechrau a'i ddinistrio, a sut y bu i'r Hebreaid ymagweddu tuag at hynny i gyd wrth ddychmygu Gwlad Sanctaidd a Theml yn y dyfodol." Serch hynny, un ffordd neu'r llall, nid oes disgrifiad o'r Ysgrythurau nad ydyw'n ddehongliad.

Rwy'n pwysleisio hyn oherwydd os ystyriwch chi beth yr ydyn ni newydd ei wneud, sef cyfosod y straeon am Achan a'r ffordd i Emaus, nid yw hwn o ran egwyddor yn beth annaturiol i'w wneud. Bydd unrhywun sy'n dewis darllen stori Achan yn gorfod ei hegluro rhywsut fel rhan o rywbeth sy'n dod o rywle ac yn tueddu i gyfeirio i rywle arall. Beth yr ydw i am ei hawlio yw bod y llinyn hanesyddol a thestunol sy wedi ei gwneud yn bosibl, mewn byd diwylliannol a luniwyd gan stori Emaus, i ni feddu stori o gwbl, yw'r ffaith bod yna symudiad tuag yn ôl o stori Emaus. Dim ond yng ngoleuni beth sy'n cael ei ystyried yn gyflawni proffwydoliaeth y mae'n bosibl ystyried bod stori Achan yn y ffordd y disgrifiais, yn broffwydoliaeth o Grist. Fel y mae eich egwyddor ddehongli, felly y mae'r broffwydoliaeth. Eich allwedd ddehongli, hynny yw beth sy'n eich harwain wrth i chi ddarllen nawr, sy'n mynd i roi proc i chi i weld rhyw eiriau a gweithredoedd yn y gorffennol yn cyfeirio mlaen at ryw gyflawniadau y tu hwnt iddyn nhw eu hunain, a weithiau i gyflawniad sicr ar waethaf a thu hwnt iddyn nhw'eu hunain.

Y cwbl fynna'i ddweud nawr yw nad ydi hyn ddim yn ymarferiad dieithr. Does yna ddim safbwynt di-ddehongliad lle y gallwn sefyll o'r neilltu a dweud "O, mae beth mae fe newydd ddweud yn ddim ond ychwanegiad Cristnogol (neu Iddewig, neu seciwlar) ond mewn gwironedd mae gan y testunau hyn ystyr eu hunain sy'n rydd o ddehongliad o unrhyw fath." Nag oes! Pan ddown at drin y testunau hyn ryn ni'n delio â thestunau anhygoel o ystwyth a hyblyg y gellir eu darllen mewn cannoedd o wahanol ffyrdd. Y mae eu darllen trwy lygaid y Meseia croeshoeliedig ac atgyfodedig yn un dewis penodol, un ag ynddo bwer geirwiredd yr ydw i'n gobeithio'ch argyhoeddi ohono. Ond mae'n berffaith glir mai dyna beth yw e; does yna ddim y fath beth â pheidio â darllen y testun o safbwynt dehongli arbennig. Rwy am eich hatgoffa o hyn gan fod pobl o dro i dro yn apelio at yr Ysgrythur a dweud "Ond yma mae Fe'n dweud, mae Fe'n dweud .. hyn neu hwnna." Dyw E ddim yn dweud dim. Mae beth mae fe'n ei ddweud yn dibynnu ar sut y byddwch chi, y dehonglydd, yn ei ail-adeiladu o ble'r ydych chi, ac yng ngoleuni'r drefn a ddefnyddiwn yng nghyd destun y pethau y rhowch wrth eu hymyl. Fel y dywedai unrhyw storiwr wrthych, gallwch gymeryd yr un blociau narratif, eu hail drefnu mewn ffyrdd ychydig yn wahanol a gorffen gyda straeon tra gwahanol i'w gilydd. Byddai hynny'n wir am destunau'r Ysgrythur hefyd.

Felly rwy'n awgrymu, yn hytrach na dychmygu'r Beibl fel llyfr hir ac iddo ddechrau, canol a diwedd, gyda math o *appendix* wedi ei ychwanegu, meddyliwch yn hytrach amdano fel hyn: bod un canolbwynt dehongli, a'r holl destunau hyn o wahanol gyfnodau wedi eu taflu yn yr awyr ac yn disgyn i berthyn i'w gilydd mewn gwahanol ogwydd i'r canolbwynt hwnnw. Yna cofiwch bod y canol dehongli yn gyfoes a bod yr holl straeon sy'n hongian wrth y canol ac yn llifo i mewn iddo, yn cael eu darllen gennym ni yn gyfoes. Yn hytrach na bod gyda ni Hen Destament a Thestament Newydd, fe fydda i'n meddwl amdano fel Testament "Adeiladu hyd Nawr" a'r allwedd ddehongli iddo fel Testament "Agor Drws ar Nawr". Rwy'n dweud hyn am fod cymaint o bobl yn teimlo bod yr Ysgrythurau yn pwyso arnyn nhw a bod Duw rhywsut yn ein gwneud yn llai rhydd trwyddyn nhw, ac rwy am ddwyn i'r golwg rywbeth yr oedd y darllenwyr Iddewig yn gwybod yn llawer iawn gwell na ni sut i'w wneud. Mae darllen yr Ysgrythur yn ymarfer llawer iawn mwy rhydd, mwy diddorol a chyfoethog nag y tybiwn. Ond ymarfer ydyw y dylem ni ddehonglwyr sylweddoli fwy-fwy fesur ein cyfrifoldeb, oherwydd eich ffordd o adrodd y stori, yw'r stori yr ydych yn ei hadrodd.

TRAETHAWD 3

Ydi'r "llyfr mawr du" yn eich dychryn?

Sesiwn 2 Proffwydo a dehongli

CRYNODEB O'R SESIWN

Mae dwy ffordd (o leiaf) o ddehongli'r Ysgrythurau ac mae problemau'n codi gyda'r ddwy: ffordd Marcion a'r ffordd ffwndamentalaidd. Trwy fynd at yr Ysgrythurau fel datguddiad *graddol*, fe welwn, bod yna bethau newydd a mwy gwir i'w darganfod am Dduw ac amdanom ein hunain

PRIF SYNIADAU

1. Mae dau gamsyniad cyffredin yn digwydd wrth ddarllen yr Ysgrythurau: camsyniad Marcion a'r camsyniad ffwndamentalaidd.

2. Enwir y camsyniad Marcionaidd ar ôl dehonglwr Cristnogol cynnar o'r Ysgrythurau o'r enw Marcion. Credai ef bod rhai testunau mor dreisgar fel bod angen cael gwared ar yr ysgrythurau Hebreig am eu bod yn ymwneud â duw gwahanol.

3. I'r gwrthwyneb mae'r camsyniad ffwndamentalaidd yn dweud mai un Duw sydd trwy'r Ysgrythurau i gyd. Mae hyn yn arwain at ddealltwriaeth arbennig o angau Iesu fel rhywbeth sy'n cael ei fynnu gan y Tad.

4. Ffordd wahanol yw datguddiad graddol sy'n ystyried bod y Testament Newydd yn gweithio fel allwedd ddehongli i agor yr Ysgrythurau Hebreig ac yn caniatau i ni amgyffred mai'r un Gwir Dduw fu wrthi yn gwneud ei hunan yn hysbys yn a thrwy'r testunau Hebreig, Duw sydd ar yr un pryd yn Dduw ac yn Aberth.

5. Beth sy'n gwneud testun Josua 7 yn wahanol i'r mythau yw bod y cyfrifoldeb dynol mor amlwg.

6. Amcan mynd at y testunau fel datguddiad graddol yw ei fod yn ein galluogi i fod yn llai ofnus o'r ysgrythurau Hebreig, gan eu cael yn llai o 'fagl' y mae'n rhai eu derbyn er mwyn bod yn berson 'da'.

7. Does yna'r fath beth yn bod â darllen y testunau hyn heb allwedd ddehongli. Nid oes ystyr annibynnol, di-ddehongliad yn bod i'r Ysgrythurau.
8. Rhaid darllen proffwydoliaeth 'tuag yn ôl' o'r allwedd ddehongli. Fe fydd yn eich procio i weld bod rhyw eiriau a gweithredoedd yn y gorffennol yn cyfeirio at ryw gyflawniad y tu hwnt iddyn nhw eu hunain.

MATERION I BENDRONI DROSTYNT

- Ydych chi wedi darllen neu'n adnabod rhywun sy'n darllen yr ysgrythur o safbwynt Marcionaidd? Pa gwestiwn y mae'r ateb Marcionaidd yn ei ateb? Pam y mae James yn dweud bod y dehongliad Marcionaidd yn gamsyniad?
- Ydych chi wedi darllen neu'n adnabod rhywun sy'n darllen yr Ysgrythur o safbwynt ffwndamentalaidd? Pa gwestiwn y mae'r darlleniad ffwndamentalaidd yn ceisio'i ateb? Pam y mae James yn deud bod y dehongliad ffwndamentalaidd yn gamsyniad?
- Byddai dehongliad ffwndamentalaidd yn haeru bod Duw yn hawlio aberth dynol, ond am resymau cymhleth. Gall hyn arwain at ddehongli angau Iesu fel rhywbeth sy'n cael ei fynnu gan y Tad. Sut ydych chi'n dehongli lle'r Tad ym mater angau Iesu? Pa gwestiynnau y mae'r esboniadau hyn yn eu codi yn eich meddwl chi?
- Y mae James yn egluro bod darllen y testunau trwy lygaid yr Aberth sy'n maddau yn un ffordd benodol ymlaen. Pa whaniaeth y mae'r dewis hwn yn ei wneud wrth ddehongli'r Ysgrythurau? Pa leisiau anhyglyw allai ddod yn amlwg trwy'r dewis hwn?
- Wrth ddeall yr Ysgrythurau fel proses o ddatguddiad graddol, fe welwn bod y Testament Newydd yn gweithio fel allwedd ddehongli sy'n agor yr ysgrythurau Hebreig allan i ni. Ym mha ffordd y mae darllen yr Ysgrythurau fel datguddiad graddol yn debyg i ddarllen nofel ddirgelwch ar ôl dysgu sut y mae'r stori'n gorffen?

SYNIAD I GLOI

Sut y mae darllen yr Ysgrythurau fel datguddiad graddol yn eich galluogi i ddarganfod pethau newydd a mwy cywir am Dduw ac amdanoch eich hunan?

TRAETHAWD 3

Ydi'r "llyfr mawr du" yn eich dychryn ? (Rhan 1)

Sesiwn 3 Dehongli yn yr Ysgrythurau

Nawr rwy am ddangos nad yw'r math o ymbalfalu i ddehongli y buom ni wrthi yn rhywbeth sy'n digwydd yn unig y tu allan i'r Ysgrythur neu ar ôl ei lunio. Mae'n digwydd ar y tu mewn i'r Ysgrythur ei hunan. Os ydych chi'n cofio, fe ddisgrifiais i ddau demtasiwn wrth ddarllen yr Ysgrythur – yr un Marcionaidd, a'r temtasiynau ffwndamentalaidd. Mae un yn dweud "stori gas – duw gwahanol"; a'r llall yn dweud "stori atgas, yr un Duw, ond lot o ymarferiadau ymenyddol i osgoi'r annerbyniol." Nawr rwy am ddangos sut y mae'r un temtasiynau hyn yn cael eu hwynebu gan awduron a golygyddion y testunau sanctaidd eu hunain. Er mwyn gwneud hyn fe fyddwn yn edrych ar un o'r trafodaethau canolog sy'n gorwedd dan sawl talp o'r Ysgrythurau Hebreig, sef mater aberthu plant, aberth y cyntaf anedig.

Gadewch i ni edrych ar Ecsodus 22.28b lle rwy wedi rhoi rhai geiriau mewn llythrennau **bras** yn y darn islaw. O'i gwmpas fe ddowch o hyd i restr o gyfarwyddiadau ynglyn ag amrywiaeth o bethau, ond dyma sut y mae'r gorchymyn arbennig hwn yn darllen:

> *Paid a chablu Duw, na melltithio pennaeth o blith dy bobl. Paid ag oedi offrymu o'th ffrwythau aeddfed neu o gynnyrch dy winwryf.* ***Yr wyt ti i gyflwyno i mi dy fab cyntaf-anedig.*** *Yr wyt i wneud yr un modd gyda'th ychen a'th ddefaid; bydded pob un gyda'i fam am saith diwrnod, ac ar yr wythfed dydd cyflwyner ef i mi.* (Ecsodus 22.28-30, pwyslais J.A.)

Wel, gallai'r cymal fynd heibio heb i ni sylwi arno wrth ddarllen, gan ein bod yn fecanyddol gymeryd yn ganiatol ei fod yn gorfod golygu rhywbeth tebyg i seremoni enwi, neu fedydd neu rywbeth tebyg i *bar-mitsvah*. Ond mae'n fwy anodd mynd heibio wrth sylwi fod yr un cyfarwyddiadau yn cael eu rhoi ynglyn â defaid a gwartheg. Dydyn nhw ddim yn arfer cael *bar mitzvah*!

Y mae'n dod yn gynyddol eglur fod y bobl y galwn ni nawr yn bobl Israel am gyfnod hir o'u hanes, fel rhan gyson o'u diwylliant, wedi aberthu eu plant cyntaf anedig. A byddai'r gorchymyn i wneud hynny,wedi ei roi yng ngenau Duw, wedi cael ei ystyried yn arfer safonol ceidwadol o fewn i'r gymdeithas. Mae na ddigon o dystiolaeth archeolegol i gefnogi hyn: yr oedd yr arfer yn boblogaidd ymhlith y bobl a alwn weithiau yn Phoeniciaid, y bobl oedd yn masnachu, a chylch eu dylanwad yn estyn o Garthago i Dyrus a Sidon. Yn yr Ysgrythurau fe'u gelwir yn "Gananeaid" ac y mae tipyn go lew o ddodrefn diwylliannol pobl Israel yn dod oddi wrthyn nhw. Yr oedd aberthu plant (trwy dân) i dduw a alwent yn *Moloch* yn rhan o'u crefydd. Ond mae'r cytseiniaid yn y gair gan amlaf yn golygu brenin neu angel. Felly peidiwch a chael eich drysu i gredu fod beth oedd i ni yn air cyffredin am ddrwg, ar y pryd hwnnw'n ddim byd mwy na gair digon cyffredin am rywun pwysig.

Ac i ddangos nad oedd aberthu plant yn rhywbeth oedd yn digwydd yn unig yn y gorffennol pell, yr Oes Efydd, yn bell cyn i bobl Israel ddechrau ystyried eu hunain yn bobl, fe edrychwn ar ddau broffwyd Hebreig oedd yn ymroi i'r ddadl enbyd ar y pwnc hwn. O ran diddordeb, sylwch fod y ddau broffwyd bron yn gyfoes – Jeremeia ac Eseciel. Gogleddwr oedd Jeremeia oedd yn dueddol o fod yn feirniadol o'r sefydliad yn Jeriwsalem, ac fe gafodd ei drin fel bradwr; ond profwyd ei fod yn iawn ac fe'i halltudiwyd ac yn y pen draw ei ladd. Ac Eseciel, offeiriad pur geidwadol yn y Deml yn Jeriwsalem a alltudiwyd i Fabilon. Nid oedd cyfnod gweinidogaeth y ddau broffwyd yn bell ar wahan mewn blynyddoedd – ryn ni'n sôn am y cyfnod rhwng tua 600-580 CC. Eto pan wynebwn ni fater aberthu plant maen nhw'n cymryd safbwyntiau braidd yn wahanol.

Yn Jeremeia 19.3-6, mae'r proffwyd yn cael ei wynebu'n amlwg gan y dybiaeth gyffredin fod Duw eisiau i bobl aberthu eu plant. Felly dyma beth mae fe' n ddweud.

> *Cyhoedda yno y geiriau a fynegaf wrthyt, a dweud 'Clywch air yr ARGLWYDD, frenhinoedd Jwda a phreswylwyr Jerwsalem. Fel hyn y dywed Arglwydd y Lluoedd, Duw Israel : Byddaf yn dwyn y fath ddrwg ar y lle hwn nes bod clustiau pwy bynnag a glyw amdano yn merwino. Am iddynt fy ngwrthod a chamddefnyddio'r lle hwn ac arogldarthu ynddo i dduwiau eraill nad oeddent yn eu hadnabod, hwy na'u tadau*

> *na brenhinoedd Jwda, a llenwi'r lle â gwaed y rhai dieuog, ac adeiladu uchelfeydd i Baal, i losgi eu meibion yn y tân fel offrwm-llosg i Baal,* ***peth na orchmynnais, na'i lefaru, ac na ddaeth i'm meddwl*** *– am hynny wele'r dyddiau yn dyfod, medd yrARGLWYDD, pryd na elwir y lle hwn mwyach yn Toffet nac yn ddyfryn Benhinnom, ond yn ddyffryn y lladdfa.*

Ychydig bwyntiau mewn trefn. Y cyntaf yw bod y gair "Baal" ar y pryd yn ddim ond gair cyffredin am Arglwydd, felly nid yw Jeremeia'n gwneud gwahaniaeth mawr rhwng dau unigolyn a chanddyn nhw enwau gwahanol, ond rhwng dau unigolyn yn berchen ar enw a allai fod yr union yr un fath. A'r ail bwynt yw bod rhywun sy'n gorfod gwadu rhywbeth deirgwaith "*peth na orchmynnais, na'i lefaru, ac na ddaeth i'm meddwl*" – yn swnio fel pe bai'n wir ymdrechu i gyfleu ei fod yn ymwahanu'n bendant iawn oddiwrth rywbeth yr oedd ei ddarllenwyr yn gyffredinol wedi meddwl ei fod yn fyddlon iddo erioed.

Agwedd Jeremeia yw "Mae'r busnes aberthu plant ma sy'n mynd mlaen yn wirioneddol arswydus. Nid oddi wrth YHWH y daeth y fath orchmynion, fe ddaethon nhw oddiwrth rhyw dduw arall." Mewn geiriau eraill y mae Jeremeia yn fath o ddilynwr Marcion cyn i hwnnw ddod i fodolaeth. Mae'n dweud wrth ei ddarllenwyr "Rych chi wedi drysu rhwng y ddau dduw yma dros sawl canrif, a nawr rwy'n treio datrys prun yw prun, er mwyn eich cael chi nôl i addoli'r Un Go Iawn".

Dyma, ar y llaw arall, beth sy gan Eseciel i'w ddweud (20.23-26);

> *Tyngais wrthynt yn yr anialwch y byddwn yn eu gwasgaru ymysg y cenhedloedd ac yn eu chwalu trwy'r gwledydd, oherwydd iddynt beidio â gwneud fy marnau, ond gwrthod fy neddfau, halogi fy Sabothau, a throi eu llygaid at eilunod eu tadau. Yn wir, rhoddais iddynt ddeddfau heb fod yn dda a barnau na allent fyw wrthynt; gwneuthum* ***iddynt eu halogi eu hunain â'u rhoddion trwy aberthu pob cyntafanedig, er mwyn imi eu brawychu,*** *ac er mwyn iddynt wybod mai myfi yw'r ARGLWYDD'.*

Mae fel pe bai Eseciel yn diodde o'r demtasiwn ffwndamentalaidd. Mae'n dweud "Ie YHWH oedd e" lle'r oedd Jeremeia yn dweud "Na, Baal oedd e." Mae Eseciel yn cydnabod fod beth alwn ni nawr yn Ecsodus 22.29b wedi ei ystyried yn air dilys oddiwrth YHWH ond y mae'n rhaid iddo fe lithro heibio'r broblem bod Duw erioed wedi gorchymyn peth mor ffiaidd. Ei ateb yw hawlio bod Duw wedi gorchymyn hyn, ond dim ond er mwyn i'r bobl ddarganfod ei fod mor arswydus fel y bydden nhw'n rhoi'r gorau iddi. Mewn geiriau eraill "Am fy mod i am i chi roi'r gorau i fwyta siocled rwy'n mynd i orchymyn i chi fwyta siocled fel eich bod yn stwffio'ch hunain ar siocled nes gwneud i chi daflyd i fyny. Wedyn fe rowch y gorau i'ch bwriad eich hunain". Wel, mae hynny'n swnio'n eitha mympwyol , ac yn peri i rywun amau holl orchmynion Duw, gan y gallai droi mas fod ei orchmynion yn gwbl wrthwyneb i beth yr oedden nhw'n swnio fel pe tae'n nhw'n ei orchymyn – a pham wedyn talu sylw iddyn nhw o gwbl?

Fy mhwynt i yma, beth bynnag, yw cymharu'r rhesymeg feddyliol yn y ddau achos. Mae'r ddau broffwyd yn wynebu'r un broblem – yr arfer o aberthu plant a hwnnw'n cael ei ystyried yn ufuddod i orchymyn sanctaidd – ac y mae'r ddau eisiau'r un ateb, sef bod aberthu plant yn darfod ac na ddylai Duw mwyach gael ei gysylltu â'r fath beth. Ond y maen nhw'n troi at ddwy strategaeth ddehongli wahanol er mwyn cael yr un canlyniad: un yn glynu wrth ddull "duw anghywir" y proto-Marcion er mwyn datrys y broblem, a'r llall yn datrys y broblem mewn dull proto-ffwndamentalaidd "yr un Duw ond gymnasteg ymenyddol". Ond beth sy'n ddiddorol yw hyn: petaech chi wedi bod yn Israeliad traddodiadol, gweithredol ufudd yn y cyfnod hwnnw, fe fyddech chi wedi cymryd yn ganiataol bod Duw yn dymuno aberthu plant a bod Eseciel a Jeremeia, ill dau yn eu ffyrdd mympwyol eu hunain, yn ymateb i awduron golygyddol y *Guardian*. Mewn geiriau eraill: proto-atheistiaid peryglus a seciwlar sy ddim yn ofni Duw o gwbl. Byddai pobl syml-dduwiol oedd yn ofni Duw wedi sylweddoli o'r dechrau bod crefydd yn fater difrifol, ac mae hynny'n golygu aberthu plant. "Os nad ewch ati i aberthu plant, yna rhaid nad ydych chi o ddifri yn parchu Duw." Felly, gadewch i ni gofio ei bod wedi troi mâs dros gyfnod, bod gair Duw wedi cael ei lefaru trwy'r proffwydi hyn, yr union rai na fyddai ddim wedi bod yn ddigon crefyddol i'w cyfoeswyr. Mewn geiriau eraill, yn y Beibl y seciwlareiddwyr peryglus sy'n ennill yn y ddiwedd. Dyna i chi beth od!

Yr oedd aberthu plant yn fater anodd am ddau reswm: yn gyntaf oherwydd beth oedd yn cael ei wneud i'r diniwed, ac yn ail oherwydd yr angen i ail-ddehongli er mwyn symud heibio iddo. Mae na bob math o arwyddion yn yr ysgrythurau Hebreig o straeon sydd yn ymwneud ag aberthu plant yn cael eu golygu, er mwyn dangos fod yna newid sylfaenol yn digwydd yn y berthynas rhwng Duw a'r ddynoliaeth. Dyma newid sylfaenol yn erbyn aberth.

Gadewch i ni edrych nawr ar Ecsodus 4.22-26. Mae Duw yn siarad â Moses

> *Llefara wrth Pharo, "Dyma a ddywed yr ARGLWYDD: Israel yw fy mab cyntafanedig, ac yr wyf yn dweud wrthyt am ollwng fy mab yn rhydd er mwyn iddo f'addoli; os gwrthodi ei ollwng yn rhydd fe laddaf dy fab cyntafanedig di". Mewn llety ar y ffordd, cyfarfu'r ARGLWYDD â Moses a cheisio'i ladd. Ond cymerodd Seffora gyllell finiog a thorri blaengroen ei mab a'i fwrw i gyffwrdd â thraed Moses, a dweud "Yr wyt yn briod imi trwy waed." Yna gadawodd yr ARGLWYDD lonydd iddo. Dyna'r adeg y dywedodd hi "Yr wyt yn briod trwy waed, oherwydd yr enwaedu."*

Fel y mae'n sefyll, dyna i chi stori od iawn. Yma cawn Moses yn cael gorchymyn gan yr Arglwydd i fynd at Pharo a dweud wrtho "Gadewch i fy mhobl fynd yn rhydd. Israel yw fy nghyntaf anedig, felly dymunaf i Israel ddyfod allan a'm haddoli i." Mewn geiriau eraill y mae gennym yma ddisgrifiad caredig o beth allai fod yn ystyr posibl neilltuo meibion cyntaf anedig i'r Arglwydd. Yna cawn ochr arall y stori: y neges i Pharo yn parhau "ond os na wnei di adael i fy mhobl fynd, fe laddaf dy feibiom cyntaf-anedig di." Gallwch weld sut y gallai hynny olygu cyfeiriad newydd i'r dehongli: mae gan Dduw ddiddordeb arbennig mewn meibion cyntaf anedig, ond dim ond pan maen nhw'n rhan o Israel er mwyn iddyn nhw gael bod yn rhydd i addoli. Pan maen nhw'n rhan o'r Aifft, maen nhw'n cael eu lladd a hynny am fethu a rhyddhau pobl Israel. Efallai y gallwch chi weld amrywiaeth yma ar ateb dau dduw Jeremeia i'r broblem.

Wel gadewch i ni edrych ar yr adnodau nesaf. Mae Moses bellach ar ei ffordd nôl i'r Aifft i roi ei neges hyfryd i Pharo. A dywed y testun yn sydyn:

> *Mewn llety ar y ffordd, cyfarfu'r ARGLWYDD â Moses a cheisio'i ladd.*

Rhyfeddach fyth! Os ydych chi newydd rhoi neges i rywun i'w gario drosoch, pam fyddech chi eisiau'i ladd ? Ond dyna mae'n ei ddweud, o leiaf yn ein fersiwn gyfoes ni. Mae'r adnod nesaf yn dweud mwy fyth:

> *Ond cymerodd Seffora gyllell finiog a thorri blaengroen ei mab a'i fwrw i gyffwrdd â thraed Moses, a dweud "Yr wyt yn briod imi trwy waed." Yna gadwodd yr ARGLWYDD lonydd iddo. Dyna'r adeg y dywedodd hi "Yr wyt yn briod trwy waed oherwydd yr enwaedu."*

Seffora yw Mrs Moses. Dyw ei hymateb hi wrth gymeryd cyllell finiog a thorri ymaith blaengroen ei mab (a mab Moses) a chyffwrdd organau cenhedlu Moses â'r blaengroen (y mae'r gair "traed" yma, fel mewn amryw fannau yn yr Ysgrythurau Hebreig, yn air llednais am organau cenhedlu) ddim yn gwneud synnwyr o gwbl, os, fel yr ymddengys yn yr adnod gynt, yw'r Arglwydd yn ceisio lladd Moses. Buasai'n gwneud gwell synnwyr pe bai Moses yn yr adnodau cynnar wedi bod yn ceisio lladd ei fab. Buasai Mrs Moses wedyn yn cynnig aberth i gymeryd lle'r plentyn – blaengroen yn lle'r plentyn cyfan, a pharatoi cyfamod hedd twy'r weithred ar yr organau cenhedlu, (yr oedd gosod llaw eiriolwr rhwng clun a morddwyd y llall yn ffordd arferol o selio cyfamod).

Os yw hynny'n gywir, beth sydd gyda ni fan hyn yw stori am ddyfeisio enwaedu fel rhywbeth i gymeryd lle aberthu plant. Ac mae'r stori'n cael ei gosod yn y narratif am yr Aifft lle y mae dau werth yn dod i'r golwg ar y berthynas rhwng Duw a'r cyntaf anedig; gosod ar wahan i addoli a gosod ar wahan i'w lladd. Nawr rwy am ei gwneud yn glir nad arbenigwr ar yr Ysgrythurau Hebreig mohona'i, ond dyw i hi ddim yn gwbl anhebygol, ym mha ffordd bynnag y penderfynwch ddehongli'r darn yma, ei fod e, gyda'i odrwydd gramadegol, yn fan lle bu cryn olygu. Mewn egwyddor o leia, dyw e ddim yn dwp i awgrymu bod y golygu'n rhan o hanes delio â, a dehongl'r symud bant oddiwrth aberthu plant.

Gadewch i ni orffen heddiw trwy edrych ar y darn enwocaf lle y mae dehongli trwy olygu yn mynd ymlaen, y darn a elwir yn *Akeda*, sef "Rhwymo Isaac" a geir yn Genesis 22. Dyma'r testun.

> *Wedi'r pethau hyn, rhoddodd Duw brawf ar Abraham. "Abraham" meddai wrtho, ac atebodd yntau, "Dyma fi". Yna dywedodd, "Cymer dy fab, dy unig fab Isaac, sy'n annwyl gennyt, a dos i wlad Moreia, ac offryma ef yno yn boethoffrwm ar y mynydd a ddangosaf iti." Felly cododd Abraham yn fore, cyfrwyodd ei asyn, a chymryd dau lanc gydag*

ef, a'i fab Isaac; a holltodd goed i'r poethoffrwm, a chychwynnodd i'r lle y dywedodd Duw wrtho. Ar y trydydd dydd cododd Abraham ei olwg, a gwelodd y lle o hirbell. Yna dywedodd Abraham wrth ei lanciau, "Arhoswch chwi yma gyda'r asyn; mi af finnau â'r bachgen draw ac addoli, ac yna dychwelwn atoch." Cymerodd goed y poethoffrwm a'u gosod ar ei fab Isaac; a chymerodd y tân a'r gyllell yn ei law ei hun. Ac felly yr aethant ill dau ynghyd. Yna dywedodd Isaac wrth ei dad Abraham, "Fy nhad". Atebodd yntau "Ie, fy mab?" Ac meddai Isaac, "Dyma'r tân a'r coed; ond ble mae oen y poethoffrwm?" Dywedodd Abraham, "Duw ei hun fydd yn darparu oen y poethoffrwm, fy mab". Ac felly aethant ill dau gyda'i gilydd.

Wedi iddynt gyrraedd i'r lle'r oedd Duw wedi dweud wrtho, adeiladodd Abraham allor, trefnodd y coed a rhwymodd ei fab Isaac a'i osod ar yr allor, ar ben y coed. Yna estynnodd Abraham ei law, a chymryd y gyllell i ladd ei fab. Ond galwodd angel yr Arglwydd arno o'r nef, a dweud "Abraham! Abraham!" Dywedodd yntau "Dyma fi!" A dywedodd, "Paid â gosod dy law ar y bachgen, na gwneud dim iddo; oherwydd gwn yn awr dy fod yn ofni Duw, gan nad wyt wedi gwrthod rhoi dy fab, dy unig fab, i mi". "Cododd Abraham ei olwg ac edrych, a dyna lle'r oedd hwrdd y tu ôl iddo wedi ei ddal gerfydd ei gyrn mewn drysni; aeth Abraham a chymryd yr hwrdd a'i offrymu yn boethoffrwm yn lle ei fab. Ac enwodd Abraham y lle hwnnw, "Yr Arglwydd sy'n darparu"; fel y dywedir hyd heddiw, "Ar fynydd yr Arglwydd fe ddarperir."

Galwodd angel yr Arglwydd eilwaith o'r nef ar Abraham a dweud "Tyngais i mi fy hun" medd yr Arglwydd, "oherwydd iti wneud hyn, heb wrthod rhoi dy fab, dy unig fab, bendithiaf di yn fawr, ac amlhau dy ddisgynyddion yn ddirfawr, fel sêr y nefoedd ac fel y tywod ar lan y môr. Bydd dy ddisgynyddion yn meddiannu pyrth eu gelynion, a thrwyddynt bendithir holl genhedloedd y ddaear, am iti ufuddhau i'm llais. Yna dychwelodd Abraham at ei lanciau ac aethant gyda'i gilydd i Beerseba; ac arhosodd Abraham yn Beerseba. (Genesis 22.1-19)

Felly, gorchmynir i Abraham gymeryd ei fab a'i aberthu. Ond pan ddaw i'r fan apwyntiedig, mae'r cwbl yn cael ei droi wyneb i waered. Dyma enghraifft dda iawn o destunau'n cael eu golygu; ac eto, fel yn y darn cynt y buon ni'n ei ystyried, er bod y geiriau'n od, chawson nhw ddim eu glanhau'n drylwyr. Dyma ran o athrylith yr awduron a'r golygyddion Hebreig; mae'u parch at y testun mor fawr, nad ydyn nhw ddim eisiau symud olion y fersiynnau cynt, na gwyngalchu'r stori'n llwyr.

Mae un o'r pethau od yn y testun hwn yn gliriach yn yr Hebraeg nag ydyw yn y Gymraeg na'r Saesneg. Mae Duw, dan un o enwau Duw, *Elohim,* yn gorchymyn i Abraham fynd lan y mynydd, a naill ai YHWH neu Angel YHWH sy'n gorchymyn iddo ddod lawr. Yn y mwyafrif o'r testunau Hebreig mae'r gwahaniaeth yn fanwl gywir.

Felly cawn Abraham yn cychwyn â stori y mae'n ei deall yn iawn, stori am aberthu ei fab. Ac yna mae fel petae'n stori nad oedd Abraham yn gyfarwydd â hi o gwbl, sef stori am aberthu anifail yn lle'r aberth dynol. Mae prif lif y naratif yn datblygu i fod yn stori am ymddiriedaeth ac ufudd-dod Abraham wrth iddo symud o un ddealltwriaeth o Dduw i un arall, ac am iddo gael ei fendithio byth wedyn oherwydd hynny.

Y peth diddorol yw beth sy'n digwydd pan yw'r cwbl drosodd a'r hwrdd wedi ei ddal a'i aberthu yn lle Isaac, a'r Arglwydd wedi datgan y fendith fawr dros Abraham. Dywed yr adnod nesaf, yr un olaf yn y dyfyniad :

> *Yna dychwelodd Abraham at ei lanciau ac aethant gyda'i gilydd i Beerseba; ac arhosodd Abraham yn Beerseba.*

Beth sydd mor od am yr adnod hon? Mae'n syndod mor hawdd yw mynd heibio i adnod heb sylwi ar rywbeth, ond beth sy'n od am yr adnod hon yw nad oes ynddo sôn am Isaac. Daw Abraham lawr o ben mynydd Moreia ar ei ben ei hun. Ac nid yw Isaac yn ymddangos eto yn y cylch straeon yma o gwbl. Mae'n dychwelyd, sawl pennod yn ddiweddarach mewn stori wahanol. Dyna paham y mae llawer o esbonwyr wedi cymeryd yn ganiataol mai beth sy gennym ni yn y fan hon yw stori am aberth dynol sydd wedi cael ei ddoctora. Byddai adnod 19 wedyn yn arwydd o stori gynharach lle'r oedd Abraham yn aberthu Isaac. Felly y mae'r fersiwn o'r stori fel ag y mae hi yn ein Beiblau yn adlewyrchu'r newid, y symud ymlaen o Dduw sy'n mynnu aberthu y cyntafanedig. Yn fyr y mae'n tystiolaethu ar ffurf stori, i'r un frwydr ag a welwyd yn ein sylwadau am Eseciel a Jeremeia. Wel heddiw, roeddwn i eisiau'ch bwrw chi i mewn i gwestiwn dehongli, aberth a'r Ysgrythurau fel esiampl, er mwyn i chi gael gweld cymaint mwy diddorol yw'r Ysgrythurau, cymaint mwy sy'n mynd ymlaen ynddyn nhw nag sy'n cael ei gymeryd yn ganiataol. Yn y traethawd nesaf fe geisiaf roi i chi rai o'r ffurfiau elfennol sut i drafod y llyfr fel ag y mae, ffurfiau rwy'n gobeithio y derbyniwch chi yn ollyngdod, ac yn ganiatad i fwrw mlaen ymhellach gyda'ch astudio chi'ch hunain.

TRAETHAWD 3

Ydi'r "llyfr mawr du" yn eich dychryn? (1)

Sesiwn 3 Dehongli yn yr Ysgrythurau

CRYNODEB O'R SESIWN

Nid yw'r ddadl ynglyn â dehongli yn beth sy'n digwydd yn unig o'r tu allan i'r Ysgrythurau, ond yn rhywbeth sy'n digwydd ynddynt hefyd. Cawn un enghraifft bwysig yn y dehongliadau gwahanol a geir gan Jeremeia ac Eseciel o ran Duw ym mater aberthu plant. Gwelwn sut y mae'r darn am rwymo Isaac yn Genesis 22 yn adlewyrchu'r symudiad ymaith o ddeall Duw fel un sy'n hawlio aberthu'r cyntaf anedig.

PRIF SYNIADAU

1. Yr oedd y temtasiynau Marcionaidd a ffwndamentalaidd yn cael eu hwynebu gan awduron a golygyddion yr Ysgrythurau Hebreig eu hunain. Yr oedd y bobl a alwn ni nawr yn bobl Israel ar un cyfnod yn arfer aberthu eu plant cyntaf anedig fel rhan gyson o'u diwylliant sylfaenol.

2. Y mae Jeremeia, proffwyd o'r gogledd yn cynnig dehongliad cyn-Farcionaidd pan ddywed nad YHWH ond Duw arall oedd wedi gorchymyn aberthu plant. (Jeremeia 19:3-6)

3. Y mae Eseciel, offeiriad pur geidwadol o'r Deml yn Jeriwsalem fel petai'n dioddef oddiwrth y demtasiwn ffwndamentalaidd. Mae e'n dweud mai, ie, YHWH a orchmynodd aberthu plant, ond er mwyn i'r bobl sylweddoli ei fod yn beth mor arswydus nes rhoi'r gorau iddi. (Eseciel 20:23-26)

4. Mae'r ddau broffwyd yn wynebu'r un broblem, ond ar waethaf eu hatebion gwahanol yr oedd y ddau yn seciwlareiddio'n beryglus – yn unfarn na allai gwir grefydd gynnwys aberthu plant, er i hynny fod yn erbyn argyhoeddiadau crefyddol eu cyd-oeswyr.

5. Y mae'n bosibl bod y stori am enwaedu fel cyfamod hedd a osodwyd

yn y naratif am yr Aifft yn rhan o hanes dehongli symud ymlaen o aberthu plant.

6. Y mae'n bosibl bod y stori a elwir yn *Akedah*, neu *Rhwymo Isaac* (Genesis 22:1-9) yn fersiwn wedi ei golygu o stori gynharach lle y mae Isaac yn cael ei aberthu. Felly y mae'r stori fel ag y mae yn ein Beiblau yn adlewyrchu symud ymlaen o Dduw oedd yn hawlio aberthu'r cyntaf anedig.

MATERION I BENDRONI DROSTYNT

- Oeddech chi'n ymwybodol bod aberthu plant cyntaf anedig yn rhan o arferion crefyddol yr Israel hynafol fel y cenhedloedd o'u cwmpas? Sut mae hynny'n eich taro?
- Yr oedd y storiau am aberthu pobl yn codi cymaint o syrffed ar Marcion nes iddo awgrymu dileu'r fath ddarnau o'r Ysgrythurau. Ydych chi'n cyd-ymdeimlo â Marcion o gwbl? Pam fyddech chi am ddileu straeon am aberthu dynol? Pa werth sydd mewn cadw straeon o'r fath?
- Ydych chi'n credu bod amcan y proffwydi o wahanu Duw oddiwrth drais aberthu dynol yn fater sydd wedi ei setlo? Does dim temlau ar gyfer aberthu dynol mewn nac Iddewiaeth na Christnogaeth. Ydi'r drafodaeth yn berthnasol i ni heddiw ?
- Sut y mae'ch dealltwriaeth o stori Abraham ac Isaac wedi newid ?

SYNIAD I GLOI

Ym mha ffordd y mae'ch dealltwriaeth chi o beth y mae Duw'n ei hawlio gan bobl grefyddol yn newid? Beth yw ystyr bod yn berson crefyddol rhinweddol?

TRAETHAWD 4

Ydi'r "llyfr mawr du" yn eich dychryn? (2)

Sesiwn 1: Yr 'argraffiad' diweddaraf

Yn ein traethawd olaf roeddwn i'n awyddus i'n bwrw ni i'r dwfn, fel petae, i ymarfer trin testunau'r Ysgrythur, a hynny mewn enghraifft benodol. Nawr mi garwn i osod o'ch blaen beth rwy'n gobeithio fydd yn awgrymiadau defnyddiol mewn arolwg gyffredinol o'r testunau. Nid yw, ac ni allai hwn fod, yn daith awr a hanner garlamus trwy'r Ysgrythurau Hebreig. Mae'n debycach i amlinelliad o rai elfennau yng "nghyflwr y pwnc" – beth y mae ysgolheigion, ar hyn o bryd, yn ei gymeryd fwy neu lai'n ganiataol. O holl adrannau'r cwrs, dyma'r un yr ydw i'n disgwyl y bydd angen gwneud y gwelliannau amlaf dros y blynyddoedd. Mae hynny'n rhannol am nad ydw i'n arbenigwr ar yr Ysgrythur, ac ar daith ddysgu yr ydw i yn y maes yma, ac yn rhannol am fod amlinelliad o "gyflwr y pwnc" bron yn rhy aneglur i'w galw'n amlinelliad. Fel mater o ffaith, dros yr ugain neu ddeng mlynedd ar hugain diwethaf y mae holl siap astudio'r Ysgrythurau Sanctaidd wedi dod yn fater ymryson.

Tra bod ysgolheigion yr Ysgrythur, tan yn ddiweddar, wedi derbyn bod llinell hanes Israel yn cyfateb yn fras i'r amser oedd wedi ei osod allan yn llyfrau'r Ysgrythur, daeth yn glir erbyn hyn, nad oes dim tebyg i ddigon o dystiolaeth i gynnal yr olwg honno ar bethau. Fe ddaethon ni hefyd yn ymwybodol o gymaint y mae'r 'ergydion' hanes yr ydyn ni yn gwybod yn iawn amdanyn nhw – munudau fel y gaethglud i Fabilon a dinistr y Deml – yn effeithio ar yr holl fusnes o gynhyrchu a throsglwyddo testunau. Ac yn ola, fe ddysgon ni ein bod ni'n llawer iawn mwy cyfforddus gyda'r syniad fod y testunau sy gennym ni yn dangos arwyddion o beth y bydden ni heddi yn ei alw yn broses o olygu 'eglwysig'. Mewn geiriau eraill, proses lle'r oedd pobol, a hwythau'n awyddus i ddal eu gafael ar beth oedd yn fwyaf gwir a dwfn o beth yr oedden nhw wedi ei dderbyn, yn ceisio'n gyson i ail ddychmygu eu holl berthynas â'i gilydd trwy ail greu stori, nid yn unig am o ble'r oedden nhw wedi dod, ond i ble'r oedden nhw'n meddwl y dylen nhw fynd. Ac yn naturiol yr oedd y fath ail ddychmygu yn cael ei herio'n daer gan eraill oedd yn meddwl y byddai cyfeiriad y prosiect a elwid yn Israel yn y dyfodol, yn mynd i gyfeiriad cwbl gwahanol.

Felly wrth roi i chi rhyw arolwg sydyn ar sut y mae hyn yn gweithio mâs, rwy hefyd yn mynd i geisio olrhain i chi'r broses flêr o fyw, ysgrifennu, trosglwyddo a golygu, y mae'r testunau yn tystiolaethu iddi, rhai elfennau o ymddangosiad yr "Arall-arall" – Duw, yn yr Ysgrythurau Hebreig.

Yr 'argraffiad' terfynol

Os gawsoch chi unrhyw gysylltiad â phapur newydd neu â newyddiadurwyr, un o'r pethau y gwyddoch chi yw nad yw'r stori y mae newyddiadurwr yn ei anfon i mewn gyntaf yr un fath â'r un a welwch ar y dudalen. Yn gyntaf mae'r newyddiadurwr yn ysgrifennu ac yn anfon ei stori, y mae'r golygydd yn ei adolygu, yn ei gwtogi, yn ychwanegu ato gyfraniadau gan newyddiadurwyr eraill, yn gwneud yn siwr fod y cwbl yn ffitio i'r gofod sy ar gael. Yna'n olaf, pan yw popeth yn barod, daw'r golygydd-nos a rhoi pennawd i'r stori. Ond pan godwch chi'r papur, pennawd y stori yw'r peth cynta a welwch chi. Fe welwch chi'r darn olaf o'r broses olygu, y darn sy'n cael ei effeithio gan farn, gan ddiddordebau, gan yr angen i wneud tipyn o splash ac yn y blaen sy'n perthyn i'r golygydd olaf un. Ond fe fydd y tamed olaf hwn yn effeithio'n ddwys iawn ar eich dealltwriaeth chi o'r stori a fyddwch chi'n ei darllen dan y pennawd. Efallai, yn wir y cawsoch chi'r profiad o ddarllen stori dan ryw bennawd a dyfalu a fu na ryw gamsyniad, oherwydd y mae beth y mae'r pennawd yn ei grochlefain, a beth y mae'r stori'n ceisio'i ddweud fel pe baen nhw'n mynd i ddau gyfeiriad gwahanol. A gallwch ddychmygu peth mor bryfoclyd a chywilyddus oedd e i'r newyddiadurwraig wreiddiol weld fod ei phwyslais a'i hymchwil hi yn cael ei fradychu gan bennawd i dynnu sylw arwynebol. Mae'r pwynt sy gen i yn un syml; dydyn ni ddim yn darllen y stori yn nhrefn ei hysgrifennu. Rydyn ni'n darllen yn gyntaf y darn golygu diweddaraf, a dyna sy'n llywio'n dehongliad ni o'r broses a arweiniodd ato.

Wel, dyw hyn ddim yn llai gwir am yr ysgrythurau nag yw e am bapurau newydd. Trwy lygaid y golygyddion diweddaraf yr ydyn ni'n darllen y testunau. Ac mae hynny'n golygu po fwyaf â wyddon ni am y rhai a olygodd y testunau, a phryd, gorau oll fydd y synnwyr a wnawn ni o'r tameidiau gwahanol sy'n llunio'r cyfanwaith. Fel mae'n digwydd mae gyda ni gyfarwyddyd defnyddiol i funud bwysig yn y broses o olygu'r Ysgrythurau ar ffurf bwlch o bedair mil o flynyddoedd sy'n ymddangos, yn fwriadol, yn yr Ysgrythur (a dyna'r rheswm am hir oes rhai o'r cymeriadau) Mae'n para o gyfnod Adda i ddyddiad cyflwyno'r allor newydd i'r deml yn 164 CC yng nghyfnod Macabeaid. Mae'n golygu bod talp sylweddol o beth a alwn ni yn Ysgrythur, ac y mae rhai o'r testunau yn hŷn o lawer, wedi'n cyrraedd ni mewn pecyn, os mynnwch chi, sy'n cynrychioli diddordebau a safbwyntiau golygyddion cyfnod y Macabeaid. Cawn gip fel petae, ar waith y golygydd-nos yn ychwanegu ei gyffyrddiad ef i'r ffordd y cyflwynir yr hanes.

Beth sy'n ddiddorol hefyd am yr 'eiliad' olygu hon, yw ei bod, yn anfwriadol, yn dangos pa synnwyr oedd yn cael ei wneud o'r testunau sanctaidd, gan y rhai oedd yn gydoeswyr: mae eu golygu nhw yn dangos eu bod yn ystyried bod y testunau yn rhagair i'r Israel Newydd oedd wedi cael ei chenhedlu ac yn cychwyn o'r newydd wrth ail-sefydlu'r Deml. Neu mewn geiriau eraill, dau gan mlynedd cyfan cyn bod y testunau a alwn ni'n Destament Newydd yn cael eu hysgrifennu, yr oedd yr Ysgrythurau Hebreig eisoes yn cael eu pacio ynghyd fel rhyw fath o "Hen Destament"– fel pe baen nhw'n dweud "Dyma fu hanes yr Arglwydd yn delio â phobl Israel hyd nawr: dyna i chi'r fath stori o goncwest a chyflafan, gyda rhyw gyfnodau bach o sefydlogrwydd yn digwydd bob hyn a hyn. Ond mae'r cwbl nawr wedi dod i ddiweddglo gan ein dwyn at nawr, pan ryn ni'n cychwyn cyfnod newydd y bu'r holl ysgrythurau yn fath o ragair iddo." Pwynt arall diddorol am y broses hon o olygu yw fod y drefn ddyddio a ddefnyddid yng nghyfnod y Macabeaid ac sy'n dal i gael ei ddefnyddio yn nhestun swyddogol Iddewig yr Ysgrythurau Hebreig, a elwir yn destun Masoretig, y mae strwythur y rhifau a ddefnyddir yn rhoi i ni rhyw sawr o flaenoriaethau'r golygyddion; dwy rhan o dair i mewn i'r cyfnod yma o bedair mil o flynyddoedd, felly 2,666 o flynyddoedd ers Adda, yw amser sefydlu'r cyfamod ar Sinai. Ond ym Mhumllyfr y Samariaid, casgliad hynafol arall o lawer o'r un testunau, mae na drefn gwahanol ar y mwyafrif o'r un testunau, gyda phatrwm dyddio gwahanol, lle y mae cymeriad Abraham yn fwy canolog; yna, dwy ran o dair o'r ffordd drwy'r cyfnod, daw uchafbwynt sefydlu'r Tabernacl a'r defodau offeiriadol, yn hytrach na chyfamod Sinai. Fel y gwelwn yn ddiweddarach, yr oedd gan y ddau grwp o olygyddion-nos resymau penodol y tu cefn i'w ffordd hwy o fframio'r testun.

Mae na fater arall yn codi ynglyn â rhywbeth sydd wedi dod yn fwy-fwy amlwg dros y can mlynedd diweddaf o gloddio archeolegol yn y Dwyrain Canol. Y mae arwyddocad, a dehongliad y gwaith cloddio wedi dibynnu ar ideoleg grefyddol y gwahanol berchnogion grym lleol, hyd at, ac ar ôl, sefydlu gwladwriaeth Israel. Er enghraifft, nid oes unrhyw dystiolaeth y tu allan i'r testun am fodolaeth Brenin Israel o'r enw Dafydd, na Solomon. Does dim cyfeiriadau y tu allan i'r testun i fodolaeth Moses cyn cyfnod y Gaethglud. Does na ddim tystiolaeth am fodolaeth y Deml gyntaf. Y mae hyd yn oed y testunau sy'n cyfeirio ato yn dyddio o gyfnod ychydig iawn cyn y Gaethglud. O frenhinoedd Israel, y cyntaf y mae cyfeiriad ato y tu allan i'r testun yw Omri a deyrnasodd tua 880 CC ac sy'n ymddangos heb fawr anrhydedd yn 1 Brenhinoedd 16. Does yna ddim tystiolaeth fod Canaan wedi ei goresgyn gan bobl estron mewn cyfnod y gellid peri iddo ffitio i lyfr Josua. A lle bo ysgythriad o'r Aifft o 1200 CC yn cyfeirio at gasgliad o bobl a goncwerwyd o'r enw Israel yn nhir Canaan, does yna ddim tystiolaeth am ecsodus o bobl Israel o'r Aifft mewn cyfnod a allai ffitio i drefn amser yr ysgrythurau.

Nawr nid yw absenoldeb tystiolaeth yr un peth â thystiolaeth i absenoldeb, a phwy ŵyr beth allai eto gael ei gloddio gan archeolegwyr. Ond yr ydyn ni o leia wedi dysgu bod y berthynas rhwng testunau, dyddiadau hanesyddol, digwyddiadau a dehongliadau yn llawer mwy cymhleth na beth y mae llygaid yn gallu ei weld. Mae dysgu gofyn ym mha ystyr y mae'r ffactorau cyd-gysylltiedig hyn yn dweud rhywbeth sy'n wir, heb sôn am rywbeth gwir sy'n *gyfathrebu oddiwrth Dduw,* hefyd yn ein plymio i ddealltwriaeth bod yr awduron a'r golygyddion hynafol yn llawer iawn mwy soffistigedg a deallus yn beth yr oedden nhw'n ei wneud nag yr ydyn ni wedi arfer credu. I roi un enghraifft fach ynglyn ag ysgrifennu Lyfr Josua. Os yw'r testun yn un gwirioneddol hynafol, fwy neu lai'n gyfoes â'r digwyddiadau sy'n cael eu disgrifio ynddo, un sy'n adrodd a chyfiawnhau concwest real, gan grwp ethnig real, o diroedd nad oedden nhw wedi eu meddiannu cynt (ac mae hynny'n dra annhebygol) yna mae gennych orchymyn dwyfol cryf, na ddylid byth ei wadu, am ddwyn tir penodol iawn. (Fel hyn, wrth gwrs, y mae'n cael ei ddarllen gan ffwndamentalwyr modern yn Ngwladwriaeth Israel ac mewn mannau eraill). Ond os cafodd Josua ei ysgrifennu neu ei olygu'n eithriadol o drylwyr ar ôl y Gaethglud ym Mabilon gan bobl oedd yn cynllunio dychwelyd i'w gwlad o ble y cafodd eu cyndeidiau o genhedlaeth neu ddwy yn gynharach eu gyrru allan, yna efallai y byddai pwrpas dweud hanes y goresgyniad yn gwbl wrthwyneb. Buasai'n ffordd o adael i drigolion cyfoes y wlad wybod, ymhlith pethau eraill: "Does dim angen i chi ofni'r Jwdeaid o Fabilon, oherwydd mae'r testun hwn yn dangos bod Josua wedi llwyr ddileu cyn-drigolion y wlad lawer canrif yn ôl, fel os ydych chi yno nawr, rhaid eich bod chi eisoes, fel mater o ffaith, yn rhan ohonon i'n barod." Mewn geiriau eraill, o'u deall yn y ffordd yma, mae stori'r hen oruchafiaeth yn dod yn gefndir i gyfethol modern heb oresgyniad.

Wel wedi codi'r pwyntiau hyn, maen nhw i gyd yn tueddu i ddangos rhywbeth welson ni'r tro diwetha, sef mai yn ôl eich safle ddehongli gychwynol y bydd eich testunau yn llefaru, neu ein bod wastad yn darllen 'tuag yn ôl' i gyflawni proffwydoliaeth – fe garwn yn awr ruthro trwy rai materion allweddol yn yr Ysgrythur fydd yn ei gwneud yn haws i chi eu trafod.

O aml-dduwiaeth i addoli-un-duw

Gobeithio na fydd yn dod fel sioc i chi i glywed nad yw'r ysgrythurau Hebreig, a siarad yn fanwl, yn gwbl un-dduwiol (monotheistaidd). Cyn hwyred â thestunau'r Ail Eseia, o'r cyfnod yn dilyn y gaethglud y daw undduwiaeth glir, ddi-amod i'r golwg yn yr ysgrythurau. Mewn testunau cynharach y mae ganddon ni amryw atgofion am orffennol amldduwiol lle y mae'r gair sylfaenol Canaaneaidd am Dduw (El) yn cynnwys mwy nag un. (Gair lluosog yw Elohim) Mae na gyfeiriadau at Dduw 'ymhlith y duwiau' (a droes yn ddiweddarach yn angylion); ac mae na awgrym o rywedd gwahanol; olion ffigiwr o fam dduwies mor ddiweddar â'r cyfnod union cyn y gaethglud, ac y mae un o'r teitlau ar Dduw "El-Shaddai", o bosibl, yn cynnwys y gair "bronnau" ac yn dynodi dwyfoldeb benywaidd. Y mae'r testunau yn tystiolaethu i symudiad oddiwrth amldduwiaeth i beth a elwir yn "fonolatri" neu "henotheistiaeth", sy'n golygu "Mae na doreth o dduwiau'n bod, ond rhaid i chi beidio ag addoli ond un ohonyn nhw". Mae'n werth sylwi fod y cyntaf o'r deg gorchymyn, "Na fydded i ti dduwiau eraill ger fy mron i" yn orchymyn fonolatraidd neu henotheistaidd, nid yn orchymyn fonotheistaidd. Mae'n cymeryd yn ganiataol fod yna dduwiau eraill yn bod. Gallwn weld munud o olygu diddorol yn y golygu ar y testunau sydd ganddon ni, pan yn Ecsodus 6, 2-4 ychydig benodau ar ôl i Dduw ddatguddio'i hun i Foses fel YHWH, ychwanegir hyn:

> *Dywedodd Duw hefyd wrth Moses, "Myfi yw'r Arglwydd. Ymddangosais i Abraham, Isaac a Jacob fel Duw Hollalluog, ac nid oeddent yn fy adnabod wrth fy enw, Arglwydd. Hefyd, gwneuthum gyfamod â hwy i roi iddynt wlad Canaan, lle buont yn byw fel estroniaid;*

Felly dyma funud yn y broses lle y mae hen enwau yn gwanychu ac enw YHWH yn dod yn un canolog, ac ar hwnnw y bydd addoli Israel yn canolbwyntio. Ond mae hefyd yn werth cofio bod y testunau mwyaf hynafol sydd ganddo ni o Deuteronomium 32 yn dangos bod Duw Goruchaf (El Elyon) yn apwyntio duwiau i'r holl genhedloedd, ond dros Israel wedi apwyntio YHWH i fod yn Dduw. Felly mae na dystiolaeth yn y testun o'r broses y daeth YHWH drwyddi i fod nid yn unig yn dduw ymhlith y duwiau ond, yn y pen draw, yn "Dduw-ac-nid-oes-arall" yn yr Ail Eseia. Beth sy'n wir ddiddorol yw'r cydnabod, wrth i'r broses ddatblygu, bod "Y Duw Goruchaf" na ellid gwneud delw ohono, ac na ellid ei weld mewn unrhyw ffordd o gwbl, a YHWH oedd yn ymddangos mewn ffurffiau dynol, y ddau yn un ac eto'n wahanol. Y mae'r hunaniaeth hynafol hon a'r gwahaniaeth rhyngddyn nhw'n parhau yn Iddewiaeth y Testament newydd lle El Elyon yw'r Tad, a YHWH yw'r Mab. (Ond cawn fwy am hynny nes ymlaen.)

TRAETHAWD 4

YDI'R "LLYFR MAWR DU" YN EICH DYCHRYN? (2)

Sesiwn 1 Yr argraffiad terfynol

CRYNODEB O'R SESIWN

Tyfodd Undduwiaeth (monotheistiaeth) allan o destunau'r Ail Eseia, ond datblygiad diweddar ydoedd. Fe ystyriwn ni'r ffordd nad yw'r Ysgrythurau Hebreig, a siarad yn fanwl, ddim yn un-dduwiol. Hefyd fe welwn bod tystiolaeth yn yr Hen Destament am Dduw'r Tad, (El Elyon) na ellid gwneud delweddau ohono, a Duw'r Mab (YHWH) oedd yn gallu ymddangos ar ffurf dynol. Fe orffennwn gyda thipyn o hanes teyrnasoedd Israel yn y Gogledd a'r De.

PRIF SYNIADAU

1. Fe ddarllenwn destunau'r Ysgrythurau trwy lygaid y golygyddion mwyaf diweddar.
2. Nid yw'r Ysgrythurau Hebreig, a siarad yn fanwl yn rhai undduwiol. Mae undduwiaeth yn dod i'r golwg mor ddiweddar â thestunau'r Ail Eseia yn y cyfnod ar ôl y gaethglud.
3. Mae atgofion o orffennol aml-dduwiol yn amlwg yn y testunau lle y mae cyfeiriadau at Dduw yn y lluosog, neu *i Dduw ymhlith y duwiau*.
4. Ceir hefyd *henotheistiaeth* sy'n derbyn bod lliaws o dduwiau'n bod ond nad ydych chi i fod i addoli ond un ohonyn nhw. Cawn enghraifft yn y cyntaf o'r Deg Gorchymyn sy'n cymeryd yn ganiatol bod llawer o dduwiau'n bod.
5. Datblygodd proses lle'r oedd El Elyon (Duw 'r Goruchaf) na ellid gwneud delwedd ohono, a YHWH a fedrai ymddangos ar ffurf dynol, ar yr un pryd yn un a gwahanol i'w gilydd. Y mae'r gwahaniaeth hynafol hwn yn parhau yn y Testament Newydd lle y mae El Elyon yn Dad a YHWH yn Fab.

6. Ymddengys bod tystiolaeth hynafol yn cadarnhau bod dwy deyrnas a bod Israel (yr un ogleddol) wedi ei choncro gan Ymerodraeth Assyria tua 720BC. Yn nherynas y gogledd yr adroddwyd am y pwysicaf o ymddangosiadau (theoffanïau) Duw i'r patriarchiaid, a'r cysegrfannau a gysylltid â hwy.

7. Ar ôl y gaethgud i Assyria, ac mewn ymateb i golli'r cysegrfannau y datblygodd crefydd wedi ei seilio ar destunau.

8. Yr oedd Jiwda, (teyrnas y de) yn dibynnu ar y deml yn Jeriwsalem ac ar frenhiniaeth Dafydd tan gwymp Jeriwsalem i'r Babiloniaid yn 597 BC. Mae'n debyg mai ar ôl hynny y bu i deyrnas y de fabwysiadu'r grefydd a ddibynai ar destun a ddatblygwyd yn y gogledd.

MATERION I BENDRONI DROSTYNT

- Ydi dysgu am y broses o olygu'r ysgrythurau'n newid eich perthynas â'r testun? Os yw wedi ei olygu, sut y mae'n dal yn weithred o gyfathrebu gan Dduw?
- Sut y mae dysgu nad ydi'r Beibl , a siarad yn fanwl, yn un-dduwiol, yn effeithio ar eich perthynas â'r Ysgrythurau?
- Beth yw'ch ymateb i'r syniad bod gan Dduw ddau enw(o leiaf), – El Elyon (Duw Goruchaf) na ellid gwneud delw ohono a YHWH oedd yn gallu ymddangos a chael ei weld? Ystyriwch beth yw ystyr dweud bod El-Eloyon a YHWH ar yr un pryd yn un a gwahanol i'w gilydd.

SYNIAD I GLOI

Pe baech chi'n llunio fersiwn papur newydd o'r Ysgrythur, pa straeon fyddai ar y dudalen flaen?

Pa straeon fyddai wedi eu cuddio yn y tudalennau canol? Pa stori fyddai dan y prif bennawd a pham?

TRAETHAWD 4

Ydi'r "llyfr mawr du" yn eich dychryn? (2)

Sesiwn 2 Proffwydi ac Offeiriaid

Braslun: teyrnas y gogledd a theyrnas y de.

Mae'n ymddangos fod yna dystiolaeth hynafol yn cadarnhau bod dwy uned wleidyddol, un o'r enw Israel (teyrnas y Gogledd) a Jwda (teyrnas y De) a bod teyrnas y gogledd wedi cael ei threchu gan Ymerodraeth Assyria tua'r flwyddyn 720 CC. Yr oedd Teyrnas y Gogledd yn cynnwys y diriogaeth lle y bu'r Patriarchaid yn byw (Abraham, Isaac a Jacob) ac yno y cafwyd sôn am Dduw yn *ymddangos*. Yn nhiroedd teyrnas y gogledd y bu'r cysegrfannau Yahwistaidd pwysicaf. Ac mae'n ddigon posib mai yn nhiriogaeth y cyn-deyrnas ogleddol, ar ôl dinistrio'r cysegrfannau, a chario bant a gorfodi cymysgu poblogaeth, a oedd yn ganlyniad goruchafiaeth Asssyria, yr aeth gweddillion offeiriaid y gogledd a'r ysgrifenyddion ati i ddechrau ysgrifennu cofadeiladau i'w diwylliant crefyddol a'u treftadaeth. Mewn geiriau eraill y mae gwreiddiau crefydd seiliedig ar destun yn deillio o wneud iawn am golli'r cysegrfannau. Y mae testunau yn ffordd o gynhyrchu a chynnal ffurfiau o berthyn a hunaniaeth ynghanol ergydion hanes.

Dwy duedd gref – y weledigaeth offeiriadol a rhaglen y gyfraith.

Mae'r Ysgrythurau, fel ag y maen nhw'n dangos o leia ddwy duedd eitha cry, a rheini'n aml yn wrthwyneb i'w gilydd. Nid yw darganfod o ble mae'r naill a'r llall yn dod a pham, yn hawdd, ac wrth gwrs y mae, i raddau helaeth, yn fater o ddyfalu. Ar y naill law mae na dueddiad offeiriadol hynafol a fu efallai, ar un adeg, yn gysylltiedig â'r proffwydi a'r cysegrfannau yn y gogledd; daeth hon yn y pen draw i'w chysylltu â ffigiwr Solomon a'r Deml yn Jerwsalem. Nes ymlaen, arweiniodd at raglen ail-adeiladu a arweiniodd at yr Ail Deml. Ar y llaw arall mae na duedd ychydig llai hynafol oedd yn gweld pethau yn nhermau testunau cyfraith. Yn raddol yng nghyfnod yr Ail Deml, cafodd ei chysylltu â ffigwr Moses, a Chyfamod Sinai. Datblygodd y syniad mai dyma'r peth oedd yn diffinio'r profiad Hebreig (hwnnw ar ei ffordd i fod yn hyn a alwn ni nawr yn brofiad Iddewig) fel ffordd o fyw cyfreithiol a elwir yn "Torah" neu'n "Gyfraith". Un o'r pethau sy wedi bod yn anodd i ddarllenwyr modern o'r Beibl (hyd yn oed y darllenwyr Iddewig) tan yn ddiweddar, oedd bod ysgolheictod feiblaidd wedi cael ei lwyr lywodraethu gan etifeddion y diwygiad Protestanaidd, fel bod y darlun o'r byd Hebreig a basiwyd i ni wedi ei ganolbwyntio bron yn llwyr ar yr ail duedd, gan ei fod yn ffafrio'r feirniadaeth Brotestanaidd ar grefydd offeiriadol. Dim ond yn ddiweddar yr ydyn ni wedi dechrau ad-ennill rhyw ymdeimlad o gymaint pwysicach oedd yr elfen offeiriadol yn y grefydd Hebreig, pa mor sylfaenol ydoedd yn cynnal rhyw bethau y byddwn yn eu cymeryd yn ganiatol am beth yw natur y bywyd Iddewig neu Gristnogol. Ar ben hynny, i ba raddau yr oedd Iesu a Christnogaeth gynnar yn ystyried eu bod yn bywhau elfennau yn y duedd fwy hynafol, yn wyneb yr oruchafiaeth grefyddol ar y boblogaeth leol gan y duedd fwy modern, y "Torah"?

A rhoi pethau'n rhy gryno o lawer: yr elfen offeiriadol yn y grefydd Hebreig hynafol, (yn ddiau'n gweithio trwy elfennau o'r diwylliannau o'u cwmpas, a weithiau'n llwyr danseilio'r elfennau hynny,) gan ddatblygu trwy litwrgïau o aberth a mawl, a roddodd i ni'r cysyniadau am y creu, y cadw trwy iawn, (yn arbennig yng ngŵyl y Cymod), ac o Dduw yn dwyn i fodolaeth bopeth sydd yn bod. Yr oedd hyn yn golygu fod holl bethau nefoedd a daear yn gwbl hyfyw, ac o dro i dro yn bethau y gallen ni gael cip arnyn nhw, o Dduw y gellid ei ganfod wrth law ac yn chwannog i ymddangos, gan beri i'w wyneb ddisgleirio ar bobl, gan ganiatau i'w ogoniant gael ei deimlo. Yr elfen offeiriadol a roddodd inni'r ymdeimlad litwrgaidd o amser lle y mae'r presennol tragwyddol bob amser yn gyfoes â holl ddigwyddiadau'r gorffennol. Ond diau hefyd mai'r elfen offeiriadol a wnaeth oddef neu amddiffyn aberthu plant a ffurfiau cwlt rhyfeddol eraill. Yn wyneb goresgyniad gan estroniaid, byddai'r deml, gyda'i threfn ddi-derfyn ddrud o aberthu anifeiliaid, yn profi yn ddiogelwch ffug i'r rhai oedd yn dibynnu arni ac ar ideoleg o ddaioni cwltaidd a'i cynhaliai.

Yr oedd y traddodiad mwy testunol, a gysylltir yn benodol â beth y mae'r ysgolheigion yn ei alw'n Ysgol Ddeuteronomaidd, yn bychanu'r bywiogrwydd a'r cyffro ynglŷn â Duw, gan dynnu sylw oddi ar ymddangosiadau, pethau'r nefoedd ac angylion. Yr oedd yn hytrach yn canolbwyntio ar ffordd o fyw oedd yn cael ei gynnal gan y gyfraith a'r testun, lle y byddai nodweddion y proffwydi hynafol a'r frenhiniaeth sanctaidd yn cael eu trosglwyddo'n raddol i'r proffwyd a roddodd y gyfraith, Moses, ond yn gwbl benodol, heb rym offeiriadaeth y Cymod. Gwrando ac ufuddhau i eiriau, ac nid chwilio am ffurf Duw, heb sôn am Dduw'n ymyrryd yn gyfoes, sy'n bwysig, Daeth y Creu, a oedd yn y duedd offeiriadol yn rhywbeth gyson gyfoes, i fod yn rhywbeth a ddigwyddodd yn y gorffennol pell, a'r ffordd i feithrin cysylltiad ag e yw trwy'r Torah. Cafodd y Cymod, pan oedd YHWH yn cael ei ymgnawdoli dros dro yn yr Archoffeiriad er mwyn adnewyddu'r cread trwy wneud Iawn am bechodau ei bobl, ei ddiraddio; daeth y Pasg i fod yn beth mwy canolog, yn wledd leyg oedd yn dathlu symud allan o'r Aifft i gychwyn cyfamod Sinai a'r ffordd gyfreithiol o fyw a fyddai'n dilyn ohoni. Y mae prif olygyddion testunau canolog y Torah, wrth gwrs yn perthyn i'r ysgol hon – nhw wedi'r cwbl a geisiodd ail-greu fyd cwltaidd eu cyndadau trwy ddiwylliant crefyddol testun a gair, ar ôl i'r holl waith llaw gweladwy pensaernïol a gwleidyddol gael ei ddinistrio. Hwnnw oedd wedi cynnal eu byd yn yr undduwiaeth foesegol yr ydyn ni'n ei chysylltu ag Iddewiaeth. A heb fanyldeb ffyddlon eu golygu, hyd yn oed i'r graddau o beidio â symud olion pethau yr oedden nhw'n eu anghymeradwyo'n ddwfn, ni fyddai gennym ffordd destunol i mewn i'r byd offeiriadol. Y byd hwnnw ddaeth ag e i fodolaeth, ac ar yr ysgwyddau hynny yr oedden nhw, braidd yn anghyfforddus, yn gorffwys.

Tri proffwyd canolog – Eseia, Jeremeia ac Eseciel

Y mae llyfr y Proffwyd Eseia, yn ogystal â bod yn un o ryfeddodau mawr y byd, hefyd yn asgwrn cefn bywiol i'r holl broses y daeth pobl yr Hebreaid drwyddi i gyflwyno i'r byd y rhodd o undduwiaeth ddilys. Fe wnaeth ysgol o ddisgyblion, rhywsut, gadw'n fyw dros gyfnod o dri chan mlynedd a mwy efallai, weledigaeth y dechreuodd y proffwyd llys o Jwdea, Eseia, fanylu arni tua'r flwyddyn 730 CC. Y weledigaeth hon o rym llawer mwy na dim o'r wleidyddiaeth grym oedd yn mynd mlaen yn y llys brenhinol yr adeg honno, a gynhyrchodd ddifaterwch beirniadol ond dwfn a thangnefeddus tuag ato (gwel Eseia 7-8). Cafodd ei gysylltu â gweledigaeth offeiriadol Eseia o'r Arglwydd wedi ei amgylchynu gan y ceriwbiaid yng Nhysegr y Deml.

> *Yn y flwyddyn y bu farw'r Brenin Usseia, gwelais yr Arglwydd. Yr oedd yn eistedd ar orsedd uchel, ddyrchafedig, a godre'i wisg yn llenwi'r deml. Uwchlaw yr oedd seraffiaid i weini arno, pob un â chwech adain, dwy i guddio'r wyneb, dwy i guddio'i draed, a dwy i ehedeg. Yr oedd y naill*

yn datgan wrth y llall, "Sanct, sanct, Sanct yw Arglwydd y Lluoedd; y mae'r holl ddaear yn llawn o'i ogoniant." Ac fel yr oeddent yn galw, yr oedd sylfeini'r rhiniogau'n ysgwyd, a llanwyd y tŷ gan fwg. Yna dywedais, "Gwae fi! Y mae wedi darfod amdanaf! Dyn a'i wefusau'n aflan ydwyf, ac ymysg pobl a'u gwefusau'n aflan yr wyf yn byw; ac eto, yr wyf â'm llygaid fy hun wedi edrych ar y brenin, Arglwydd y Lluoedd." Eseia 6. 1-5)

Bu ysgol Eseia byw gyda a than y weledigaeth hon am sawl canrif wedyn. Dros amser fe'i gwnaeth hi'n bosibl iddyn nhw i ail ddehongli'u perthynas â'r holl newidiadau lan a lawr hanesyddol a ddigwyddodd i Israel a Jwdea. Yn y diwedd fe gawson nhw eu harwin i eglurder hynod iawn ac fe welwn hyn yn yr hyn a elwir yr Ail Eseia, sef, ail ysgrifennu'r weledigaeth yn y cyfnod ar ôl y Gaethglud. Yno y mae wedi dod yn gynhenid eglur, fel petae o'r tu mewn i'r weledigaeth, nad dim ond duw arall ymhlith y duwiau, yw'r Arglwydd y sonnir admano ond mai ef yw'r Duw sy ddim-yn-un-o'r-duwiau, sy'n debycach i ddim byd o gwbl, nag i dduw. Felly y mae pob ffurf arall o'r dwyfol yn dod dan feirniadaeth cwbl ddinistriol, a'r ymddangosiad llawnaf o Dduw yn edrych yn debyg i atheistiaeth gyflawn, wrth i'r holl ffurfiau dynol ar dduw, sy'n dafluniadau ohonon ni, wywo yn wyneb y darganfyddiad ein bod ni, yn dafluniadau, yn swyddogaethau Duw:

Yn wir Duw cuddiedig wyt ti,
Dduw Israel , y gwaredydd,
Cywilyddir a gwaradwyddir hwy i gyd;
Â'r seiri delwau oll yn waradwydd,
Ond gwaredir Israel gan yr ARGLWYDD
Â gwaredigaeth dragwyddol
Ni'ch cywilyddir ac ni'ch gwaradwyddir byth bythoedd.
Dyma a ddywed yr ARGLWYDD
Creawdwr y nefoedd, yr un sy'n Dduw,
Lluniwr y ddaear a'i gwneuthurwr, yr un a'i sefydlodd
Yr un a'i creodd, nid i fod yn afluniaidd
ond a'i ffurfiodd i'w phreswylio:
myfi yw'r ARGLWYDD, *ac nid oes arall;*
Nid mewn dirgelwch y lleferais,
Nid mewn man tywyll o'r ddaear;
Ni ddywedais wrth feibion Jacob,

'Ceisiwch fi mewn anhrefn
Myfi yr Arglwydd, *yw'r un sy'n llefaru cyfiawnder,*
Ac yn mynegi uniondeb.' (Eseia 45, 15-19)

Hynotach fyth yw gweld yn glir po fwyaf cyfoethog a dwfn y datblygodd gweledigaeth Eseia o Dduw, yna fwya i gyd yr oedd e'n canolbwyntio ar feirniadu'r ddynoliaeth. Felly po fwyaf byw a llawn sancteiddrwydd oedd yr amgyffrediad o Dduw, y mae'n dod yn bosibl beirniadu unrhyw beirianwaith crefyddol sy'n erlid, ac yn creu aberth. Dyma lle y mae Eseia yn datblygu "Caneuon y gwas" anghymarol sy, hyd y dydd hwn, yn dal yn llawn dirgelwch. Yn y rhain y mae na wahaniaeth rhwng Duw ac erlid pobl, ond daw'n bosibl dychmygu dechrau proses hael o fedru sefyll yn yr un fan â'r un sy'n cael ei erlid dros eraill. Mae hyn yn arwain, yn rhan olaf Eseia, a elwir nawr yn Drydydd Eseia, i feirniadu dinistriol ysgubol hollol ar ddiwylliant crefyddol y rhai a oedd, ar ôl dychwelyd o'r gaethglud, yn ail adeiladu'r Deml ac yn sefydlu crefydd purdeb newydd yn llawn gwaharddiadau. Y mae Eseia yn allwedd i ddeall y ffordd y mae'r nwyfusrwydd llwyr sy'n eiddo i'r Duw di-dduw, sy ddim yn un-o'r-duwiau, yn difetha pob cyfiawnhad crefyddol dros erlid. Gweledigaeth Eseia yw'r un mwyaf canolog i ddatblygiad Iddewiaeth y Testament Newydd sy'n gweld ei hunan yn gweithio'n llwyr y tu mewn i'r un broses o ddatblygu'r un ddealltwriaeth.

Y mae Jeremeia ac Eseciel, sy hefyd â'u llyfrau yn ein cyrraedd fel rhan o brosesau cymhleth golygu, addasu, a dehongli, yn ffigurau pwysig iawn hefyd. Fe fuon ni'n edrych yn y traethawd olaf ar y ffordd yr oedd y ddau yn trin mater aberthu plant. Mae'n edrych fel petae Jeremeia wedi etifeddu dealltwriaeth teyrnas y gogledd o Dduw yn cynnig "Ffordd" i bobl oedd ddim yn dibynnu ar reolau a rheoliadau ynglyn ag aberthu, Teml Jerwsalem a'r frenhiniaeth. O ddod i fyw i Jerwsalem ychydig cyn goruchafiaeth Babilon a fyddai'n ei ddinistrio, yr oedd Jeremeia'n chwerw feirniadol o ideoleg y Deml oedd yn ystyried bod Jerwsalem yn anorchfygol oherwydd presenoldeb Duw yn y Deml. Cafodd ei drin fel bradwr cableddus am ei drafferth, a chafodd y profiad anghyfforddus o weld ei fod wedi bod yn iawn pan syrthiodd Jerwsalem i Fabilon. Mae'n edrych fel pe bai e a'i ddisgyblion wedi bod yn bwysig iawn yn y broses o ddatblygu beth ddaeth i'w adnabod fel disgrifiad y Deuteronomydd o Israel, gan fychanu popeth cwltaidd, a rhoi yn ei le y syniad o gyfamod cyfraith, gan adrodd hanes pobl yr oedd eu trychineb mewn hanes yn gosb am eu pechodau a phechodau eu tadau. Eto lluniwyd y newid pwyslais i hanes moesol nid fel math o gred mewn tynged, ond fel ffordd o annog pobl i fod yn gymuned gyfamodol fyw. Fel mater o ddiddoredeb: yn hwyr yn ei oes (Jeremeia 44) gwelwn y proffwyd, bellach yn alltud yn yr Aifft yn cwrdd â chriw o offeiriaid oedd wedi cael eu halltudio o Jerwsalem, nid gan y Babiloniaid, ond gan rymoedd diwygiad Joseia ychydig ddegawdau'n gynharach. Mae'n eu dwrdio gan ddweud mai onibai am eu pechod hwy yn aberthu i Frenhines y Nefoedd, (ffigwr o dduwies a fu gynt yn cael ei hanrydeddu yn Jerwsalem), ni fyddai dim o'r trychinebau hyn wedi digwydd. Maen nhw'n naturiol yn ateb ei fod e'n gweld pethau yn gwbl o chwith. Tra'u bod nhw yn anrhydeddu'r Foneddiges Fawr, yr oedd popeth yn iawn. Dim ond ar ôl cael gwared ar y cwlt y daeth y gyflafan. Pwy, felly, oedd yn cael eu cosbi?

Yn olaf, Eseciel, offeiriad ceidwadol y Deml, â'i weledigaeth o Dduw yn troi o gwmpas y Cysegr Sancteiddiolaf yn y Deml. Cawn rhyw gip bach ar y gwahaniaeth rhwng y grefydd Hebreig yn Jerwsalem cyn y gaethglud a beth ddaeth ar ei ôl. Mae yng ngweledigaethau Eseciel o Dduw, lle y gellir adnabod rhywbeth o'r un byd â byd Eseia dros ganrif ynghynt, gymysgwch amhosibl ei chyfieithu o ran cenedl a rhif (ac y mae anhawsterau'r testun yn Eseciel yn anferth). Mae e'n adrodd am ddau wahanol Basg yr Arglwydd yn Jerwsalem, ond dyw'r naill na'r llall yn cyfeirio o gwbl at beth yr ydyn ni'n ei ddeall fel y Pasg – a'r cysylltiad â Moses a'r Ecsodus o'r Aifft. Cariwyd Eseciel bant yn alltud, ac fel offeiriad llwyddodd yn y dasg gwbl ryfeddol o dderbyn gweledigaeth o Dduw'n ymadael â'r cysegr sancteiddiolaf, ac yn wir â Jerwsalem, gan agor felly'r posibilrwydd o realiti presenoldeb Duw yn cael ei fyw'n annibynol ar le sanctaidd arbennig a dechrau dychmygu Teml newydd. Bu cadw'r weledigaeth gyfan yng nghyfnod y Gaethglud yn un o'r grymoedd allweddol i roi strwythur i'r profiad Hebreig. Ac mewn ffordd sy'n hynod i rai o feddylfryd modern, y duedd offeiriadol gref hon, nid llai na thueddfryd lleyg a chyfreithiol Jeremeia, oedd y ffordd i mewn i beth a fydden ni yn ei alw heddi yn duedd i seciwlareiddio. Yn Eseciel (Pennod 18) y dysgir cyfrifoldeb moesol yr unigolyn yn glir am y tro cyntaf, gan dorri oddiwrth y syniad y gallai Duw fod yn cosbi'r plant oherwydd pechodau eu tadau. Y mae'r ymdeimlad offeiriadol o natur fywiol Duw sy'n barhaol ac yn gyfoes fyw, yn poeni am bob un o'i blant, yn gwrthod mynd ar hyd y llwybr o wneud i Dduw gefnogi'r dynged foesol.

Felly dyna i chi dri phroffwyd. Rwy wedi treio'u cyflwyno nhw i chi fel echel ac allwedd sy'n agor drws i fudiadau dehongli, addasu a darganfod – dyfeisio yn yr ystyr gyfoethocaf o'r gair hwnnw, yn y gobaith y dowch, ym mhob un ohonyn nhw, o hyd i lawer mwy drosoch chi'ch hunain.

TRAETHAWD 4

YDI'R "LLYFR MAWR DU" YN EICH DYCHRYN ?

Sesiwn 2 Proffwydi ac Offeiriaid

CRYNODEB O'R SESIWN

Ar ôl i'r alltudion ddychwelyd o'r Gaethglud, o Fabilon i Jeriwsalem, daw cysyniadau i'r golwg am foesoldeb a phurdeb hiliol. Y llên proffwydol a llên doethineb a gadwodd yn fyw ddealltwriaeth wahanol, bod Duw yn gwbl hyfyw, a bod y Cread yn ymagor o'r Cysegr yn y Deml. Y mae'r berth sy'n llosgi heb ei difa yn symbol addas ar gyfer YDWYF, yr un sy'n gweithredu heb gystadlu â dim sy'n bod ac sy'n dwyn pobpeth i fodolaeth

PRIF SYNIADAU

1. Daeth yr alltudion, yr Iwdeaid, yn ôl o Fabilon i Jeriwsalem gan ddwyn rhaglen wedi ei seilio ar ideoleg foesol i greu'r gwir Israel. Nid oedd y fersiwn buredig hon yn cyd-weu â bywyd yr Hebreaid a adawyd ar ôl yn Israel.

2. Yr oedd y syniad o burdeb hiliol yn beth newydd i'r rhai a adawyd ar y tir. Ceir dadansoddiad beirniadol ohono yn llyfr Ruth.

3. Y mae llên broffwydol y cyfnod yn beirniadu'r gyfundrefn, newydd ei ffurfio, o burdeb a chau pobl allan. Yr oedd pobl yn dal i gofio y bu cwlt i YHWH gynt lle nad oedd dieithriaid, eunuchiaid ac eraill yn cael eu cau allan.

4. Y llên doethineb a gadwodd yn fyw y ddealltwriaeth offeiriadol o Dduw yn agor y Cread allan yn y Cysgr yn y Deml. Y gwrthwyneb i Ddoethineb oedd gwagedd neu oferedd.

5. Yr oedd y weledigaeth Ddeuteronomaidd yn canolbwyntio ar wrando ar eiriau'r Gyfraith a threfn foesegol y Deml.

SYNIADAU I SYNFYFYRIO ARNYNT

- Pan ddaeth yr alltudion adre o'r gaethglud fe ddaethant â gweledigaeth ddelfrydol o'u cartref. Sut ydych chi wedi ymateb pan nad yw realiti gystal â'ch breuddwyd neu'ch gweledigaeth?
- Ym mha ffordd y gall rheolau a threfn foesol fod yn gymorth i gymunedau?
- Ym mha ffyrdd y gall côd foesol fod yn dramgwydd? Beth sy'n digwydd i ni pan afaelwn mewn côd foesol am undod a hunaniaeth? Ym mha ffordd y gall côd foesol fod yn ddifaol?
- Mae James yn disgrifio'r darganfyddiad Iddewig fod Duw yn gwbl hyfyw ac nad yw'n cystadlu â dim sy'n bod. Ydych chi erioed wedi teimlo'n 'gwbl hyfyw'. Fedrwch chi ddisgrifio'r profiad?
- Ystyriwch beth y mae James yn ei feddwl wrth ddweud bod y berth sy'n llosgi heb ei difa'n symbol perffaith ar gyfer Duw nad yw'n cystadlu â dim sy'n bod, nid, hyd yn oed, angau.
- Yn Hebraeg wrth yngan y gair YDWYF mae'n swnio'n debycach i ebychiad yr anadl nag i air llafar. Ystyriwch yr enw YDWYF a pham y mae'n bwysig ei fod yn debyg i anadl na ellir dal gafael ynddo,

SYNIAD I GLOI

- Fe ddarganfu'r Hebreaid nad oedd Duw'n un o'r duwiau; rydyn ni heddiw'n dal i ddarganfod yr un peth.
- Pwy, neu pha dduwiau sy'n denu'ch defosiwn chi?
- Pa stori amdanoch chi a'ch cymuned y mae'r duwiau hyn yn ei gyfleu i chi?
- Ble neu trwy bwy ydych chi'n darganfod nad yw Duw'n un o'r duwiau?
- Pa stori newydd amdanoch chi a'ch cymuned y mae YDWYF yn ei gyfleu i chi?

TRAETHAWD 4

Ydi'r 'Llyfr mawr du' yn eich dychryn?(2)

Sesiwn 3 Duw yn cwbl hyfyw

Y Gaethglud, dychweliad amheus, Moses ac Iddewiaeth yr Ail Deml.

Wyddom ni ddim faint o boblogaeth Jerwsalem a gaethgludwyd i Fabilon rhwng 597 a 587. Ond carfan go fawr, os nad y cwbl o'r arweinyddiaeth yn y llys mewn gwleidyddiaeth a chrefydd. Y dosbarth llythrennog. Mae'n edrych fel petae'r gaethglud i Fabilon wedi bod yn gyfrifol am ysgogi a chreu'r offer i ddatblygu'r diwylliant crefyddol, diwylliant wedi ei seilio ar destun a fyddai'n datblygu dros nifer o ganrifoedd. Ysgrifennwyd testunau allweddol, golygwyd tameidiau, newidiwyd pwyslais. Cafodd llawer o beth gynhyrchwyd yn nheyrnas y gogledd, ac nad oedd yn dderbyniol iawn i chwaeth Jwdea, ei himpio ar stori Jwdea. Beth bynnag a ddigwyddodd o ran ffaith, yn ystod diwygiad Joseia yn y degawdau yn union cyn cwymp Jerwsalem, fe'i plethwyd i mewn i'r stori oedd yn datblygu ac yn dod i'r golwg. Gall mai yn ystod diwygiad Joseia y daeth cymeriad Moses i amlygrwydd, fel math o ddewis arall lleol, gwahanol i ideoleg frenhinol Assyria. Ond yn bwysiach, wrth i amser fynd heibio, ac ar ôl i Cyrus ganiatau i'r alltudion ddychwelyd i Jerwsalem, datblygwyd narratif am yr arweinydd mawr, rhoddwr y gyfraith, y proffwyd Moses, ac fe gyflwynwyd ei waith ysgrifenedig, a'i dabernacl crwydrol fel rhywbeth o fyd oedd yn bod cyn y brenhinoedd a'r temlau. Felly dychmygwyd rhaglen i greu gwir Israel nôl yn eu gwlad, ac fe'i gweithredwyd. Yr oedd y rhai a wthiai'r polisi yn cael eu galw'n Jwdeaid, y rhai gafodd eu halltudio o Jwdea i Fabilon ac a ddatblygodd y casgliad o beth oedd wedi digwydd gynt, a Moses ynghanol y stori.

Ac eto fel mewn unrhyw achos o alltudion yn dychwelyd i'w mam-wlad ar ôl cyfnod o absenoldeb, nid yw'r fersiwn buredig o beth adawson nhw ar eu holau, sy'n cael ei hadrodd gan y dychweledigion, a beth y maen nhw nawr am ei ail greu, yn gweu'n dwt iawn â bywydau'r rhai a adawyd ar ôl. Gall fod y fersiwn o beth ddigwyddodd yn y gorffennol sy'n cael ei hadrodd gan y rhai a arhosodd ar ôl a'u ffordd nhw o addasu i amgylchiadau gwleidyddol a chymdeithasol, fod yn wahanol iawn. Ac felly mae ganddon ni ymdrech gan y Jwdeaid i adennill grym, ac i ddarlunio rhaglen grefyddol a gwleidyddol arbennig, fel petae honno'n wreiddiol. Ond doedd hi ddim yn gwbl hysbys i weddill eu grwp ethnig – sef yr Hebreaid, trigolion llai llythrennog a mwy traddodiadol y tir. Beth bynnag mae na lawer o destunau'r Ysgrythurau yn tystio i broses o ddod i ddealltwriaeth ynglyn â realiti'r dychweliad dadleuol hwn. Gall hyd yn oed Cân y Caniadau, sy'n enwog fel cân serch, â'i gwreiddiau yn rhannol o leia, mewn trafodaeth gyfrin mewn côd o'r amodau y gallai arweinyddiaeth yr alltudion Jwdeaidd gael dychwelyd danynt i fyw yn Jerwsalem. Yr oedd angen côd yn wyneb awdurdodau Persia, ac yr oedd iaith "cariad" ar y pryd yn dra chyfamodol a gwleidyddol ac nid yn rhamantaidd a rhywiol fel ag y mae i'n clustiau ni.

Mae'n glir na chafodd yr ideoloeg foesol Ddeuteronomaidd newydd, oedd yn cael ei chyflwyno fel asgwrn cefn perthynas Duw ag Israel, ei derbyn yn heddychlon; y mae llyfr Job, yn ogystal â llawer o'r llên doethineb fel Ecclesiastes, yn beirniadu balchder moesol y farn sy'n dweud "os wnewch chi ymddwyn yn dda, fe fydd popeth yn mynd yn dda, ac os na fydd yn mynd yn dda, rhaid eich bod chi wedi ymddwyn yn wael." Ac wrth i raglen "efengyleiddio newydd" y wlad gan y Jwdeaid fynd yn ei blaen, fe wnaethpwyd hefyd ymdrechion i gyflwyno athrawiaethau ynglyn â phurdeb hil a oedd yn newydd-beth difrifol i'r rhai oedd wedi ystyried eu hunain yn rhan o adddoliad yr Arglwydd. Dyma'r cyfnod pan ddatblygodd hil yn ffon fesur i beth yr ydyn ni nawr yn ei alw'n Iddewiaeth, sef mai rhywun a enir i fam Iddewig sydd yn Iddew. Yr oedd gorfodi offeiriaid i ysgaru'r rhai oedd nawr yn cael eu hystyried yn wragedd 'estron' yn dal yn beth gwir ysgytwol ar y pryd. Felly fe ddaeth gweithredoedd o brotest llenyddol i'r golwg, rhyw bethau bach i atgoffa, hyd yn oed yn y stori swyddogol, bod Moses yn briod â gwraig o wlad Midian. Y mae llyfr hardd Ruth yn amlwg yn feirniadol o'r blaid crebachu a phuro, trwy atgoffa pobl fod mamgu'r Brenin Dafydd, Ruth, yn wraig o wlad Moab. Mwy, bod cariad Ruth at ei mam-yng-nghyfraith o Hebraes yn cael ei fynegi mewn fformiwla briodol i ddealltwriaeth y Deuteronomydd o'r berthynas rhwng Duw ac Israel. Lle y mae Deuteronomiwm yn dweud "Fe fyddwch yn bobl i mi, a byddaf innau yn Dduw i chwi" y mae Ruth yn dweud:

> *I ble bynnag yr ei di, fe af finnau; ac ym mhle bynnag y byddi di'n aros, fe arhosaf finnau, dy bobl di fydd fy mhobl i, a'th Dduw di fydd fy Nuw innau.* (Ruth 1.16)

Mae'r ysgrifennu proffwydol o'r cyfnod hwn (mae hynny'n aml yn golygu fersiynau o hen ysgrifeniadau proffwydol wedi eu golygu'n drylwyr iawn, gan nad oedd y sefydliad Jwdeaidd yn awyddus i barhau mynegiant proffwydol) – yn aml yn ail ddehongli beirniadaeth hynafol i fod yn dra-beirniadol o offeiriadaeth yr ail deml. Yr oedd y drefn grefyddol hon yn annog purdeb (sy'n golygu torri allan) wedi cael ei sefydlu ganddyn nhw – dim estroniaid, dim eunuchiaid, dim pobl dan anfantais. Felly cadwyd yn fyw gof am addoli YHWH yn y dyddiau gynt, pan nad oedd y fath bobl yn cael eu cau allan. Felly mae'r Trydydd Eseia yn proffwydo dychweliad pobl o'r fath. Ac y mae Malachi yn chwythu yn erbyn yr offeiriadaeth sydd ar waith yng nghyfnod yr Ail Deml mewn ffordd na all ond llawenhau calonnau beirniaid modern ar ymddygiad yr hierarchi Catholig!

Y llenyddiaeth ddoethineb a gynhaliodd yn fyw llawer o elfennau'r hen weledigaeth offeiriadol. Yn wir yr oedd "Doethineb" wedi ei chadarn glymu wrth y ddealltwriaeth o Dduw yn agor y Greadigaeth allan o'r Cysegr Sancteiddiolaf yn y Deml. Dyma oedd pwynt gweledigaeth bod popeth sydd, ar ôl cael ei ddwyn i fodolaeth gan Dduw, wedi ei hydreiddio, wedi ei gynnal odditano ac wedi ei drefnu fel pe bai i gerddorfa, gan Ddoethineb. Yr oedd Doethineb yn wreiddiol yn gymeriad benywaidd ochr yn ochr â Duw yn y creu. Roedden nhw'n ystyried colli'r hen fyd offeiriadol fel colli'r gallu i weld, a cholli Doethineb, fel na ellid gweld pethau mwyach yn union fel ag yr oedden nhw a'u tuedd at eu gogoniant wrth adlewyrchu Duw mewn pethau creedig.

Y peth gwrthwyneb i Ddoethineb oedd gwagedd, neu seithugrwydd a pethau'n tueddu at ddim ac yn troelli i lawr yn ddibwrpas. Yn naturiol yr oedd y weledigaeth hon yn wrthwyneb cryf i'r weledigaeth Ddeuteronomaidd; yno yr oedd "holi am y pethau sydd uwchlaw neu islaw" yn gael eu anghymeradwyo, ac roedd y pwyslais yn cael ei roi ar wrando geiriau'r Gyfraith yn lle hynny. Yn wir yn llyfr Deuteronomiwm mynnid fod y bobl ar Sinai heb weld ffurf duw, dim ond wedi clywed y geiriau. Ond nid yw'r protestiadau yn cael eu mygu'n llwyr ac yn llyfr y Diarhebion er engraifft, mae na ddarn hir a phrydferth (1.20-33) lle y mae

Doethineb a hithau'n siarad fel duwies sydd wedi cael ei gwrthod a'i thaflu allan, yn cwyno yn erbyn y rhai sydd wedi ei gwrthod a'r weledigaeth sy ganddi i'w gynnig.

Dyma ni felly; dechreuadau crefydd sy'n dibynnu ar destun ond hefyd yn creu strwythur Teml llawer mwy moesegol, hunaniaeth llawer mwy llym ac amddifynnol, a datblygu testunau sy'n dadlau â'i gilydd, grwpiau'n golygu'r testunau, dadleuon am beth oedd i mewn a beth oedd mâs, rhannau helaeth o'r boblogaeth ar yr un donfedd ag atgofion gwerin am beth oedd ystyr hynafol addoli YHWH mewn cyfnod llawer cynharach. Mae hyn i gyd yn y cefndir wrth i ni agosau at gyfnod pan yw'r testunau yn dechrau cael eu casglu i rywbeth tebyg i'w ffurf bresennol.

Datblygu'r "canon" neu restr llyfrau'r Ysgrythur

(***Gellir defnyddio'r adran hon ar wahan***)

Rwy wedi disgrifio i chi'n barod y ffordd y gallwn dynnu llun y-funud-honno o'r broses o olygu'r testunau yn y drefn dyddio o gyfnod o bedair mil o flynyddoedd mae'n ein rhoi'n ni'n bendant yn y flwyddyn 164 CC. Ond mae'n werth sylwi bod y dystiolaeth destunol sy gyda ni o fodolaeth casgliad o'r cyfnod hwnnw, yn dod ar lun beth sy nawr yn cael ei alw'n gyfieithiad y *Deg a Thrigain*. (Septuagint) Dyma'r cyfieithiad Groeg o'r Ysgrythurau Hebraeg a wnaed yn Alecsandria rhywbryd rhwng y flwyddyn 300 a'r flwyddyn 132 CC. Dyma, fel mater o ffaith, y ffurf hynaf sy gyda ni o'r ysgrythurau Hebreig. Ac mae'n ddryswch i lawer o bobl bod y cyfieithiad Groeg yn fwy hynafol na dim o'r testunau Hebraeg sydd wedi goroesi, y rhai y cyfieithwyd hwy oddi wrthyn nhw yn y lle cyntaf. Daeth yr odrwydd hwn yn gliriach ar ôl darganfod ym 1948 drysorfa ryfeddol o lawysgrifau hynafol yn Qumran, ger y Môr Marw. Mae'r tameidiau testun Hebraeg sy' ar ôl, y rhai hynaf sy gyda ni, yn dyddio o rywle rhwng 150 CC a 70 OC. Mae'r rheini sy'n destunau Ysgrythurol yn aml yn hynod debyg i'r testunau llawer mwy diweddar yr ydyn ni'n gyfarwydd â nhw. Ond maen nhw hefyd mewn amryw fannau yn agosach at y *Deg-a-Thrigain* nag at y testunau mwy diweddar yr ydyn ni'n gyfarwydd â nhw. Aeth y testun Hebraeg, mae'n amlwg, trwy gryn adolygu rhwng y drydedd ganrif cyn Crist a'r ganrif ar ôl Crist, ac ers y cyfnod hwnnw, fe fu'n llawer mwy sefydlog. Cafodd ei ffurf bresennol, y gyfeirir ato fel y Testun Masoretic, ei sefydlu'n derfynol yn yr wythfed a'r nawfed ganrif.

Y mae hyn i gyd yn tystio i'r ffordd yr oedd y tri chan mlynedd cyn ein cyfnod ni yn gyfnod o bwysigrwydd mawr yn natblygiad rhestr o'r Ysgrythur. O edrych ar y *Deg a Thrigain*, a'r Qumran mae'n amlwg bod nifer fawr o destunau eraill yn cylchredeg, a oedd yn cael eu hystyried yn bwysig iawn ar y pryd. Mae gennym ni rai yn eu cyfanrwydd ac eraill yn rhannol, ac mae na rai sy ddim ganddon ni. Mae na ryw awgrymiadau bach am yr ysgrifeniadau hyn drwy'r Testament Newydd, sydd, yn ddigon od, yn dyst testunol i gasgliad Hebraeg cyfoethocach na'r un y gwnaeth Iddewiaeth Rabinaidd ei hetifeddu. Er enghraifft, cyfeirir yn eglur iawn at lyfrau'r Macabeaid, ac at lyfr Doethineb. Nid aeth y naill na'r llall i mewn i'r testun Masoretic. Yr oedd Llyfrau Jubili ac Enoch yn destunau cwbl dderbyniol cyn ac yn wir hyd at, ac ychydig ar ôl, cyfnod Crist. Fel mater o ffaith, yr oedd rhychwant y defnyddiau derbyniol a'r rhai oedd yn destun dadlau yn eu cylch, a'r grwpiau oedd yn eu dehongli ac yn eu meithrin ym Mhalesteina cyn Rhyfel Jwdea a gwarchae Rhufeinig ar Jerwsalem yn 70 OC, yn eang iawn iawn. Er nad oedd y fath lyfrau'n cael eu trin fel rhan o'r Torah, doedd hynny ddim o reidrwydd am eu bod yn cael eu hystyried yn heresi – yn wir weithiau roedden nhw'n cael eu cadw ar wahan am eu bod yn cynnwys gwybodaeth arbennigol offeiriadol neu wybodaeth gyfriniol. Dim ond dros gyfnod hir o amser y daeth y rhestr llyfrau a adnabyddir fel TANAKH (Torah, Nevi'im wa Khetucim – y Gyfraith, y Proffwydi a'r Ysgrifeniadau) i'w chau. Cafodd y cyfnod hwn ei gwtogi'n sylweddol ar ôl cyflafan 70 OC oherwydd yr angen dwys a wynebwyd gan y rhai nad oedd wedi derbyn *Iddewiaeth Testament Newydd* eto i ail sefydlu prosiect Israel heb Deml, gyda ffiniau clir ideolegol. Cafodd y rhestr honno, y canon a ystyrir hyd heddiw yn awdurdodol gan Iddewiaeth Rabinaidd, mo'i chau tan ar ôl adfent *Iddewiaeth Testament Newydd*, a hynny yn rhannol mewn ymateb iddo.

Dyna pam, mewn Beibl modern Cristnogol, fe gewch, yn ogystyal â chyfieithiadau modern o'r Beibl Hebraeg, amryw lyfrau cyfan neu dameidiau "deutero-ganonaidd". Darnau yw'r rhain sydd wedi eu cynnal mewn anrhydedd litwrgaidd ers dyddiau cynnar iawn gan nifer o eglwysi Cristnogol gwahanol yn y dwyrain canol. Tan rhyw genhedlaeth yn ôl fe fyddai pobl wedi cymeryd yn ganiataol, pe bai na wrthdaro yn y testun rhwng yr Hebraeg Masoretic a'r Deg a Thrigain, y dylid rhoi'r flaenoriaeth i'r Hebraeg, gan fod pobl yn cymeryd yn ganiataol ei bod yn fwy hynafol, a bod y Groeg yn amheus, am fod Cristnogion, o bosibl, wedi ymyrryd ynddo fe. Ond nawr mae wedi dod i'r golwg fod y Groeg, mewn llawer achos, yn dyst hynafol gwell i'r testun, ac mae llawer o'r cyfieithiadau modern sydd ar gael yn adlewyrchu hynny.

Undduwiaeth, creu o ddim, ac atgyfodiad.

Un o'r pethau od am y broses ysgrythurol hon yw bod y llyfr sy'n tystio, yn ei destun, i ganlyniadau y torri drwodd i undduwiaeth gan Eseia, ddim yn y canon Iddewig. Daliwch eich gafael wrth i mi fynd â chi at y testun hwn sy'n torri trwodd i dir newydd! Y mae llyfr Eseia yn llawer cynharach ac yn ddiogel yn y canon, yn tystio i ddealltwriaeth newydd o Dduw nad yw'n un-o'r-duwiau, hynny yw, i Dduw sy'n *debycach i ddim-byd-o-gwbl, na dim arall sy'n bod*. Dyma'r Duw nad yw ei nwyfusrydd llwyr a'i hoen ddim mewn cystadleuaeth â dim sydd yn bod. Yn hytrach, y mae popeth sydd yn swyddogaeth o eiddo Duw, yn dibynnu ar Dduw. Does dim sydd yn bodoli yn elyn i Dduw, na hyd yn oed yn medru bod yn elyn i Dduw. Yn hytrach, ni, sydd â'n calonnau a'n meddyliau dan bwysau ofn a thrais sy'n tueddu i briodoli i Dduw ran yn ein hymgais i adeiladu trefn ac ymglymu wrth angau.

Y mae datrys terfynol ar y weledigaeth hon o eiddo Eseia ei hun yn digwydd mewn dwy ffordd. Nid yw'r creu yn fater o osod strwythur a threfn dros rhyw fath o anrhefn, fel y mae'n tueddu bod i ni. Yn hytrach y mae'r creu yn bod cyn bodolaeth unrhyw drefn na strwythur, sy'n faterion cwbl ddynol, ac nid yw'n oruwch nac yn wrthwyneb i ddim byd o gwbl.

Felly i Dduw, nad yw'n cystadlu â dim sy'n bod, y mae'r creu yn dod *allan o ddim*. Ymhellach, y mae angau, sy'n amlwg yn rhan o brofiad y ddynoliaeth i gyd, ac sydd mewn gwirionedd yn strwythuro'r holl brofiad o fod yn ddynol, yn un o'r pethau nad yw Duw yn cystadlu ag ef o gwbl. Yn gryno felly, nid yw Duw yn adnabod angau fel gelyn, dim ond fel un o ffiniau ein bioleg y mae Duw trwyddo yn ein cynnal mewn bodolaeth. Eto'n gryno, i Dduw, mae angau yn *rhywbeth nad yw'n bod.*

Nawr mae'r testun cyntaf, sy gennym ni yn y traddodiad Hebreig, sy'n siarad heb betrusdod am y creu-o-ddim ac am atgyfodiad y meirw, yn dod yn 2 Macabeaid. Yno y mae mam y brodyr Macabeaidd yn annog ei meibion i dderbyn merthyrdod ar law'r brenin cenhedlig drwg, yn hytrach nag ildio i'w berswâd i anufuddhau i Gyfraith Moses.Yn hytrach mae hi'n tystiolaethu i werth y dewis hwn, y ddealltwriaeth o Dduw sy'n dwyn pethau i fodolaeth o ddim ac sy'n cynnal bywyd y rhai sydd yn feirw:

> *Yr wyf yn deisyf arnat, fy mhlentyn, edrych ar y nef a'r ddaear a gwêl bopeth sydd ynddynt, ac ystyria mai o ddim y gwnaeth Duw hwy, a bod yr hil ddynol yn dod i fodolaeth yn yr un modd. Paid ag ofni'r dienyddiwr hwn, ond bydd deilwng o'th frodyr. Derbyn dy farwolaeth, er mwyn i mi dy gael yn ôl gyda'th frodyr yn nydd trugaredd.* (2 Mac 7, 28-09)

Peth i sylwi arno yma, fel yn Eseia, yw mai wynebu trefn ddynol erlidiol, munud o erledigaeth, sy'n gwneud yn bosibl y dystiolaeth mwyaf cyflawn hwn i fywyd dihysbydd Duw. Y mae hefyd yn glir nad ydyn ni yma, wrth siarad am athrawiaethau fel "y creu"neu "atgyfodiad oddiwrth y meirw" ddim yn trafod disgrifiad o brosesau sydd rhywsut yn fewnol i bethau sy'n bodoli yn y cread. Yn hytrach sôn yr ydyn ni am agweddau ar nwyfusrwydd unigryw Duw. Ac yn y termau hynny, wrth gwrs, yr atebodd Iesu'r Sadwceaid (Marc 12.18-27) a'u tebyg. Grwp elitaidd braidd oedd y Sadwceaid oedd yn mynnu nad oedd atgyfodiad y meirw. Fe roddodd un ohonyn nhw wahoddiad i Iesu i sylwi ar y pwnc mewn ffordd oedd yn amlwg wedi ei godi o'r stori am y Macabeaid. Yr oedd y rhain yn enghreifftiau eiconaidd am y gred boblogaidd yn yr atgyfodiad, gan fod y cwestiynnau y maen nhw'n eu holi am saith brawd sy'n marw, un ar ôl y llall. Dyma ateb Iesu: "Onid dyma achos eich cyfeiliorni, eich bod heb ddeall na'r Ysgrythurau na gallu Duw?" Mae hwn yn dwyn i'r golau union ganlyniadau llawnaf darganfod undduwiaeth – sef creu o ddim, a'r anfarwoldeb sy'n llifo oddiwrth Dduw – y gwelson ni ar waith drwy'r Ysgrythurau Hebreig.

Darllen y testun mawr "Myfi Yw"

Yr oedd y Sadwceaid wedi llunio'u cwestiwn eironic, a'r cefndir yw stori gyfarwydd y Macabeaid. Wrth ateb y mae Iesu yn rhoi fel enghraifft o ddawn Duw a'r Ysgrythurau, y stori am Foses a'r berth yn llosgi o lyfr Ecsodus, lle y mae Duw yn dweud wrth Moses "Myfi yw Duw Abraham, Duw Isaac a Duw Jacob". Pwynt Iesu yw bod Duw, sy ddim yn adnabod angau, a'r bobl hyn sy' wedi marw ers cantoedd yn nhermau cronoleg tybiedig hanes bywyd Moses, yn fyw. Os oedden nhw'n fyw i Dduw, wedi eu cyffwrdd, fel petae, â nwyfusrwydd Duw, yn cael eu cynnal yn y presennol gan un yr oedd ei bresenoldeb y tu hwnt i amser, yna, yr oedden nhw'n fyw. Y ffaith bod Duw yn fyw, ei nwyfusrwydd llwyr sy'n cyfri, wrth geisio deall y pethau hyn i gyd.

Fe garwn ddwyn i ben ein hymdrech gyflym i agoshau'n gyfeillgar at yr Ysgrythurau Hebraeg trwy ddarllen gyda chi y testun godidog hwnnw am y Berth yn Llyfr yr Ecsodus; er mwyn i chi gael rhyw ymdeimlad o ba fath o beth mewn gwirionedd yw'r undduwiaeth Iddewig sy'n dod i'r golwg o'r traddoddiad beiblaidd. Dyma destun Ecsodus 3. 1-15:

> *Yr oedd Moses yn bugeilio defaid ei dad-yng-nghyfraith Jethro, offeiriad Midian, ac wrth iddo arwain y praidd ar hyd cyrion yr anialwch, daeth i Horeb mynydd Duw.*

Felly, dyma i chi Moses, alltud Hebreig o'r Aifft, yn briod ag estrones, wrthi'n bugeilio.

> *Yno ymddangosodd angel yr Arglwydd iddo mewn fflam dân o ganol perth:*

Nawr wrth y gair angel, peidiwch a dychmygu'r "negesydd ag adenydd" modern. Yn y ddealltwriaeth hynafol hon mae'r gair "angel" yn cael ei ddefnyddio i gyfeirio at enghraifft benodol leol o'r Arglwydd yn ymddangos – yr Arglwydd yn dod yn weladwy yn lleol.

> *Edrychodd yntau a gweld y berth ar dân ond heb ei difa.*

Sylwch os gwelwch yn dda fanylder eithriadol yr ymddangosiad hwn o YHWH: am mai Duw yw Creawdwr popeth sydd, ac felly ddim mewn cystadleuaeth ag unrhyw beth sy'n bod, y mae symbol priodol o ymddangosiad YHWH yn golygu rhywbeth sydd wedi cael ei newid, ac eto wedi ei adael yn union yr un fath. Mae wedi ei greu mor helaeth fel nad yw hyd yn oed ei ddinistr yn ei ddinistrio.

> *A dywedodd Moses "Yr wyf am droi i edrych ar yr olygfa ryfedd hon, pam nad yw'r berth ar dân ond heb ei difa".*

Wel siwr iawn! Os ydych eisiau diffiniad cryno o Dduw dyma fe *"yr olygfa ryfedd hon – pam nad yw'r berth ar dân ond heb ei difa"* – sy'n cwbl ganolog i weledigaeth Eseia. Sylwch fod yr ymddangosiad (*theophani*) yma o Dduw yn ymddangos fel petae'n rhywbeth ymylol i Moses, nid rhywbeth i edrych yn syth ato, ond rhywbeth y mae'n rhaid troi ato.

> *Pan welodd yr Arglwydd ei fod wedi troi i edrych, galwodd Duw arno o ganol y berth,*

Unwaith eto mae'r manylder yn rhyfeddol. Mae'n rhaid i Dduw ddal sylw Moses, ac mae e wedi llwyddo i wneud hynny. Dim ond ar ôl dal ei sylw y gall y symbol fod yn fwy o weithred o gyfathrebu, oherwydd dyna mae'n ei olygu pan ddywedir fod Duw nawr yn gallu galw arno allan o'r berth.

> *"Moses, Moses!" Atebodd yntau "Dyma fi."*

Felly mae Duw yn galw Moses wrth ei enw, gweithred o gyfathrebu gwir bersonol â pherson arbennig sydd yma, nid cyfathrebu dwyfoldeb gyffredinol haniaethol. Ac y mae ateb Moses "Dyma fi" yn ei baratoi ar gyfer y gwrthdroad sydd ar fin ei oddiweddyd. Beth bynnag a olygir wrth y "Fi" sydd "Yma", mae e ar fin cael ei droi'n llwyr wyneb i waered gan yr "Ydwyf", ac fe fydd, wrth fod wyneb yn wyneb ag ef, yn derbyn rhodd bodolaeth.

> *Yna dywedodd Duw "Paid â dod ddim nes; tyn dy esgidiau oddi am dy draed, oherwydd y mae'r llecyn yr wyt yn sefyll arno yn dir sanctaidd."*

 Moses wedi dod yn agos, ac wedi cael clywed rhywbeth sy â blas cyfarwydd arno, mae'n cael ei wthio nôl, arwydd bod dechrau cyfathrebu efallai'n teimlo'n gyfarwydd, ond y bydd ei rym llawn yn debycach i gael ei droi o gwmpas yn llwyr yn ei fywyd, nag i rywbeth cyfarwydd.

> *Dywedodd hefyd "Duw dy dadau wyf fi, Duw Abraham, Duw Isaac a Duw Jacob."*

Dyma'r adnod wnaeth Iesu ei dyfynnu a gallwn weld fod y cyflwyniad yn digwydd yng nghyd-destun rhyw orffennol. Mae'r Duw sy'n llefaru yn dangos ei hunan fel dilyniant gynhaliol mewn stori y mae Moses yn mynd i gael ei hunan yn cael ei osod i mewn iddi.

> *Cuddiodd Moses ei wyneb, oherwydd yr oedd arno ofn edrych ar Dduw.*

Eto, sylwch ar y ceinder Yahwistaidd. Yn gyntaf mae Duw yn apelio at Moses trwy arwydd gweladwy, sy fel mater o ffaith yn ei ddenu gerfydd ei lygaid. Fe'i disgrifir fel Angel yr Arglwydd. Ond yna wrth i lawnder beth sy'n cael ei gyfleu ddod yn amlwg, y mae'r gweladwy yn ormod i'w oddef, ac y mae Moses yn cuddio'i wyneb.

> *Yna dywedodd yr Arglwydd, "Yr wyf wedi gweld adfyd fy mhobl yn yr Aifft a clywed eu gwaedd o achos eu meistri gwaith, a gwn am eu doluriau. Yr wyf wedi dod i'w gwaredu o law'r Eifftiaid, a'u harwain o'r wlad honno i wlad ffrwythlon ac eang, gwlad yn llifeirio o laeth a mêl, cartref y Canaaneaid, Hethiaid, Amoriaid, Peresiaid, Hefiaid a Jebusiaid. Yn awr y mae gwaedd pobl Israel wedi dod ataf, ac yr wyf wedi gweld fel y bu'r Eifftiaid yn eu gorthrymu. Tyrd, yr wyf yn dy anfon at Pharo er mwyn iti arwain fy mhobl, meibion Israel, allan o'r Aifft.*

Mae Duw yn dal ati i ddatguddio'i hun, ac mae'r hunan ddatguddiad yn dangos diddordeb twymgalon, ymroddiad a thrugaredd wrth grwp arbennig o bobl sy ar yr ochr isa i sefyllfa wleidyddol benodol a hanesyddol. Mae hyn dipyn mwy o syndod nag y mae'n swnio i'n clustiau cyfarwydd ni. Byddai bod i Dduw gael ei glymu wrth fuddiannau pobl mewn cytgord â strwythurau grym ac awdurdod y grwp, yn agos i gysegrfan, yn beth gwbl gyfarwydd. Ond dyma hunan ddatguddiad o gariad at bobl heb eu clymu at le na chysegr, ac yn wir yn dangos ei hunan fel rhywbeth annibynol ar le, yn tanseilio strwythur wleidyddol ac yn weithredol mewn hanes ac yn dwyn rhywbeth newydd i fod, o ochr isa hanes. Ac mae'n dod yn amlwg ar un waith nad ydi cyfarchiad personol Duw i Foses yn fater syml o gyfleu ffaith; yn hytrach galwad yw e sy'n cychwyn proses, a bydd yn troi o gylch person Moses a'r bobl y mae e'n mynd i'w harwain yn tyfu i fod yn realiti newydd.

> *Ond gofynnodd Moses i Dduw "Pwy wyf fi i fynd at Pharo ac arwain meibion Israel allan; o'r Aifft?"*

Y mae ymateb Moses yn dra rhesymol; mae e eisiau sicrwydd bod yna rhywbeth ynddo ac ohono ef, Moses, sy'n ei wneud e'r math iawn o berson ar gyfer tasg fel hon. Rhyw fath o sicrwydd. Ac wrth gwrs dyw Duw ddim yn ymuno yn y gêm honno. Fel mater o ffaith y mae diffyg ateb Duw yn wyrth fechan gywrain.

> *Dywedodd yntau "Byddaf fi gyda thi; a dyma fydd yr arwydd mai myfi sydd wedi dy anfon: wedi iti arwain y bobl allan o'r Aifft, byddwch yn addoli Duw ar y mynydd hwn".*

Bydd gweithredu Duw ar ei ran yn ddigon i Moses er na alle fe ddal gafael ynddo. A mwy, bydd yr arwydd a gaiff e, ddim ond yn dod yn y dyfodol; ar y diwedd, pan yw Moses wedi dwyn y bobl i'r mynydd i gael y cyfamod y bydd yn derbyn y sicrwydd mai YHWH oedd yn gweithio'r cwbl drwyddo ef. Yn lle derbyn sicrwydd y gall afael ynddo, rhywbeth o'i orffennol neu ohono ef ei hun, y mae Moses yn mynd i orfod derbyn fel sicrwydd ei fod yn cael ei gynnal, ac y daw ef i fod yn rhywun na all e eto'i ddychmygu, rhywun i'w dderbyn o ddyfodol nad yw eto wedi ei feddiannu.

> *Yna dywedodd Moses wrth Dduw "Os af at feibion Israel a dweud wrthynt, 'Y mae Duw eich tadau wedi fy anfon atoch', beth a ddywedaf wrthynt os gofynnant am ei enw?"*

Mae Moses eto'n gall ddigon yn chwarae mig â Duw. Y mae enw'n ffynhonnell grym, rhywbeth y gellir gafael ynddo, yn "fe" neu'n "Ef" y gellir siarad amdano, ei ddyfeisio, ei ddefnyddio yn wyneb amryw o elynion. Yn gall ddigon, os yw pobl Israel yn yr Aifft yn mynd i gael eu perswadio i wynebu Pharo, fe ofynnir i Moses pa gardiau sy ganddo yn ei law.

> *Dywedodd Duw wrth Moses "YDWYF YR HWN YDWYF"*

Dyma, felly, ateb yr atebion, ac ar yr un pryd y pennaf ddim-ateb-o-gwbl. Oherwydd y mae'r un Duw sy ddim yn cystadlu â dim sy'n bod, ac sy'n bwriadu dod â rhywbeth newydd i fodolaeth trwy ddefnyddiau tra anaddawol, yn gwbl y tu allan i ffurfiau cyffredin o ymddygiad dwyfol, hefyd yn gwrthod bod yn Beth nac yn Ef. *YDWYF*, ond yna *BYDDAF YR HWN Y BYDDAF.* (Mae hwn o bosibl yn gyfieithiad llai camarweiniol o'r cymal eithriadol o annirnad hwn.) Dyma rywbeth na ellir gafaelyd ynddo, yn dod tuag atoch chi, a'r "amhosibl gafaelyd ynddo" yn hanfod i beth sy'n mynd mlaen. *YDWYF* yw'r un sy'n troi mâs i fod yn weithredydd go iawn, yr un sy'n dwyn popeth i fodolaeth; ac felly dim ond i'r graddau y mae rhywun yn rhoi'r gorau i dreio bod yn "*ydwyf* " yn wyneb Duw, yn treio gwneud Duw yn "beth" neu'n "ef" y bydd y person, neu'r grwp yn dechrau derbyn eu hunain, eu gwir "hunain", eu gwir *Ydwyf* israddol, fel grwp neu fel personau unigol. Yn wyneb yr "*YDWYF*", y gweithredu pur bwriadus, anfrysiog, yn creu ac yn symud, dim ond symtomau yw'r cwbl ohonom, yn *bethau,* yn *nhw* sy'n cael eu newid i fod yn *ni* ac yn *fi* trwy broses hanesyddol o berthyn, yn y fan lle y cawn ein hunain yn cael ein galw i addoli yr Arglwydd.

Dywed hyn wrth feibion Israel "Ydwyf sydd wedi fy anfon atoch".

Sylwch os gwelwch yn dda, nag ydi hwn ddim yn orchymyn defnyddiol iawn. Ystyriwch y ramadeg. Holl bwynt "YDWYF" yw nad ydyw'n "beth" nac yn "ef", ac felly nid yw berf yn y trydydd person unigol yn gwneud synnwyr o unrhyw fath. Yr unig ffordd bosibl y bydd Moses yn medru cyfleu'n ddilys mai YDWYF sy'n ei anfon, fydd trwy ddyfod ei hunan yn fwy fwy gweladwy fel arwydd byw o YDWYF.

> *Dywedodd Duw eto wrth Moses, "Dywed hyn wrth feibion Israel, 'Yr Arglwydd, Duw eich tadau, Duw Abraham, Duw Isaac, a Duw Jacob sydd wedi fy anfon atoch; dyma fydd fy enw am byth, ac fel hyn y cofi amdanaf gan bob cenhedlaeth"* (Ecsodus 3.14)

Mae Duw yn ychwanegu'r wybodaeth hon bod pobl Israel i ddysgu dehongli popeth sy'n digwydd iddyn nhw o hyn ymlaen drwyddo fe, fel petae o fewn i un gweithred unol. Bydd yr enw YDWYF neu BYDDAF YR UN A FYDDAF yn cael ei ddatguddio fel yr enw lleia camarweiniol i'r un a fu'n weithredydd eu hanes ar hyd yr amser dan wahanol enwau a theitlau. Gellir gwaredu'r enwau rheini nawr, wrth i Greawdwr popeth, profiad o erledigaeth, a dwyn pobl newydd i fodolaeth, osod siâp ffurfiannol ar y profiad Hebreig.

Gobeithio na fydd wedi dianc o'ch sylw faint sy'n gyffredin rhwng strwythur sylfaenol y *theophani* yn Emmaus ble y dechreuoedd y cwrs yma, a'r stori hon, stori'r berth. Lle mae gyda chi lwyn sy'n llosgi heb ei difa, a dyn sy'n farw ond eto'n dal i weithredu trwy gyfathrebu bywiol sy'n uno, y mae gennych yr un diffyg cystadlu rhwng Duw a phopeth sydd. Yr un bod a gyfarwyddodd, trwy symud o ddehongli i drawsnewid, y rhai oedd yn meddwl eu bod yn weithredwyr ond a gafodd ei hunain yn troi i fod yn sumptomau llon o weithredu llawer cyfoethocach, dyfnach a mwy grymus.

Gobeithio'ch bod chi wedi cael rhyw awgrymiadau o sut y gall y "llyfr mawr du" fod, yn hytrach nag yn arf i labystiaid moesol, o'i ddal mewn dwylo sydd ddim ag ofn arnyn nhw, ddod yn fan chwarae ar gyfer gweithred o gyfathrebu gan Dduw sy'n troi ynom ni'n barchedig a rhyfeddol ofn.

TRAETHAWD 4

Ydi'r "Llyfr Mawr Du" yn eich dychryn? (Rhan 2)

Sesiwn 3 Duw yn gwbl hyfyw

CRYNHOI'R SESIWN

Wrth i'r alltudion ddychwelyd o Fabilon i Jeriwsalem daw syniadau am foesoldeb a phurdeb hiliol i'r golwg. Ond yn ysgrifeniadau'r proffwydi a'r Llên Doethineb cadwyd yn fyw ddealltwriaeth gwahanol o Dduw cwbl hyfyw, ac o'r Cread yn ymagor o'r tu mewn i'r Cysegr yn y Deml. Y mae'r berth yn llosgi heb ei difa yn symbol addas o YDWYF, y gweithredwr (*protagonist*)nad yw'n cystadlu â dim sy'n bod ac sy'n dwyn popeth i fodolaeth.

PRIF SYNIADAU

1. Y mae'r alltudion, sy'n dychwelyd o Fabilon i Jeriwsalem a elwir yn bobl Jiwda yn dwyn gyda hwy fwriad i greu gwir Israel wedi ei seilio ar ideoleg foesol. A doedd y fersiwn buredig hon ddim yn cyd-weu â bywydau'r rhai a adawyd ar ôl, sef yr Hebreaid.

2. Newydd-beth oedd y syniad o burdeb hiliol i'r rhai a arhosodd yn y wlad ar hyd yr amser. Ceir beirniadaeth ar y safbwynt hwn yn Llyfr Ruth.

3. Yr oedd ysgrifeniadau'r proffwydi yn y cyfnod hwn yn beirniadu'r drefn grefyddol o burdeb a gwaharddiad oedd newydd ddod i'r golwg. Yr oedd cof yn dal am addoli YHWE mewn cyfnod cynharach pan nad oedd dieithriaid, eunuchiaid ac eraill yn cael eu cau allan.

4. Cadwodd y Llên Doethineb yn fyw ddealltwriaeth yr offeiriaid o Dduw yn agor y Cread o'r Cysegr yn y Deml. Y gwrthwyneb i Ddoethineb oedd gwagedd neu oferedd.

5. Yr oedd y weledigaeth Ddeuteronomaidd yn canolbwyntio ar wrando geiriau'r Gyfraith a strwythur foesol y Deml.

6. Yn llyfr 2 Macabeaid 7:28-29 y cawn y testun cynharaf yn y traddodiad Hebreig sy'n llefaru'n ddiamwys am y Creu o ddim, ac am atgyfodiad y meirw.

7. Yn Ecsodus 3:1-15 cawn ymdeimlad o beth yw gwir natur y math o undduwiaeth Iddewig sy'n tyfu o'r traddodiad beiblaidd.

8. Y mae'r berth sy'n llosgi heb ei difa yn symbol addas ar gyfer ymddangosiad Duw nad yw'n cystadlu â dim sy'n bod.

9. Mae'r symbol yn tyfu i fod yn weithred o gyfathrebu wrth i Dduw alw ar Moses wrth ei enw.

10. Nid rhywbeth y gellir gafael ynddo yw YDWYF ond rhywbeth sy'n agoshau atoch, gan brofi ei fod yn gweithredu, yn un sy'n dwyn popeth i fodolaeth, a ninnau'n ddim ond symptomau ymylol ohono.

11. Y mae Duw yn dwyn i fodolaeth bobl newydd sydd i fod i ddehongli popeth sy'n digwydd iddyn nhw o hyn ymlaen o'r tu mewn i'r gweithredu unol hwn.

DATBLYGIAD Y CANON

PRIF SYNIADAU

1. Cafodd y cyfieithiad Groeg o'r ysgrythurau Hebraeg, y Septuagint, ei wneud yn Alexandria rhywbryd rhwng 300-132 CC; dyma'r testun hynaf o'r ysgrythurau Hebreig sydd gennym

2. Yn nhestun y Testament Newydd ceir cyfeiriadau at destunau oedd yn cylchredeg ac a ystyrid yn bwysig ond na chafodd eu derbyn i'r testun Masoretic; hwnnw yw'r rhestr o ysgrythurau awdurdodedig a luniwyd gan y rabbïaid yn yr wythfed neu'r nawfed ganrif o'n cyfnod ni, y cyfnod ar ôl Crist.

MATERION I'W TRAFOD

- Pan ddychwelodd yr alltudion daethant â gweledigaeth ddelfrydol o'u mamwlad. Sut ydych chi wedi ymateb pan nad oedd realiti cystal â'r freuddwyd neu'r weledigaeth?

- Sut y gall rheolau a threfn foesol helpu cymunedau?
- Ym mha ffordd y gall trefn foesol wneud drwg?
- Beth sy'n digwydd pan ddefnyddiwn ni drefn foesol i'n huno a rhoi hunaniaeth i ni?
- Y mae James yn disgrifio'r Iddewon yn darganfod bod Duw yn gwbl hyfyw ac nad yw Duw yn cystadlu â dim sy'n bod. Ydych chi erioed wedi teimlo'n hyfyw? Allech chi ddisgrifio'r profiad?
- Ystyriwch beth mae James yn ei feddwl wrth ddweud bod y berth sy'n llosgi heb ei difa'n symbol perffaith o Dduw nad yw'n cystadlu â dim sy'n bod, nid angau hyd yn oed?
- Yn yr Hebraeg wrth ynganu YHWH (YDWYF) mae'n swnio'n debycach i anadliad swnllyd nag i air wedi ei lefaru. Ystyriwch yr enw YDWYF a phwysigrwydd peidio a bod yn beth y gellir gafael ynddo – fel anadl.

SYNIAD I GLOI

Fel y bu i'r Hebreaid ddarganfod nad oedd y Duw datguddiedig yn 'un o'r duwiau', yr ydyn ni'n dal i ddarganfod hynny drosom ein hunain.

- Pwy neu beth yw'r 'duwiau' sy'n denu'ch defosiwn chi?
- Pa stori amdanoch eich hunan a'ch cymuned y mae'r duwiau hyn yn ei gyfleu i chi?
- Pwy neu drwy beth yr ydych chi'n darganfod Duw, nad yw'n 'un o'r duwiau'?
- Pa stori newydd amdanoch eich hunan a'ch cymuned y mae YDWYF yn ei gyfleu i chi?

TRAETHAWD 5

Sâf ar dy draed – heb dduw!

Sesiwn 1 Derbyn ffydd yn rhodd

Yn ein traethawd olaf fe lwyddon ni i brancio'n ffordd trwy'r ysgrythurau Hebreig. Gobeithio bod hyn wedi gadael ynoch chi ymdeimlad o broses hanesyddol hir lle y newidiwyd amgyffrediad y ddynoliaeth o Dduw, neu yn fy jargon i, yr '*Arall-arall*'; digwyddodd hynny trwy broses o docio a thorri ymaith. Dyma broses, mewn geiriau eraill, y daw'n glir drwyddi, nad ydi Duw yn 'dduw' o gwbl. Heddiw rwy am ofyn i chi, o leia' ar y dechrau, i ddiosg eich hetiau diwinyddol a glynu'n dyn wrth rhai materion sylfaenol iawn ym myd anthropoleg, oherwydd fe fyddwn ni'n edrych ar ystyr y gair *ffydd*. Y peth cynta rwy am ofyn i chi i'w wneud yw diosg y papur llwyd crefyddol o gwmpas y gair: ceisio troi ac ystyried sut y mae'n cael ei ddefnyddio mewn sgwrs gyffredin ddynol, ac anghofio'r arlliw crefyddol y daeth y gair i'w feddu gan gymaint ohononi. Mae hyn am fy mod i eisiau gweithio trwy, a dianc rhag, y ffordd y mae'r gair wedi dod i danio ym mywydau llawer ohononi, ryw ymwybyddiaeth o *blacmêl* emosiynol.

Fe wyddoch chi beth rwy'n ei feddwl; mae na ffordd gyffredin o siarad am ffydd sy'n dweud bod yn rhaid i chi *gredu* er mwyn cael eich *achub*, ac os na chredwch chi, fe ewch i uffern. Mae'r rhethreg yn rhoi i chi gymhelliad eitha cryf i gredu, hyd yn oed os nad ych chi'n gwbl siwr o beth yr ych chi fod i gredu, na pham. Felly fe gewch eich hunan yn cael eich *bwlian* fel petae, i anelu at y lleuad, tanio math o roced o ddyheu, neu fwriad, neu hunan-dwyll, tuag at ryw wrthrych a allai fod yn nefol, ond a allai, yn wahanol i'r lleuad, fodoli neu beidio bodoli. A rhaid i chi obeithio y bydd yr anelu at y lleuad yn glanio yno. O ganlyniad, y mae'r *ffydd* dybiedig yn troi'n fater llawn tensiwn, rhywbeth y mae'n rhaid i chi weithio arno, a hyd yn oed ei deimlo. Rhywbeth yr ych chi'n gyson ar fin ei golli. Rhywbeth sy'n feichus iawn.

Nawr os gwelwch yn dda, mewn gwrthgyferbyniad â'r syniad yna o ffydd, ystyriwch sut y mae'r gair yn gweithio mewn cylch gwbl an-nefolaidd, cylch ymwneud cyffredin, bob-dydd, rhwng bodau dynol. Dychmygwch ddau fath o gyfarfyddiad; un yn gwrdd â hen berthynas caredig sy wedi'ch nabod chi ers oeddech chi'n blentyn; a'r llall yn gyfweliad am swydd gydag un a allai fod yn gyflogwr i chi. Yn y cyntaf ry'ch chi wedi ymlacio'n llwyr. Pam ? Am fod Anti Pegi'n eich hoffi chi, ac yn dymuno'r gorau i chi. Felly pan ych chi gyda hi does dim angen gwneud argraff dda arni hi, na'i hargyhoeddi hi eich bod chi o werth. Fel mater o ffaith, gallwch dynnu'r masgiau i ffwrdd a gadael iddi dynnu'ch coes, a piffian chwerthin am ben eich gwendidau pan fyddwch chi gyda hi. Rych chi'n ei nabod yn ddigon da i wybod y gallwch ymddiried ynddi, nad ydi hi ddim am roi ei chyllell ynoch chi ac na wnaiff hi ddim dal pethau y mae hi'n eu dysgu amdanoch, yn eich herbyn. Mewn gwirionedd, hi sy, dros gyfnod o amser wedi cynhyrchu ynoch chi agwedd o ffydd ynddi hi, ac y mae'r teimlad sy'n cyfateb i'r agwedd hon yn eich bywyd yn fater o ymollwng pan fyddwch chi gyda hi.

Nid felly gyda'r cyfweliad am swydd. Yno ry'ch chi'n un o nifer o ymgeiswyr; dŷ'ch chi ddim yn nabod yr holwr, dy'ch chi ddim yn gwbl siwr wrth ba ffon fesur y bydd yn eich barnu, felly fe ewch, wedi gwisgo mor smart ag a fedrwch chi, gyda CV mor sgleiniog ag sy'n gyson â dweud y gwir, a'r holl grychau yn eich hanes wedi mynd dan haearn smwddio a diflannu. Fe fyddwch wedi *seico'ch* hunan lan i wneud yr argraff orau posibl a bod yn barod i werthu'ch hunan, – a dyna fath arall o anelu at y lleuad! Y mae'r broses hon, yr holl waith caled o gyflwyno'ch wyneb orau, yn emosiwn sy'n cyfateb i *ddiffyg* ffydd. Wyddoch chi fawr ddim am yr un sy'n eich cyfweld, a wyddoch chi ddim yn bendant beth mae e'i eisiau, na gwybod oes gennych chi'r fath beth i'w gynnig.

Chi'n gweld mor eironig ydi hyn? Y mae'r fframwaith gyffredin ddynol lle y mae ystyr i eiriau fel *ffydd* a *chredu* yn golygu ymlacio, ond eto pan yw'r geiriau'n troi'n grefyddol, yn sydyn maen nhw'n colli hynny, ac mae e fel petae nhw'n troi i fod yn fater o hawlio rhywbeth sy'n ysbrydoli'r gwrthwyneb llwyr i ymollwng. Fy ngobaith i heddiw yw dangos mai'r synnwyr cyffredin dynol sy'n gywir, yn enwedig yn y maes crefyddol!

Blaenoriaeth yr 'arall'.

Efallai'ch bod chi'n cofio mod i, ar ddechrau'r cwrs yma, wedi treulio tipyn o amser yn gosod o'ch blaen rywbeth yr oeddech chi eisoes yn ei wybod: sut y mae beth yr ydw i'n ei alw yn "*Arall-cymdeithasol*", yn dod o'n blaenau ni ar bob lefel o'n bodolaeth. Dyma beth oedd ystyr hynny: ymhell cyn i ni ddod i fodolaeth, mae na bobl eraill, bodau dynol eraill, sy eisoes yn bobl ddichonadwy sy eisoes wedi byw o fewn, neu wedi cyfoethogi rhyw ddiwylliant dynol, wedi sefydlu pethau fel llety, iaith, system iechyd, strwythurau i sicrhau cyflenwad cyson o ddŵr a bwyd diogel. Mae'r holl bethau hyn yn ein blaenori ni. A rydyn'n ni'n dibynnu'n llwyr arnyn nhw. Ac un elfen o'r ffordd yr ydyn ni'n dibynnu arnyn nhw, yw trwy fod yn rhydd i beidio meddwl llawer amdanyn nhw. Hyd yn oed pan fydd rhaid i ni ganolbwyntio ar un neu'r llall ohonyn nhw – ffeindio rhywle i fyw, dysgu iaith newydd , neu ymuno mewn ymgyrch feddygol i atal clefyd – cael pigiad yn erbyn ffliw, er enghraifft, ryn ni, gan amlaf, yn medru cymeryd llawer iawn o bethau eraill yn ganiataol. A iawn hynny. Un o'r pethau syn ein gwneud ni'n fodau dichonadwy yw'r sicrwyddd cyson dibynadwy y bydd pethau yno, fel ag y maen nhw.

Beth ddwedech chi petaech chi'n dod ar draws rhywun sy, bob tro y mae'n agor drws, cyn camu drwyddo, yn edrych yn ofalus i weld a oes llawr ar yr ochr arall? Fe fyddech yn ystyried ei fod yn wir wedi drysu, ac eisiau gweld doctor. Petae'n dweud wrtho chi "Dwn i ddim sut wyt ti'n gallu bod mor ddi-hid â chamu trwy ddrysau: mae ffydd ac amheuaeth yn bethau cyfartal a gwrthwyneb i'w gilydd ac mae'n artaith i mi pa run y dylwn ymddiried ynddo" – fe fyddech yn ymateb gyda phryder. Dwli fydde fe: nid dau realiti cyfartal a gwrthwyneb i'w gilydd yw ffydd ac amheuaeth. Y mae ffydd yn anian gyson sy'n gwybod ac yn ymddiried yn sicrwydd cyson beth sy o'n cwmpas ni, heb angen gweld na meddwl amdanyn nhw o gwbl. Ar y llaw arall y mae amheuaeth yn isadran o ffydd, yn isadran ddatblygedig a medrus, yn sicrwydd cyson pethau, a diolch i hwn, o dro i dro gallwn holi a yw'r sicrwydd cyffredin hwnnw yn parhau i'n dal yn y sefyllfa hon neu'r llall.

Byddai unrhyw un ohononi yn ei ystyried yn beth perffaith gall i rywun sy'n ymweld â safle adeiladu, i sicrhau, yn ogystal â gwisgo un o'r hetiau caled yna, cyn camu trwy ddrws, fod yna lawr ar yr ochr arall. Mae hyn am fod safle adeiladu, o ran ei natur, yn fath o le lle nad yw sicrwydd cyffredin ynglyn ag adeiladau wedi eu gorffen o reidrwydd yn berthnasol, ac mae'r gallu i amau yn cael ei ddefnyddio fel dawn gall a synhwyrol.

Mae'na sicrwydd, nad oes angen ei archwilio, yn gorwedd fel gwely mawr o bridd wedi eu hau â hadau o'n cwmpas, yno cyn bod yna bosibilrwydd ohononi'n bodoli yn unman. Dyw amheuaeth, mewn gwirionedd, ddim ond yn rhan fechan, ac fel y dywedais, yn isadran ddatblygedig iawn o'r bodoli hwnnw. I wneud y pwynt yn gliriach, meddyliwch yn gyntaf am eich geiriau cyntaf wrth gyfarch rhywun yn y bore. Fyddwch chi ddim fel arfer yn gwastraffu amser nac egni emosiynol ar bryderu ydi geiriau'n golygu'r un peth bore ma ag oedden nhw neithiwr, ac nad oes unrhyw asiantaeth o'r nef nac uffern na'r llywodraeth wedi gwneud trefniadau dirgel bod geiriau a'u hystyron wedi newid yn ystod y nos, fel y'ch bod chi'n ffeindio'ch hunan yn dweud pethau sy'n ddiystyr, neu'n wrthwyneb llwyr i beth y'ch chi'n ei feddwl. Na, fe fydd eich dryswch ieithyddol ben bore fel arfer yn codi ynglyn â chwestiynau tebyg i – ydych chi'n cymeryd amser hir neu fyr i ddeffro, a faint o alcohol wnaethoch chi ei yfed neithiwr? Ond yn y pen draw fe fydd geiriau fel "coffi" ac "estyn y past dannedd" yn dod i'r wyneb, ac yn golygu'r un peth ag arfer.

A phan fyddwch chi'n gadael eich drws ffrynt, fe fyddwch chi'n annhebygol o roi unrhyw ystyriaeth o gwbl i feddwl a fydd y rheilffordd sy'n eich cario i'r gwaith yn dal i anelu ei ffordd arferol i'r gogledd, neu wedi cael ei droi o gwmpas yn gyfrinachol yn ystod y nos fel y cewch eich hunan yn cael eich cario'n ddiymadferth bellach a phellach o ben eich taith ac yn cael eich cario i gyfeiriad annisgwyl tua'r gorllewin. Rych chi'n cymeryd yn gwbl ganiataol fod y pethau hyn, a mil a mwy o bethau eraill, yn mynd i fod ble maen nhw, ac i fod yn gweithio fel y maen nhw'n arfer gweithio. A weithiau fe gewch eich synnu gan ryw newid yn y sicrwydd cyson; tân mewn twnel yn rhywle'n golygu bod y trenau'n cael eu hail gyfeirio ar y trac i'r gorllewin er mwyn cyrraedd at ble'r oedden nhw fod i fynd. Ond allech chi, na neb arall fyth ymdopi â byd lle, yn ogystal ag iaith yn newid ei ystyr, mae rheilffyrdd yn cael eu symud o gwmpas heb reswm, a'r hylif clir syn llifo o'r tap ar brydiau yn troi i fod yn asid sylffiwrig.

Gwaeth fyth, cyn i chi gymeryd yr anadl lleiaf mae na amheuaeth â fyddwch chi'n anadlu awyr neu rhyw nwy gwenwynig, ac ar ben hynny, ydi anadlu yn rhywbeth y dylech chi ei wneud o gwbl. Nid pethau cyfartal a gwrthwynebol yw ffydd ac amheuaeth o gwbl!

Nawr does dim o hyn i gyd yn golygu fod popeth sy'n bod, wastad yn gyson, ac yn cyfleu sicrwydd a diogelwch. I'r gwrthwyneb, fe wyddom ni ddigon am ein byd, i wybod ei fod yn lle peryglus, gyda phethau fel daeargrynfeydd, llifogydd a ffrwydriadau folcanig yn digwydd mewn mannau gwahanol a chanddyn nhw (tan yn ddiweddar) effeithiau oedd i raddau helaeth yn amhosibl eu rhagweld, ar batrymau tywydd a chyflenwad bwyd mewn mannau pell oddi wrth ganolbwynt y digwyddiadau hynny. Fe wyddoni fod yna nifer fawr o *bathogenau* mewn unrhyw hinsawdd all fod yn beryglus, a hyd yn oed yn farwol, i fodau dynol; ar ben hynny does dim prinder anifeiliaid eraill all ein gwenwyno, a'n bwyta neu'n sathru ni. A hyd yn oed yn beryclach o lawer na dim o'r rhain, nid yw'r *Arall-cymdeithasol* a luniwn ar gyfer ein gilydd, ddim bob amser o bell ffordd, yn amgylchfyd cadarn a diogel. Mewn gwirionedd yr ydyn ni fodau dynol, yn berygl enbyd i'n gilydd – ac wastad wedi bod.

Ac nid dim ond yn gorfforol beryglus. Fe'n cyflwynir i fyd lle'r ydyn ni, o ran natur, yn cystadlu â'n gilydd, yn dial ar ein gilydd, ac angen arnon i ddirmygu pobl eraill ac i feddwl am ein llês a'n cysur fel pethau sy'n dibynnu ar wahardd pobl eraill, ac i gamarwain a chamdrin ein gilydd. Ond efallai'n bwysicach na'r math yma o berygl, mae'r perygl damweiniol, anfwriadol yr ydyn ni trwyddo, yn effeithio'n fawr ar bobl eraill. Ystyriwch yr enghraifft hon: plentyn bach ydych chi a'ch rhiant yn chwarae gyda thedi bêr. Un o'r pethau mae pobl mewn oed yn ei wneud, sy'n berffaith eglur i blant, yw mwynhau chwarae â thedis – gan amla mae'n eitha rhwydd plesio pobl mewn oed. Nawr dychmygwch, ar ôl rhai munudau o chwarae hapus gyda'r tedi bêr, bod y person mewn oed fel petae'n colli diddordeb, ac yn dechrau chwarae gyda rhyw wrthrych newydd metel, sy'n sgleinio, yn rhoi hwnnw ar ben rhywbeth sy tu hwnt i'ch cyrraedd ac yn gwasgu rhyw fath o fotwm ac wedyn yn diflannu i ystafell arall.

Dŷch chi ddim yn gwybod hynny, wrth gwrs, ond wedi rhoi'r tecell mlaen ar ben y ffwrn y mae'r person mewn oed ac wedi diflannu i nôl tê. O'ch safbwynt chi, dim ond eisiau plesio oeddech chi, fel gyda'r tedi bêr, trwy ymuno yn y chwarae gyda'r peth metel sgleiniog sy wedi dwyn ei sylw. Y mae e, eich model, wedi dynodi gwrthrych newydd i chi i'w chwennych. Wrth i chi estyn ato (a thrwy drugaredd y mae top y ffwrn y tu hwnt i'ch gafael) daw'r person mewn oed nôl i'r ystafell, eich gweld yn estyn at y fflam a thecell poeth iawn ac yn sgrechian o ddychryn gan ruthro tuag atoch a'ch tynnu bant oddiwrth y gwrthrych .Wel, o'ch safbwynt chi, beth ar y ddaear sy wedi digwydd? Un funud yr oeddech chi'n chwarae'n ddedwydd gyda'r person hwn, yn mwynhau'r gymeradwyaeth; a'r funud nesaf rych chi wedi'ch bwrw allan o gymeradwyaeth ac wedi'ch bwrw i ddicter a cholled. Pam? Mae'r peth yn annealladwy!

Yn y lle cyntaf fe gawsoch chi neges a chyfarwyddyd clir " Gwna fel fi, dynwared fi" ac yn sydyn, heb rybudd mae'r gorchymyn yn newid i "Paid â gwneud fel fi, paid â dynwared ". Dau orchymyn gwrthwyneb i'w gilydd ar yr un lefel ac ar yr un pryd! Rhan o fod yn berson bychan yw'ch anallu i wahaniaethu rhwng "Dynwared fi yma " a " Paid a'm dynwared i yma eto, achos dwyt ti ddim yn ddigon cryf i ymdopi". Y mae'r gallu sy ei angen i wahaniaethu rhwng y ddwy lefel o "Dynwared fi" a "Paid â'm dynwared i yma eto am y tro, er dy lês dy hun" yn allu datblygedig iawn. Ac o ganlyniad, heb i neb fod yn faleisus na chreulon tuag atoni, er hynny cawn ein hunain wedi ein cloi mewn *cwlwm-dwbl,* ffurfiau o'r parlys, all, yn eu tro ein cloi ni mewn patrymau ailadroddus mecanyddol a fydd yn ein gwneud ni yn ein tro yn llai cymwys a mwy peryglus nag y gallasen ni fod, onibai am hyn i gyd.

Felly ystyriwch, gwely anferth wedi ei hau â hadau sicrwydd o beth fyddwn yn ei gymeryd yn ganiataol, yn blaenori ar unrhyw allu cynhenid ynoni i amau, yn bodoli'n gwbl normal wrth i ni ddatblygu'n fodau dynol o gwbl. Ac ar gefn hynny, mewn ffordd digon arwynebol, mae realiti amwysedd, ansicrwydd, perygl ac anniogelwch sy ymhobman yn rhan o'n profiad. Felly yr "arall-cymdeithasol" yw'r sylfaen sy'n cynhyrchu ffydd, yn dysgu sicrwydd i'n bodolaeth ac eto sy weithiau braidd yn amwys, weithiau'n rhoi i ni'r teimlad ei fod yn mynd i'n dal ni, a'i fod yn jôc cas neu greulon.

Nid am ein bod ni'r ddynoliaeth yn ddisglair o ddeallus, a wir yn eitha drygionus at ein gilydd, y mae hyn, ond am nad ydyn ni *cweit* mor ddisglair â hynny, a bod ein deallusrwydd ni'n aml yn parhau heb ei ddatblygu, a'n bod ni'n aml yn beryg i'n gilydd trwy anallu a dryswch, lawn gymaint â thrwy falais a chystadleuaeth. Er hyn, y mae'r enbydrwydd a'r ansicrwydd, sy'n berffaith real, yn ddim ond copa mynydd-rhew anferth ac anweladwy o gysondeb a sicrwydd. Hyd yn oed pan fyddwn yn ymwybodol iawn o'r perygl hwn, y rheswm am hynny yw bod dirweddau – *realities* – anferth o gysondeb nad ydyn ni'n ymwybodol eu bod yno, ond sy wedi'n galluogi ni i deimlo o gwbl, ac sy'n bodoli, yn gweithio'n normal. Ewch ati i ddychmygu cymaint sy wedi mynd yn iawn, faint sy wedi gorfod mynd yn iawn, yn syml fodoli, yn anferth o ddibynadwy, er mwyn i chi fod yn oedolyn dichondwy, syn medru'r Gymraeg, ac yn medru gwneud rhyw synnwyr o'r tudalennau hyn.

Felly ystyriwch, wely anferth wedi ei hau â hadau sicrwydd o beth fyddwn yn ei gymeryd yn ganiatаol, yn blaenori ar unrhyw allu cynhenid ynon ni i amau, yn bodoli'n gwbl normal wrth i ni ddatblygu'n fodau dynol o gwbl. Ac ar gefn hynny, mewn ffordd digon arwynebol, mae realiti amwysedd, ansicrwydd, perygl ac anniogelwch sy ymhobman yn rhan o'n profiad. Felly yr "arall-cymdeithasol" yw'r sylfaen sy'n cynhyrchu ffydd, yn dysgu sicrwydd i'n bodolaeth ac eto sy weithiau braidd yn amwys, weithiau'n rhoi i ni'r teimlad ei fod yn mynd i'n dal ni, a'i fod yn jôc cas neu greulon.

Yr *Arall arall* yn dod i'r golwg

Dim ond o'r fan hon, pan ddechreuwn amgyffred cymaint y flaenoriaeth sydd gan sicrwydd dros amheuaeth y mae'r cwestiwn mawr y tu cefn i fater ffydd *grefyddol* yn dechrau dod i'r golwg. Dyma sut mae'r cwestiwn yn mynd: "A derbyn ein bod yn cydnabod bod yna *Arall cymdeithasol*, a'i fod yn sylfaenol garedig, ond y gall e wneud traed moch ohonom ni, a oes yna mewn gwirionedd *Arall-arall* sy'n gwbl garedig, sydd yn llwyr a diamwys o'n plaid ni, ac nad yw mewn unrhyw fodd yn rhan o'r cymysgwch o garedigrwydd a thraed moch sy'n batrwm arferol ein bywydau. Dyma'r cwestiwn, yr oedd yr Hebreaid yn ei ystyried – fel y cofiwch o'r ddau draethawd diwethaf. Dyma sut yr oedden nhw'n mynegi'r peth – yn y gwahaniaeth rhwng y *duwiau* a'r *Duw nad yw'n un-o'r duwiau.* Pan fyddan nhw'n sôn am y *duwiau*, sôn y maen nhw am y tafluniad o'n ffurfiau ni o drais a llanast fel dulliau o ddal ein gafael ar yr ychydig sydd gennym, rhag ofn i rywbeth gwaeth ddigwydd. Y duwiau tebyg i Baal, neu Thor, neu "Diogelwch Cenedlaethol" neu "Yswiriant yn erbyn cyflafan," neu ddefodau ffrwythlondeb. Mae tafluniadau'r gymuned gyfan fel y rhain yn medru ymgorffori mewn rhyw annibyniaeth real, gan amlaf yn un sy fel petae'n hawlio'n bod angen aberthu rhyw *Arall* anghyfleus ar gyfer rhyw lês dychmygol cymdeithasol tybiedig. Yna medrwn ymladd brwydrau yn erbyn ein gilydd trwy ddirprwyon. A dyna i chi fyd y duwiau.

Dyma'r cwestiwn Hebreig: "Iawn, fe wyddon ni bod yna *Arall cymdeithasol* os mynnwch sy'n ein cynorthwyo i strwythuro ac amddiffyn ein hunain, neu felly y mae'r ddynoliaeth yn nodweddiadol yn hoffi meddwl, er mai'r cwbl a wnan nhw yw ein gadael ni yn y tywyllwch. Nawr ai dyna'r cwbl, neu a oes yna, fel mater o ffaith, *Arall-arall*, nad yw'n un o'r duwiau, nad yw ar yr un lefel â dim o'r pethau hyn, nac yn cystadlu ag unrhyw beth sy'n bod, ac sydd yn gwbl garedig, yn cynnal pethau mewn bodolaeth heb unrhyw awgrym ei fod am ein maglu, nac yn dal rhyw ddolen y gellir ei ddefnyddio i'n trin neu'n trafod.

Yma fe hoffwn i dynu sylw at rywbeth ynglyn â'r *Arall-arall* sy'n aml yn ein drysu: mae'r cymal bach yna "ddim yn cystadlu â dim sy'n bod" yn golygu llawer mwy nag y dychmygwn ni. Dyw e ddim yn golygu "Cymaint mwy na phobpeth arall, fel ei fod yn curo hyd yn oed y peth neu'r grym mwyaf sy mas yn fanna". Mae'n golygu'n syml nad yw e mewn unrhyw ffordd, yn rhan o fyd pethau-fel-ag-y-mae-nhw, nid ar yr un lefel â nhw o gwbl, ac felly'n medru bod yn yr un gofod â nhw, heb fod yn "fodolaeth" ychwanegol. Yn medru eu symud o'r tu mewn, fel petae, heb gymeryd eu lle nhw mewn unrhyw ffordd.

Mae'n golygu pan fyddwn ni'n siarad am yr *Arall-arall*, Duw, dydyn ni ddim yn sôn o gwbl am ryw "fod" mawr y tu hwnt i'r *Arall-cymdeithasol*, fel petae'n *fod* gwahanol, mewn *man* gwahanol. Byddai hynny fel petae'n hunig fynediad at y Duw hwn yn dod trwy ddianc rhag yr *arall-cymdeithasol* sy'n ein llunio, ac sy'n gyfanfyd ein bywyd a'n profiad. Byddai hynny'n ffydd ar ddull "anelu at y lleuad"; byddai'n ddyheu bregus wedi ei danio o hunan annibynol tuag at dduwdod-yn-y-gofod anferth anweladwy. Yn lle hynny ryn ni'n sôn am *Arall-arall* na ellir ei ddarganfod ond ar yr un lefel ddynol, anthropolegol, â'r *arall-cymdeithasol*. Yr unig ffordd o ddarganfod *Arall-arall* yw trwy newid eich ffordd o gael eich clymu i mewn i'r *Arall-cymdeithasol*. Nid yw'r *Arall-cymdeithasol* ynddo'i hun yn elyn i'r *Arall-arall*. Trwy'r un broses ag y down i fodolaeth trwyddi a chael ein cynnal gan yr arall-cymdeithasol y down o hyd i'r *Arall-arall* syn ceisio torri drwodd atom ni, ar yr un lefel â ni, heb fynnu o gwbl i ni geisio camu y tu allan i'r cwbl ac anelu at y lleuad. Mae'r *Arall-arall* yn gweithio trwy'r un pethau ag sy'n ein dwyn yn gyffredin i fodolaeth , ond am nad yw'n cystadlu â dim byd sy'n bod, y mae'n medru datod o'r tu mewn y gwahanol ffurfiau o smonach y byddwn drwyddyn nhw yn dueddol o daflunio a thwyllo'n hunain.

Felly pan fyddwn ni'n sôn am ffydd yn Nuw, dydyn ni ddim yn sôn am bwt o wybodaeth am ryw *fod* y tu hwnt i'r ddaear hon, rydyn ni'n sôn am gael ein cyflwyno, diolch i weithred o gyfathrebu gan *Arall-arall,* nad ydyw'n cystadlu â dim sy'n bod, nad yw'n elyniaethus i ddim, er mwyn mynd trwy'r profiad anferth seicolegol o newid cyfeiriad llwyr, y dechreuon ni edrych arno yn ein traethaawd diwethaf, pan dynnwyd sylw Moses at y berth yn llosgi.

Aros ar y lefel yma

Iawn. Iawn hyd yn hyn. Fe welson ni fod y broses o Dduw'n datguddio'i *Dduwdod-ei-hun* i'r Hebreaid fel *nid-yn-un-o'r-duwiau*, wedi cymeryd amser maith. Iddyn nhw yr oedd yn brofiad, yn brofiad poenus, fel mater o ddatod un ffurf arbennig o fod yn perthyn i'w gilydd, a dechreuadau arwyddion o greu ffurf newydd o berthyn i'w gilydd. Ac fe welson ni fod hyn i gyd yn digwydd ar lefel ddynol, (anthropolegol). Po fwya' i gyd y mae Duw'n datguddio *Duw-ei-hunan*, po fwya, fel mater o ffaith, yr ydyn ni'n dysgu am bwy ydyn ni. Nawr ryn ni'n mynd i ddechrau siarad am Iesu, ac rwy'n dal i eisiau i chi i aros yn gadarn iawn ar y lefel anthropolegol, ddynol.

Efallai bod hyn braidd yn anodd, oherwydd, mewn cyflwyniadau i Gristnogaeth, gall popeth swnio'n normal. Ac yn sydyn daw criw o unigolion hanner-pan o fyd diwylliannol Hebreig a dechrau siarad am Dduw fel pe bai ef ei hunan yn ymgorffori'r hawl i *anelu-at-y-lleuad*: Yn ogystal â chredu mewn *Arall-arall*, mae na reidrwydd i ddechrau credu pethau anhebygol am y person hwn. Gan na allwch chi ei weld e, rhaid i chi 'anelu at y lleuad'. Ac am ryw reswm mae anelu at y lleuad yn rhinwedd ynddo'i hun.

Mewn geiriau eraill: mae'r cawg, sy'n bodoli yn gyfangwbl ar lawr daear, fel petae'n cyhuddo, yn dymchwel y grym a'i cynhyrchodd: roedd hwnnw'n rhywbeth a ddaeth yn llythrennol a chorfforol o'r tu allan i atmosffer y ddaear. Wel, gellir dweud yr un peth, *mutatis mutandis*, am y dystiolaeth Apostolaidd. Ystyriwch yr apostolion fel cawg y daeth i'w canol ac y digwyddodd rhywbeth a achosodd iddyn nhw ddechrau tystio iddo, yn rhannol trwy ddweud wrth bobl amdano, ond hefyd yn rhannol trwy fod yn weddill gweladwy. Dyma bobl wnaeth ddarganfod eu bod wedi mynd trwy drawsnewidiad llwyr o'u hamgyffrediad o pwy yw Duw, a beth oedd ystyr eu diwylliant eu hunain. Ac nid am eu bod wedi derbyn rhyw wybodaeth ychwanegol, ond am fod rhywun ar y lefel ddynol wedi gwneud rhywbeth yn eu plith oedd yn cynnwys mynd i'w farwolaeth a chael ei weld ganddyn nhw wedyn. Yr oedd hynny'n brofiad sicr, er hefyd yn rhyfeddol, ac o ganlyniad fe gawson nhw eu bod wedi llwyr newid eu sefyllfa yn eu darlun o pwy yw Duw, beth yw ystyr bod yn rhan o Israel, beth yw ystyr bod yn ddynol.

Felly tystio y maen nhw i rywbeth a ddigwyddodd iddyn nhw ar y lefel ddynol, anthropolegol. A beth maen nhw'n ei wneud wrth gynnig eu ffydd i ni yw nid dweud "Fe ddigwyddodd hyn i ni. Nawr caewch eich llygaid ac anelu at y lleuad." Maen nhw'n dweud "Mae hyn wedi digwydd i ni ac mae e'n cynhyrchu ynon ni yr effaith hon a'r effaith arall yn ein bywydau. Os ych chi'n credu'n bod ni'n dystion y gellir ymddiried ynoni, yna dowch, camwch gyd ni a chaniatau i chi'ch hunain ddod yn rhan o'r un cawg ag yr ydyn ninnau'n tyfu i fod. Felly bydd y cawg yn tyfu, a bydd yna donnau yn crychu draw ohono."

Dyna paham y mae Cristnogion yn dweud yn y Credo "Credwn yn Un Eglwys Lân, Gatholig ac Apostolaidd". Nid hawlio teyrngarwch i glwb cyfyngedig yw hynny. Mae'n osodiad am y lle yr ydyn ni'n cael ein dwyn i ffydd. Cawn ein dwyn i ffydd y tu fewn i, ac yn rhan o, gawg ar ffurf ddynol, anthropolegol. Yn bendant iawn yr *Arall-arall* yw'r gweithredwr, y *protagonist,* yr un sy'n peri creu ein ffydd, yr un sy'n ein cyflwyno i'r gollyngdod hwnnw o adnabod ein bod yn cael ein caru a'n cynnal ganddo fe dros gyfnod. Ond mae'r broses hon o ymollwng yn digwydd diolch i'r ffaith ein bod yn medru ymddiried yn y dystiolaeth apostolaidd fel cawg syn cario gwirionedd. Ein gwrando, a'n cychwyn ar fedru cael profiad o rywbeth sy'n fwy na dim ond dynol, rhywbeth syth, fertigol os mynnwch, ond nad yw byth yn llai na thrwyadl ddynol. Yn hytrach na chael ein gormesu gan flacmêl emosiynol mynnu ein bod yn anelu at y lleuad, cawn ein hannog i symud i fan lle y cawn yn gyson fedru derbyn gweithred o gyfathrebu o rywle arall.

TRAETHAWD 5

Sâf ar dy draed – heb dduw

Sesiwn 1 Derbyn ffydd yn rhodd

CRYNODEB O'R SESIWN

Pan ddefnyddiwn y gair *ffydd* mewn cyd-destun crefyddol, mae'r gair yn magu ystyr pur wahanol i'w ystyr cyffredin. Er mwyn deall sut y mae ffydd yn Nuw yn cael ei gynhyrchu ynom, cynigir i ni gyd-destun dynol a dechreuwn gael cip ar sut y mae hynny'n gweithio ar lefel ddynol.

PRIF SYNIADAU

1. Pan fyddwn ni yn y cyd-destun dynol cyffredin yn defnyddio geiriau fel *ffydd* a *credu*, mae eu hystyr yn awgrymu gallu i ymollwng, ond pan fydd y geiriau'n troi'n grefyddol, maen nhw'n cael eu trawsnewid i olygu rhywbeth sy'n cynhyrchu teimlad cwbl wahanol.

2. Ffydd yw'r anian gyffredin ynom sy'n gwybod ac yn ymddiried yn sicrwydd cyson beth sydd o'n cwmpas, heb angen ei weld na meddwl amdano o gwbl.

3. Y mae amheuaeth, ar y llaw arall yn isadran o ffydd yn sicrwydd cyson pethau, mae'n adran fedrus a datblygedig; o dro i dro mewn gwahanol sefyllfaoedd, gallwn holi a ydyw'r sicrwydd cyffredin yn dal.

4. Mae'r *Arall-cymdeithasol* yn sail gadarn i'n dichonolrwydd ac yn cynhyrchu ffydd a sicrwydd ynom; ond weithaiu mae'n ansicr, yn rhoi i ni'r ymdeimlad bod rhywun am ein maglu.

5. Dyma'r cwestiwn Hebreig: A oes yna fel mater o ffaith, *Arall-arall,* nad yw'n un o'r duwiau, nad yw'n cystadlu â dim sy'n bod, ac sy'n gwbl garedig, heb awydd o gwbl i'n maglu?

6. Ni ellir darganfod yr *Arall-arall* ond ar yr un lefel anthropolegol â'r *Arall-cymdeithasol.* Yr unig ffordd i ddarganfod yr *Arall-arall* yw trwy brofi newid yn ein ffordd o berthyn i'r *Arall-cymdeithasol.*

7. Pan fyddwn ni'n sôn am ffydd yn Nuw, rydyn ni'n sôn am cael ein cyflwyno, diolch i weithred o gyfathrebu gan *Arall-arall* nad yw'n cystadlu â dim sydd yn bod, a chael profiad o newid cyfeiriad seicolegol anferth.

8. Ystyr 'y dystiolaeth apostolaidd' yw grŵp o bobl fel ni, ar ein lefel ni, wedi eu dewis gan Iesu i fod yn dystion iddo ef. Fe wnaeth ef rywbeth yn eu plith ar lefel cwbl ddynol, ac oherwydd y weithred, o ganlyniad iddi, roedden nhw'n dystion iddi. Fe gawson nhw eu bod wedi cael profiad o newid llwyr yn eu hamgyffred o pwy yw Duw, ac ystyr eu diwylliant eu hunain.

9. Fel meteoryn sy'n taro'r ddaear ond yn gadael dim ond ei ffurf ceugrwm ar ôl, gallwn feddwl am y dystiolaeth apostolaidd fel twll ceugrwm y digwyddodd rhywbeth ynddo; ac y mae'r disgyblion yn dechrau tystio i'r digwyddiad hwnnw.

10. Dywed y tystion apostolaidd "Wrth i chi ddod yn rhan o'r ceugrymedd hwn, fe ddarganfyddwch chi bod yr hyn a digwyddodd i chi yn sicr a ffyddlon yn atgynhyrchu ei hun yn eich bywydau chi hefyd. Felly y mae'r dystiolaeth geugrwm yn tyfu ac fe fydd yna donnau bach pellach yn ymestyn allan ohono."

TRAETHAWD 5

Sâf ar dy draed – heb DDUW!

Sesiwn 2 Odrwydd rhoi 'credu' yn y canol

Gyda hynna i gyd yn y cefndir, fe garwn i wneud un pwynt bach ynglyn â'r ffordd y defnyddiwn ni'r geiriau "ffydd" a "chredu", sef peth mor od yw e'n bod ni wedi dod i gymeryd yn ganiataol bod "crefyddau" yn troi ar y syniad o ffydd. Fel mater o ffaith, mewn darn eithriadol od o imperialaeth Gristnogol anfwriadol, fe fyddwn yn sôn yn Saesneg am "ffydd" (yn y lluosog!) o wahanol fathau. Soniwn am "ddeialog-rhwng-ffydd(oedd)". Ond dyw e ddim yn wir bod y ffurfiau bywyd, y ffurfiannau cymdeithasol a diwylliannol a alwn ni'n "grefyddau" yn troi ar y syniad o "ffydd". Nid yw'r syniad o "ffydd" yn bwysig i, nac yn rhan o hunan ddealltwriaeth y mwyafrif ohonyn nhw.

Pe baech chi'n aelod parchus, deddfol duwiol a defosiynol o'r gymdeithas hynafol Rufeinig neu Roegaidd, byddai duwioldeb yn golygu cynnig aberthau i dduwiau'r cartref, duwiau'ch teulu. Byddai wedi golygu, weithiau, cymeryd rhan mewn defodau cyhoeddus mewn teml, efallai yn nhemlau'r Ymerawdwr neu'r ddinas. Byddai'ch duwioldeb yn hysbys yn eich ffordd o dderbyn dull eich hynafiaid o wneud pethau – dyna yw duwioldeb, rhinwedd parch a gwyleidd-dra tuag at dadau. Ar yr un pryd ni fyddai unrhwy brinder storïau am Jôf a Hera, Minerfa a Phoseidon – duwiau Olympus boed dan eu henwau Groeg neu Ladin. Ond fyddai neb wedi meddwl ei bod o unrhyw bwys a oedd gennych chi'n bersonol unrhyw ymwybyddiaeth fod y bodau hyn yn prancio o gwmpas ar Fynydd Olympus. Ni fyddai unrhyw brofion uniongrededd ynglyn â mesur eich ymroddiad personol i Apollo na Zeus. Ni ddisgwylid i chi gael perthynas bersonol oddrychol ag unrhyw un o'r duwiau hyn

Yn wir pe baech chi'n hawlio hynny byddai pobl yn ystyried eich bod, fwy na thebyg, yn wallgo, yn bendant yn beryglus, gan y byddai cael perthynas bersonol ag un o'r duwiau hyn wedi golygu cael eich sugno i mewn i gynddeiriogrwydd y cwlt a chael eich meddiannu gan ysbryd Dionysus, neu pwy bynnag fyddai'n eich meddiannu. Byddai pobl weddus y gymdeithas

Rufeinig yn gwybod yn iawn fod gan y straeon am y duwiau eu pwrpas yn y cynllun o glymu cymdeithas ynghyd. Maen nhw fel Tylwyth-Teg-y-Dannedd neu Sion Corn; does dim angen *credu* ynddyn nhw, ond mae'n reit bwysig bod yr anrhegion yn cael eu traddodi a bod arian gleision yn cael eu ffeindio dan glustogau. Does dim angen perthynas agos bersonol â Thylwyth-Teg-y-Dannedd.

Yna os edrychwn ni'n agosach ar ein cefndir crefyddol ni, y grefydd honno a esgorodd arnom ni, doedd e ddim yn troi ar *ffydd*, ond ar y Torah. Y mae'r cysyniad canolog am beth yw hanfod Iddewiaeth yn y gair y byddwn ni'n ei gyfieithu fel "cyfraith". Ond ni ddylai'r gair *cyfraith* gael ei ddeall mewn ffordd gyfreithllyd, ond yn hytrach fel llwybr deinamig i fywyd sy wedi ei strwythuro ar gyfraith. Serch hynny y mae'n berffaith glir mai dilyn y Torah yn hytrach na phoeni trwy'r amser am beth y mae Duw yn ei feddwl neu'n ei wneud sy'n bwysig. Yr oedd yn farn a fynegid yn aml a chyson mewn cylchoedd rabinaidd. Unwaith i Dduw roi'r Torah, busnes y ddynoliaeth wedyn oedd ei ddehongli, a'r Hollalluog wedi colli ei hawl i roi ei farn ar y mater hwn neu arall, nac i fusnesa.

Neu ystyriwch y cysyniad canolog y mae dilynwyr Mohamed yn casglu o'i gwmpas, sef Islam, gair sy'n fwya cyffredin yn cael ei gyfieithu'n "ymostyngiad". Mae gwahanol leisiau Moslemaidd yn rhoi gwahanol ddehongliadau ynglyn ag ai "ymostyngiad" (*submission*) yw'r gair cywiraf mewn Saesneg cyfoes; fynnwn innau ddim mentro i'r ddadl honno. Serch hynny y mae i'r gair ystyron gwahanol i'r gair "ffydd"; nid y lleiaf o'r rhain yw'r ffaith bod ymuno ag Islam fwyafrifol y Sunni, yn fater o wneud adduned o ddatgan eich ymostyngiad ac yna rych i mewn, yn rhan o'r grwp. Wedi hynny nid yw mesur eich ymroddiad goddrychol, yn siap eich bywyd, yn arbennig o arwyddocaol. Mae na arferion y dylech eu cyflawni – eu gwneud nhw sy'n bwysig. Wrth gwrs y mae hyn yn llai gwir am y traddodiad Sufi mewn Islam lle y mae'r goddrychol yn cyfri'n fawr iawn. Ond mae'n werth cofio mai lleiafrif bychan dewisol y tu mewn i Islam ydi'r Sufi ac yn un sy ers talwm wedi ei ystyried yn wrthrych amheuaeth gan fwyafrif Islam, yn union am fod rhai o'r elfennau ynddo braidd yn rhy debyg i Gristnogaeth.

Mae'n siwr gen i bod lle i ddiolch nag ydyn ni'n sôn am "ddeialog rhyng-ymostyngol", ond rydyn ni'n talu pris uchel am fod y gair "ffydd" wedi dod yn air y gellir ei ddefnyddio am "grefydd". Ac mae hynny am nad oes gan Gristnogaeth feddwl uchel o grefydd, yn union am mai ffydd yw ei hegwyddor ganolog. Os nad arferion penodol sy'n gwbl ganolog, ond yn hytrach proses-dros-gyfnod o amser pan yw rhywun arall yn dangos i chi ei fod yn haeddu ymddiriedaeth, ac yn eich galluogi i ymollwng i'r diogelwch hwnnw, yna mae hyn, o raid, yn mynd i wneud i lawer o bethau ymddangos yn llai pwysig o ran diwylliant. Beth sy'n bwysig yw, nid yn gymaint beth wnewch *chi*, â beth y mae rhywun *arall* yn ei wneud, i newid eich ymdeimlad ohonoch chi'ch hunan ac yn cynhyrchu *chi* newydd. Un o ganlyniadau hyn yw bod y ffurf o wybod ac ymddiried yr ydyn ni'n ei alw'n *ffydd* yn tueddu'n harwain i fod yn anghrediniol ynglyn â gwerth ffynhonellau daioni "crefyddol" sy ar y wyneb yn edrych fel petaen nhw o bwys i Dduw – fel ymprydio, rheolau bwyta deddfol, yr angen am bererindodau arbennig, dillad ffurfiol neu benwisg. Mae'r pethau hynny yn cyfateb i'r sgidiau sgleiniog , CV estynedig yr ymgeisydd sy ddim yn nabod yr un sy'n ei holi. Ond os taw Anti Pegi sy'n eich holi, fe wyddoch nad oes ganddi hi unrhyw ddiddordeb yn eich sgidiau na'ch CV ond ynoch chi, pwy y'chi, a beth ŷ'chi'n tyfu i fod, ac felly, gallwch ymollwng i ymateb iddi hi.

Felly cofiwch gofio, os gwelwch yn dda, odrwydd y ffaith mai *ffydd* yw'r anianawd sy'n agor y gât ac yn dangos ydych chi, neu nad ydych chi, yn Gristion. Nid proffes unwaith am byth, nid gweithred o ymostyngiad, na rhyw fath o ddefod lurgunio ydyw. Chi, sy'n cael eich cyflwyno dros gyfnod, gan rywrai sy ddim yn cystadlu â chi mewn unrhyw ffordd o gwbl, i'w hadnabyddiaeth ohonoch chi, ac ymollwng i'w cariad tuag atoch, fel eich bod yn darganfod chi'ch hunan yn datblygu i fod yn rhywun mwy na'r hunan hwnnw yr oeddech chi'n tybio'ch bod chi'n ei nabod.

TRAETHAWD 5

Sâf ar dy draed – heb DDUW!

Sesiwn 2 Credu yn y Canol

PRIF SYNIADAU

1. Nid yw mwyafrif y ffurfiau cymdeithasol a diwylliannol a alwn ni'n 'grefyddau' yn troi ar y syniad o 'ffydd'.
2. Yng nghrefyddau Groeg a Rhufain, yr oedd duwioldeb yn golygu aberthu i'r duwiau priodol. Nid oedd yn golygu meithrin perthynas bersonol â'r duwiau.
3. Pennaf nodwedd y Torah yw dehongli'r Gyfraith a pheidio â phoeni am beth y mae Duw yn ei feddwl nac yn ei wneud.
4. Yn Islam y nodwedd ganolog yw gweithred ffurfiol o ymostyngiad a chydymffurfio â'r arferion a'r defodau.
5. Beth sy'n ganolog mewn Cristnogaeth yw nid beth yr ydych *chi'n* ei wneud sy'n bwysig, ond beth y mae rhywun *arall* yn ei wneud, gan eich cynnwys chi yn y gwneud, newid eich hunaniaeth a chynhyrchu *chi newydd.*

MATERION I SYNFYFYRIO ARNYNT.

- O gofio sut y mae'r gair *ffydd* yn cael ei ddefnyddio yng nghyd-destun perthynas pobl â'i gilydd, ym mhwy neu beth ydych chi'n ymddiried (gosod eich ffydd) y tu allan i'r cylch crefyddol?
- Disgrifiwch sut yr ydych ym ymddiried ynddyn nhw.
- Ydych chi erioed wedi colli ffydd yn rhywun? Sut y digwyddodd hynny?
- Beth ddigwyddodd i'ch ffydd?

- Beth fu ystyr ffydd i chi yn y cyd-destun crefyddol?
- Ydi ffydd yn dod yn hawdd i chi, neu ydych chi'n teimlo'ch bod chi'n brin o ffydd.
- Ystyriwch y gwahaniaeth rhwng ffydd ac amheuaeth. Pa bryd y mae amheuaeth, yn ôl James yn isadran fedrus a datblygedig o ffydd?'
- Dywed James bod Iesu yng nghanol y grŵp apostolig wedi gweithredu rhywbeth a newidiodd yn llwyr eu hamgyffrediad o bwy yw Duw a beth oedd ystyr eu diwylliant eu hunain.
- O blith gweithredodd Iesu a welodd y disgyblion, pa un ydych chi'n tybio a'u newidiodd fwyaf?
- Beth oedd y newid a ddigwyddodd yn eu hamgyffrediad o Dduw?
- Pa newid a ddigwyddodd yn eu hamgyffred o beth yr oedd Duw yn datguddio iddyn nhw trwy'r Ysgrythurau?
- Ydych chi o'r farn bod y grŵp apostolig yn dystion y gellir ymddiried ynddyn nhw? Os nad ymddiriedwch ynddyn nhw, yn nystiolaeth pwy y byddech chi'n ymddiried?

SYNIAD I GLOI

Pan fyddwn ni'n siarad am ein ffydd yn Nuw, ydyn ni'n sôn am brofi newid seicolegol anferth yn union fel y grŵp apostolig?

Ym mha ffordd y mae'ch amgyffred o'ch diwylliant chi yn newid?

TRAETHAWD 5

Sâf ar dy draed – heb DDUW!

Sesiwn 3 Troi pethau o gwmpas

Cyflwyniad

Daeth y sesiwn diwethaf i ben yn ein hannog i symud i fan lle y cawn yn gyson fedru derbyn gweithred o gyfathrebu o rywle arall yn hytrach na chael ein gormesu gan flacmêl emosiynol mynnu ein bod yn anelu at y lleuad. Gan gofio hynny, gobeithio y gallwn ddechrau gweld beth oedd amcan Iesu mewn ffordd gyfoethocach. Un o'r pethau yr oedd e'n ei wneud oedd creu ffydd. Yr oedd yn gwneud rhywbeth er mwyn i ni allu credu. Roedd e'n dweud "Rwy'n gwybod eich bod chi'n hawdd eich dolurio. Rwy'n gwybod eich bod yn ei chael hi'n anodd credu bod Duw'n eich caru chi. Rwy'n gwybod bod tuedd ynoch chi i ofni angau. Ac o achos hynny ry'ch chi'n dueddol o ffoi angau, er yn lladd eraill ar yr un pryd, a chymeryd rhan mewn pob math o hunan dwyll a hunan ddinistr. Rydych chi'n ei chael yn anodd dychmygu y bydd pobpeth yn dda, a'ch bod yn cael eich cynnal mewn bodolaeth gan rywun syn haeddu ymddiriedaeth llwyr. Rwy'n gwybod hynny i gyd.

"Beth yr ydw i eisiau'i wneud yw rhoi hwb i chi fedru derbyn bod yr Un a'ch dygodd chi a phopeth arall i fodolaeth, yn haeddu'ch ymddiriedaeth lwyraf, ac nad yw e ddim yn dymuno'ch maglu. Gallwch chi'i gredu. (Credu-ymddiried.) Credwch ynddo fe, credwch yno i. Rwy'n mynd i weithredu mewn ffordd fydd yn ei gwneud yn bosibl i chi gredu – rwy'n bwriadu profi diogelwch Duw i chi". Yn Efengyl Ioan ceir yr union ymadrodd hwnnw. "Credwch yn Nuw, a chredwch hefyd ynof finnau... Yr wyf fi wedi dweud wrthych yn awr, cyn i'r peth ddigwydd er mwyn i chwi gredu pan ddigwydd."[20] Mae Ioan yn llunio araith Iesu cyn y dioddefaint fel trafodaeth lle y mae Iesu'n egluro sut y mae'n annog ni i gredu.

Y ddelwedd sy gen i wrth i mi feddwl am hyn, y ddelwedd ddaeth i fy meddwl oedd Evel Knievel. Mi wn bod hynny'n gosod dyddiad arna'i, ond

20. *Ioan 14.1,29*

dyn ar foto beic oedd e rhyw genhedlaeth yn ôl. Dychmygwch Evel Knievel gyda chriw o feicwyr dibrofiad. Mae'n dweud wrthyn nhw "Iawn rwy'n mynd i yrru lan y ramp, saethu dros saith bws deu-lawr, trwy gylch o dân ac yna disgyn ar yr ochr arall yn ddiogel". Mae'r beicwyr newyddian yn dweud "Amhosibl". Felly mlaen â fe a chyflawni'r gamp. Dywed rhai o'r beicwyr "O wel, wir, falle bod e'n bosibl wedi'r cyfan". Ac ar ôl tipyn mae un ohonyn nhw'n magu tipyn o blwc ac yn cyflawni'r gamp. Ac yna daw mwy o bobl a'i wneud nes ei fod yn eitha cyffredin. Felly'n sydyn dyma Evel Knievel yn dweud "Iawn te, pedwar ar ddeg o fyses deu-lawr, cylch o fflam a'r *Grand Canyon*". Ac mae pawb yn dweud wrtho fe "Ti wedi colli dy ben". Ac mae'n mynd a chyflawni'r gamp, a wyddoch chi, ar ôl tipyn o faglu o stryffaglu mae'r beicwyr newyddian yn cyfarwyddo â'r syniad ei bod yn bosibl wedi'r cyfan, a maen nhw'n darganfod eu hunain yn cyflawni'r amhosibl.

Fel mater o ffaith, peth ddynol eitha safonol yw hyn. Unwaith mae rhywun wedi torri record, fydd e ddim yn hir cyn i rywun, rhywle, ei thorri eto, ac mae'r record yn cael ei mestyn dros gyfnod gan fod beth oedd yn edrych yn amhosibl, yn sydyn yn dod yn eitha cyffredin. Oes na rywun am fynd rownd y byd mewn pedwar ugain diwrnod? Unrhywun? Wel dyma i chi'r math o ddelwedd sy tu cefn i beth mae Iesu'n ei drafod yn Efengyl Ioan. "Fe fyddwch chi'n gallu gwneud pethau mwy na fi, am fy mod innau wedi mynd at fy angau fy hun." Mewn geiriau eraill; "Rwy'n mynd i wneud rhywbeth sy'n cyfateb i Evel Knievel. Ond yn hytrach na chylch twp a siwt reidio motor beic serenog dwpach fyth, rwy'n mynd i drigo ym mwlch angau. Dyna'r peth sy'n eich dychryn chi gymaint a chithau'n styried nad yw'n bosibl mynd trwyddi, ond os âf fi yno fyddwch chi ddim mwyach yn cael eich rheoli gan yr ofn hwnnw.

"Am fy mod yn gwneud hynny, fe fyddwch chi'n gallu gwneud yr un peth a llawer mwy. Fe fyddwch chi'n gallu gwneud pethau mwy nag a wnes i ac fe fyddwch yn medru gwneud hynny am na fyddwch mwyach yn cael eich rheoli gan ofn. Mantais yw i chi fy mod i'n mynd at fy angau, nid am y bydda innau allan o'ch ffordd, ond i'r gwrthwyneb, am y bydda'i wedi agor i chi'r posibilrwydd o beidio a chael eich rheoli gan y bwgan hwn".

Welwch chi beth mae e'n ei wneud? Mae'n bwrw ati i gynhyrchu ffydd. Nid yw ei syniad e'n golygu "Rhaid cael rhestr o osodiadau y bydd yn rhaid i chi eu credu" ond i'r gwrthwyneb, " Mi fyddai'n dda gen i pe bawn i'n gallu cael i mewn i'ch pennau bregus, ofnus, twp, y gallwch chi fel mater o ffaith ymddiried yn Nuw ac ymddiried yno'i. Rydw i'n mynd i weithredu yn eich plith yn y fath fodd ag i brofi hyn i chi, fel y byddwch chi wedyn wastad yn rhydd oddiwrth eich ofn angau". Dyma, gyda llaw, yn fanwl iawn sut y mae'r Epistol at yr Hebreaid yn mynegi'r union realiti hwn.

> *Felly gan fod y plant yn cydgyfranogi o'r un cig a gwaed, y mae yntau, mewn dull cyffelyb, wedi cyfranogi o'r cig a gwaed hwnnw, er mwyn iddo trwy farwolaeth, ddiddymu'r hwn syn rheoli marwolaeth, sef y diafol, a rhyddhau'r rheini oll oedd, trwy ofn marwolaeth, yng ngafael caethiwed ar hyd eu hoes.*[21]

Delwedd arall: bydd llawer ohonoch wedi gweld ffilmau digon ych-y-fi̇aidd fel yr *Exorcist* lle mae na olygfeydd o gwmpas gwely angau. Yn y rhain mae na offeirad mewn gwisg ddel, gan amlaf un o'r Iesuwyr, yn dod at y person sy'n marw ac yn dal crog o flaen llygaid yr un sy'n marw. Ac wrth gwrs yn y traddodiad Eingl-Americanaidd ych-y-fïaidd hwn, amcan y cwbl yw cynhyrchu edifeirwch yn y pechadur – a dyna i chi ddealltwriaeth nodweddiadol fodern, foesegol o'r fath bethau. Ond fel mater o ffaith, mae holl amcan dal crog o flaen llygaid rhywun sy'n marw yn haws ei ddeall gyda'r patrwm Evel Knievel. "Mae e wedi bod yno o dy flaen di, mae'n iawn, paid ag ofni. Ymollwng, cymer dy gario trwy'r cyfnod yma".

Gobeithio'ch bod chi'n gweld bod hyn yn cael gwared ar y math o ffydd sy'n faich. Yn hytrach na gorchymyn gormesol y dylech chi drïo credu un deg saith o bethau amhosibl cyn brecwast, dyma lun o rywrai sy'n ymdrechu'n enbyd i gyfleu i chi bod modd ymddiried ynddyn nhw. Nid hawlio dim gennym ni y maen nhw, yn gymaint a gwneud y gwaith o'n tywys ni i fedru ymollwng. Ac mae hyn yn ganolog i beth rwy wedi bod yn siarad amdano o'r dechrau. Mae ffydd yn faich ar y person syn ceisio'ch cael ei ymollwng, nid arnoch chi! Ffydd yw'r anianawd ynoch chi y mae rhywun arall wedi gweithio'n galed i'w gynhyrchu. Mae'r *anianawd ynoch chi* y mae rhywun arall wedi gweithio i'w gynhyrchu yn *rhodd* ynoch chi oddiwrth y person a wnaeth y gwaith o'i gynhyrchu. Mae hyn yn wrthdroi llwyr ar y ffordd yr ydyn ni wedi arfer clywed y fath bethau'n cael eu trafod.

---

21. *Hebreaid* 2.14-15

Lle angau ac atgyfodiad y tu mewn i ffydd sy'n rhodd

Fe garwn geisio egluro, mewn ffordd gyfoethocach, dwy ddimensiwn, os mynnwch, beth yr oedd Iesu'n ceisio'i wneud wrth fynd i'w farwolaeth yn y ffordd y gwnaeth, dau beth yr oedd e'n treio'u cyfleu i ni. Y mae a wnelo'r cyntaf â nerth Duw ac absenoldeb angau ohono. Wrth feddiannu bwlch angau heb gael ei reoli ganddo, a dyna a wnaeth Iesu, a dangos wedyn nad oedd wedi ei oruwchlywodraethu gan angau, yr oedd Iesu'n agor drws i ni ar rywbeth ynglyn â Duw. Sef, nid oes a wnelo Duw ag angau o gwbl, dyw e ddim yn rhan ohono, mae Duw heb ei yrru gan angau a heb ei ddychryn ganddo. Dyw e ddim yn gymaint â *blip* difrifol ar sgrin radar Duw. Dyw e'n ddim byd mwy nag un math o amlinelliad o'r math o greaduriaid yr ydyn ni. Y mae o gyn lleied o bwys i Dduw fel nad ydi Duw ddim yn cystadlu ag angau o gwbl. Nid oes ar Dduw ofn angau, nid yw wedi ei faeddu gan angau, nac wedi ei gyffwrdd gan angau o gwbl.

Dyna sut y bu i Iesu, wrth fynd i'w angau yn y ffordd y gwnaeth, fedru dangos nad oedd a wnelo Duw ag angau o gwbl, trwy fod yn ddyn marw wedi ei gynnal mewn bywyd. Dyn marw yr oedd bywyd Duw ynddo wedi trawsnewid angau'n beth ansicr. Mewn iaith wahanol, fe wnaeth Iesu lyncu angau i mewn i'w fywyd, a'i wneud, felly, yn ddi-wenwyn am byth.

Sylwch, os gwelwch yn dda, beth yw ystyr hyn: mae'n golygu mai angau ac atgyfodiad Iesu yw ffordd Duw o brofi ei fod yn gallu ac yn dymuno cynnal creaduriaid dynol mewn bodolaeth trwy angau, gan ddechrau yma a nawr. Felly gallwn ni nawr, eisoes, ddechrau byw fel pe na bai angau'n bod. Gallwn ddechrau ymddiried y bydd Duw yn ein cynnal drwyddo. A'r canlyniad allweddol yw na fydd angen i'n ffordd ni o edrych ar bethau mwyach fod wedi ei heintio gan oferedd. Wedi'r cyfan, os derbyniwn ni bod angau mewn gwirionedd yn realiti terfynol, yna pam poeni am ddim ? Pam poeni am lawer o bethau os ydyn ni i gyd yn farw yn y pen draw? Pam poeni am gyfiawnder? Dim ond cael eich lladd wnewch chi. Does dim rhyw brosiect o bwys yn mynd ymlaen, felly pam poeni sefyll lan a threio newid diwylliant, a thalu pris nawr er mwyn i eraill gael llês ohono nes ymlaen. Man a man i chi fynd gyda'r cyfoethog a'r dylanwadol sy'n rhedeg y sioe, a gadael iddyn nhw gael eu ffordd trwy drefnu pethau i siwtio'u hunain. Mae'n saffach fel na. Fy mhwynt i yw, pam mentro dim? O leia alla'i arbed fy nghroen fy hunan.

Felly pan yw Iesu'n meddiannu gofod angau drosom ac yn gwneud hynny'n ddi-wenwyn, mae'r cyfan yn ymwneud â natur *nwyfusrwydd llwyr* Duw, ac o ganlyniad â phopeth sy'n bodoli; mae'n rhan o prosiect ddirgrynol sy'n anelu at rywbeth llawer mwy nag y gallwn ni ei ddychmygu. Mwy, mae'n brosiect y gallwn fentro bod yn rhan ohono. Mae'n werth dysgu sut i chwennych pethau, dyheu am bethau dros hir dymor, a dechrau gweithio i'w dwyn i fodolaeth. Gallwch fentro darganfod eich hunain ar y tu mewn i brosiect ddi-ddiwedd, fel ei bod yn werth sefyll dros y gwan, y bregus, y rhai sy wedi cael eu bwrw allan a'u hel ar frys tuag at angau, a gallwch fforddio fod yn hael, gan eich bod chi'n rhan o brosiect syn cael ei gyflawni y tu hwnt i fesur eich bywyd chi, ac mae'r cyfranogi hwnnw yn anfarwol.

Gallwch weld sut y mae cyfiawnder, er enghraifft, yn mynd yn bwysicach na bod yn fyw, am fod cyfiawnder yn rhan o gynllun y Creawdwr y gallwch chi fod yn rhan ohono. Dyw bod yn farw ddim yn rhwystr i hynny. Gallwch ddechrau cael cip bach ar beth oedd Iesu'n ei feddwl wrth ddweud pethau fel "Mae gan yr hwn syn credu ynof fi, fywyd tragwyddol"; y mae'r ffaith syml o gredu bod Evel Knievel yn medru ac wedi mynd trwy'r cylch uwchben y rhes bwsiau deulawr eisoes yn ddechrau'r atyniad hwnnw a fyddai'n cymeryd y beiciwr newyddian trwyddo a throsodd. Felly y mae'r ffaith o gredu yn Iesu sy'n meddiannu gofod angau eisoes, yn rhan o'r atyniad sy'n eich cymeryd chi i'r un gofod, a chael eich bod yn tyfu ac yn ehangu drwyddo.

Lle'r aberth maddeugar yn y rhodd o ffydd

Ond nid nerth ac absenoldeb-marwolaeth o Dduw yn unig sy'n cael ei wneud yn weladwy, yn amlwg, yn dri dimensiwn, wrth i Iesu fynd i'w angau. I ni does dim modd gwahanu angau oddiwrth realiti cywilydd, diffyg pwer, poen, methiant a cholled. Nid mynd i feddiannu gofod angau mewn rhyw ffordd haniaethol a glân y gwnaeth Iesu. Aeth i feddiannu gofod y math o greadur dynol sy'n cael ei daflu allan er mwyn i eraill allu goroesi. Mewn geiriau eraill, aeth i'w angau fel aberth, y math o berson y mae pobl eraill yn ffurfio mintai yn ei erbyn. A'r rheswm bod hyn o bwys yw ei fod yn ein maglu ni, fel petae, ar ein gwaethaf. Mae gofod yr aberth yn lle nad oes neb ohonom ni eisiau'i feddiannu, ac os cawn ein hunain ynddo, fe fyddwn yn strancio a sgrechen. Yn fwy perthnasol, treuliwn lawer iawn o'm hamser yn pwyntio bys ac yn sicrhau bod pobl eraill yn y fan honno, ac nid ni.

Nawr wrth i Iesu fynd i mewn a meddiannu'r gofod hwnnw'n fwriadol, heb fod unrhyw beth deniadol ynddo, mae fe nid yn unig yn profi nad oes angen ofni angau, ond hefyd nad oes angen ofni cywilydd, gwarth, na'r ffaith ein bod ni wedi darostwng eraill i gywilydd a gwarth. Mae e fel petae e wedi dweud "Ie, fe wnaethoch chi hyn i mi, fel rych chi'n ei wneud i'ch gilydd, a rwy innau'n diodde hyn, yn meddiannu man ei ddigwydd, ac rwy'n gwneud hynny heb chwerwi na digio. Yn wir, yr oeddwn yn awyddus i feddiannu'r gofod yma er mwyn ceisio treio cyfleu i chi fy mod, nid yn unig yn gyfangwbl fyw, ond fy mod yn ymroi yn llwyr i gariad. Does na ddim byd y gallwch ei wneud, dim mesur o ddrygioni y medrwch wneud i'ch gilydd, fydd yn gallu fy rhwystro rhag eich caru chi, dim y gallwch ei wneud i wahanu'ch gilydd oddiwrtha i."

Nid bod Iesu'n gweithredu'n weladwy ar lefel ddynol, anthropolegol yw'r pennaf pwynt, na chwaith nad yw'r Arall-arall yn cael ei yrru gan angau ac yn dymuno iddi fod yn bosibl i ni, fodau llwyr ddynol fel ag yr ydyn ni, i beidio gael ein gyrru ganddo chwaith. Yr oedd Iesu hefyd yn weladwy, yn gweithredu ar y lefel ddynol anthropolegol, yn dangos nad oes ar Dduw ein hofn ni, nad ydyn ni'n faen tramgwydd iddo, trwy ein creulondeb, ein trais, ein hanallu, ein twpdra. Yn wir y mae Duw yn ein hoffi gymaint fel ei fod am i ni ddeall nad oes ynddo ef, yn wahanol i ni, ddim "yn erbyn" nac "yn wrthwyneb" nac "eisiau maglu" o gwbl. Y mae'n hytrach am i ni fyw bywydau cyfoethocach, mwy cyflawn na'r bywydau y llwyddwn i oroesi ynddyn nhw am ein bod yn gyson yn beio ac yn gwneud bwch-dihangol o bobl eraill. Mewn geiriau eraill yr oedd Iesu am ddangos mewn tri dimensiwn bod Duw yn ein caru ni.

Cael fy llefaru i fodolaeth gan un sy' n fy ngharu

Nawr rwy am ystyried rhai o ganlyniadau'r ffaith bod yr *Arall-arall* wedi dod i mewn i'r arall-cymdeithasol fel hyn. Y mae'r *Arall-arall* wedi dod yn bresennol fel un sy'n gweithredu ar lefel ddynol, a rydyn ni'n darganfod ei fod, o dipyn i beth, yn ein llefaru i fodolaeth. Ac mae'r un sy'n llefaru i fodolaeth yn ein caru ni. Yn gyffredin, wrth gwrs, yr arall-cymdeithasol sy'n ein llefaru i fodolaeth, yn rhoi i ni hunaniaeth. Ac fel y gwelson ni o'r blaen, mae na elfen o gariad yn hynny, ac elfen o sefydlogrwydd. Ond nid dyna ei ben draw. Fe wyddon ni mor hawdd yw e i ni ddibynnu'n llwyr ar yr arall-cymdeithasol am gymeradwyaeth, am hunaniaeth, am ymdeimlad o bwy ydyn ni a beth yw'n gwerth ni. Ac fe wyddon ni hefyd mor hawdd yw colli'n hunain, gwerthu'n hunain er mwyn ennill, cadw cymeradwyaeth pobl. Mae parch yr *arall cymdeithasol* yn beth daufiniog iawn; mae'n caniatau i ni'n aml, ymdeimlad o bwysigrwydd ac o berthyn ond dros dro'n unig; ond dim ond pan yw'n gyfleus i eraill sy fel petaen nhw'n dymuno'r gorau i ni, ond nad ydyn nhw, mewn gwirionedd.

Nawr, rhan o beth sy'n mynd mlaen, wrth bod Iesu wedi meddiannu gofod i ni, fel y gwnaeth ymhlith y tystion apostolaidd, yw ein bod yn darganfod ein bod yn cael ein gwthio i fentro gollwng gafael ar ein hangen am rhyw "bigiad sydyn" o gymeradwyaeth cyflym. Yn lle hynny cawn ein galluogi i ddarganfod ein hunain, a'n bod yn cael ein hoffi a'n caru gan rywun sy heb unrhyw amcan na chyfleusdra y tu hwnt i hynny. Felly rwy'n darganfod fy mod yn cael fy llefaru i fodolaeth nad yw'n cael ei yrru gan angau, ac yn cael derbyn "hunan" sy'n llawer, llawer iawn mwy na dim y gallwn i fy hunan fod wedi ei ddyfeisio drosta'i fy hun. Mae hyn am fy mod yn medru ymddiried mai rhywun nad yw'n adnabod angau sy'n fy nwyn i fodolaeth allan o ddim byd, ac yn fy nal mewn bodolaeth fel nad oes angen i mi ofni bod yn ddim. Mewn geiriau eraill, ffydd sy'n fy ngalluogi fi i ymollwng ddigon i gael fy estyn allan i fod yn rhywbeth llawer mwy nag y gallwn i ei ddychmygu.

Un o ganlyniadau od i hyn, wrth iddo ddigwydd yn eich bywyd, yw ei fod yn darfod bod mor bwysig i fod yn *dda*. Ac mae hyn yn beth od am Gristnogaeth o gymharu â chrefyddau'r byd yn gyffredinol. Mae'n dechrau gyda'r dybiaeth ei bod hi'n draed moch arnoni. Dy'n ni ddim yn dechrau'n dda ac yna'n gwneud smonach ohoni. Mae hi'n draed moch arnoni o'r cychwyn. Ac wrth i ni ddarganfod ein bod yn annwyl, yn wrthrych cariad, felly ryn ni'n gallu gollwng gafael ar ein hymdrechion i fod yn dda, sy gan amlaf yn beryglus ac yn gwneud dolur i bobl eraill. Wrth i ni sylweddoli'n bod ni'n annwyl ac felly'n medru rhoi'r gorau i drafod pobl er mwyn iddyn nhw'n caru ni, felly hefyd y cawn ein hunain yn medru gwneud pethau sy'n *wirioneddol* dda, allan o haelioni yn hytrach nag o'r angen i wneud ein hunain yn barchus, ac i gyfiawnhau'n hunain.

Ydych chi'n cofio Anti Pegi a'r un oedd yn eich cyfweld? Dyma beth oedd y Diwygiad Protestanaidd yn ei feddwl wrth ddweud nad ydyn ni'n cael ein cyfiawnhau trwy weithredoedd, ond trwy ras, trwy ffydd. Os ydych chi eisiau cyfiawnhau'ch hunan, mae'n arwydd nad ydych chi wedi ymollwng ynglyn â bod yn wrthrych cariad; mae'n golygu nad ydych chi'n adnabod y cariad tuag atoch chi sy gan yr un sy'n eich holi chi. Pan yw rhywrai eisiau cyfiawnhau eu hunain, mae'n arwydd sicr o ddiffyg cariad, ac na wyddan nhw mor annwyl ydyn nhw. Ond arwydd sicr o rhywun syn gwybod ei fod yn wrthrych cariad yw nad oes angen cyfiawnhau ei hunan o gwbl. Yr oedd y Diwygiad yn gwbl iawn i fynnu mai am fod rhywun yn ein caru ni o haelioni yr ydyn ni'n medru gollwng gafael ar yr angen i gyflawni gweithredoedd da. Y trueni o safbwynt Catholig oedd nad aethon nhw'n ddigon pell. Yn union wrth roi'r gorau i orfod gwneud gweithredoedd da, y darganfyddwch eich bod yn dymuno ymateb i gariad trwy wneud rhyw ddaioni. Pan y'ch chi'n darganfod nad oes rhaid i chi roi tusw o flodau fel mater o ddyletswydd, fe ffeindiwch chi'n sydyn awydd datgan eich cariad trwy rhoi tusw o flodau.

Y mae dymchwel eich cyflwyniad tŷ gwydr ohonoch chi'ch hunan, gollwng y masg, hefyd yn gychwyn eich gallu i roi am eich bod yn dymuno gwneud hynny, a rhyw *chi* nad oeddech chi'n gwybod ei fod yno, yn dymuno gwneud hynny. Fe gewch eich hunan yn gwneud pethau allan o gariad, a'r pethau hyn yw'r "gweithredoedd" sy'n dangos bod eich ffydd yn beth byw.

Peidio â phoeni am fethu dweud y gwir

I barhau gyda'r thema braidd yn od yma: mae hyn i gyd yn awgrymu, ac 'rwy'n credu ei fod yn wir, bod pobl, unwaith y maen nhw wedi dechrau ymollwg i'r rhodd o ffydd, yn ymddangos ar y wyneb fel pe bae'n nhw'n waeth pobl. Pam? Am nad ydyn nhw'n poeni gymaint am dwtio'u stori. Os ych chi'n gyson ymwybodol y gallai'r glas alw heibio ac y byddech chi'n agored i'ch brifo ganddyn nhw, fe fydd gyda chi bob amser stori'n barod. Fe fydd eich hunan-gyflwyniad yn dwt a gorffenedig ac yn amddiffynol drefnus. Ar y llaw arall os nad ydi'r glas yn mynd i ddod a'ch dal, yna does dim eisiau paratoi'ch stori, does dim angen cael eich eglurhad dwt eisoes wedi ei pharatoi.

Canlyniad hyn yw mai blaenffrwyth yr ymollwg a ddaw gyda ffydd yw colli gafael ar y stori am fod yn rhinweddol, colli'r stori am fod yn ddiniwed, colli stori amddiffynol am "fi sy'n iawn" am nad oes arnoch chi angen stori sy'n dweud mai chi sy'n iawn. Y stori sy'n cael ei rhoi i chi yw'r stori am fod yn wrthrych cariad. A dyna beth mae fe'n feddwl i ystyried eich hunan yn bechadur; ymhell o "weld eich hunan fel pechadur" fel petae arnoch chi rhyw bwysau moesol i gosbi'ch hunan a darparu rhestr o wendidau honedig, mae medru gweld eich hunan fel pechadur yn ddim ond arwydd eich bod yn gallu cynnal eich hun yn dangnefeddus a realistig fel y person yr ydych chi, heb fod yn amddiffynol, oherwydd fe wyddoch eich bod yn wrthrych cariad. Does arnoch chi ddim ofn cael eich 'styried, na bod, yn fethiant.

Ac wrth gwrs beth syn dilyn o hyn yw un o'r pethau welson ni yn y traethawd cyntaf, sef eich bod chi'n gallu dechrau dweud stori amdanoch chi'ch hunan sy'n llawer iawn mwy cyfoethog a llac. Gallwch fod yn hanesydd sy'n adolygu'r stori mewn ffordd llawer iawn mwy hyblyg. Does dim mwyach raid i chi smwddio'r crychau anghyfleus yn eich eglurhad o pam y gwnaethoch chi'r peth hyn neu'r peth arall, gan osgoi rhoi ryw gipolwg ar eich amcanion, rhag ofn i rywrai'ch hatgoffa chi o ryw hylldod y maen nhw'n amau sy ynoch chi, y byddai'n well ganddoch chi beidio â chael eich hatgoffa ohono, ac felly ry'ch chi'n mygu'r amheuaeth. Mae'r holl angen yna i amddiffyn eich hunan, i roi cyfri amddiffynol ohonochi'ch hunan, cyfrif sy'n eich cyfiawnhau chi, yn dechrau diflannu.

Rhan o'r profiad o fod yn wrthrych cariad yw sylweddoli mod i wedi bod yn dweud celwydd. Rwy wedi bod yn rhoi cyfrif ohona'i fy hun, ac wedi dwyn i mewn iddo ychwanegiadau mewn ffordd nad oedd yn onest. Mewn geiriau eraill, rwy'n gelwyddgi. A'r peth rhyfedd am y rhodd o ffydd, y gallu i ymollwng i'r ymddiriedaeth gyflawn a llwyr yng ngwirionedd a charedigrwydd cariadus yr *Arall-arall*, yw ei fod yn meithrin ynoni ymwybyddiaeth nad ydyn ni'n dweud y gwir. Ac mae'n ein galluogi ni i ymollwng am hynny wrth i ni ddarganfod ein hunain yn derbyn elfennau o stori amdanoni'n hunain, ac yn cynnwys ni'n hunain, sy'n llawer mwy cyfoethog, ond hefyd yn llawer mwy realistig na'r un yr oedden ni'n dal gafael ynddi cynt.

Mae'r elfen hon yn rhodd fydd yn rhywbeth gwerth aros gydag e yn enwedig y rheini ohononi sy'n pregethu yn yr eglwys neu'n dysgu mewn mannau crefyddol ac sy oherwydd hynny yn diodde mwy o'r demtasiwn i fod yn "iawn". Oherwydd gallwn i gyd wahaniaethu rhwng rhywun y mae ffydd yn *ideolog* iddo/iddi, ac sy felly'n dweud celwydd tra'n argyhoeddedig ei f/bod yn dweud y gwir, a rhywun syn dechrau profi ffydd fel rhodd, ac felly sy'n cael ei hun yn siarad yn fwy petrusgar, yn fwy abl i ddirnad cymaint y cafodd ef/hi ei g/chlymu mewn celwydd. Gallwn wahaniaethu rhwng y ddau a chanfod bod yna rhyw gulni sy'n perthyn i orfod glynu wrth ryw un safbwynt, a rhyw ehangder yn mynd gyda chael eich hunain yn cael eich cynnal yn y gwir. A gallwn weld pan mae rhywun yn dwyllwr.

Pan welwn ni rywrai sy'n amlwg yn mynd trwy brofiad o rywbeth sy ddim yn dod ohonyn nhw eu hunain, rhan o'r gwirionedd sy'n eu hamgylchynu yw eu gallu i eistedd yn dawel a derbyn mai celwyddgwn ydyn nhw. Mae hyn yn ymddangos yn od, ond mae'n bwysig i'r rheini ohonom sy wedi cael cais i fod yn dystion mewn rhyw ffordd neu'i gilydd. Dwy ddim yn cymell neb i fod yn anonest, beth rwyn ei gymell ydi ymollwng a pheidio a chythryblu'n ormodol wrth ddarganfod pa mor anonest yr ydyn ni.

Amheuon, argyfyngau ffydd, tagiadau yn yr hunan

'Rwyn gobeithio wrth ni fwrw 'mlaen ei bod wedi dod yn gliriach beth yw lle amheuaeth ar y tu mewn i ffydd sy'n rhodd. Efallai'ch bod chi'n cofio'r darlun y dechreuon ni gydag e, y "ffydd" sy'n fath o *ideoleg* y mae'n rhaid glynu'n dynn wrtho, ac anelu at y lleuad. Yn y darlun hwnnw, mae beth yr ydyn ni'n ei alwn'n *amheuaeth* yn ryw fath o wendid ar ein rhan, yn fethiant i anelu'n ddigon cry' at y lleuad neu'n ddiffyg egni mewn argyhoeddiad unochrog o iawnder ein hideoleg. Yn y math yna o olwg ar y byd mae "amheuaeth" yn rhywbeth syn gyfartal a gwrthwyneb i "ffydd" ac yn rhywbeth i'w ystyried yn elyn, o bosibl yn elyn marwol. Fe ganwn "Anghrediniaeth gâd fi'n llonydd!"

Ond os yw'r darlun yr ydw i wedi bod yn ei ddatblygu gyda chi yn gywir, yna mae ffordd gwbl wahanol o benderfynnu gwerth amheuaeth yn dod i'r golwg. Byddai beth alwn ni'n amheuaeth yn beth perffaith normal, yn wir yn beth i'w ddisgwyl. Os mai rhywun arall sy'n eich llefaru i fodolaeth, un o'r pethau y darganfyddwch chi yw hyn. Ar waethaf rhyw elfen hysbys i chi'ch hunan, pwy ydych chi, a pwy oeddech chi'n meddwl oeddech chi, fe ffeindiwch chi dros gyfnod nad ydi pethau'r union fel yr oedden nhw. Fe ffeindiwch chi nad ydych chi mor hysbys i chi'ch hunan. Bydd darnau bach cynefin yn cael eu rhwygo bant, a darnau bach anhysbys yn dechrau ymddangos. Yn hytrach na bod mewn tŷ perffaith gyfarwydd, fe ddechreuwch ddarganfod fan hyn a fan draw, mai ar safle adeiladu yr ydychi. A bydd hyn yn golygu teimlo'ch bod braidd ar goll o dro i dro ynglyn â phwy oeddech chi'n meddwl yr oeddech chi, a gorfod dysgu sut i wahaniaethu rhwng y pethau yr oeddech chi'n meddwl eu bod nhw'n gadarn ddigon a phendant ynoch chi'ch hunan, a'r pethau sy ond nawr yn dechrau dod yn eglur. Rhwng lloriau a grisiau sy eisoes yn eu lle, rhwng lloriau a drysau sy eto i'w cwblhau.

Mewn geiriau eraill mae amheuaeth yn rhan hanfodol o ffydd sy'n rhodd, ac nid yn fygythiad cyfartal a gwrthwyneb iddo. Am y rheswm eich bod chi'n cael eich galw i fod yn rhywbeth gwahanol, fe fyddech chi'n disgwyl fod yna hergwd neu ddau wrth i bwy ydych chi newid. Os ddechreuwn ni trwy feddwl am ryw *hunan* sefydlog yn anelu tuag at Dduw yn y lleuad, yna pan gawn ni'n hunain o dro i dro yn cael ein hysgwyd, fe ddychmygwn ein bod yn mynd trwy argyfwng ffydd, fel petae Duw'n dioddef canlyniadau am i ni gael ein cythryblu. Fel mater o ffaith dyna gael pethau'n gwbl tu chwith. Beth fyddech chi'n disgwyl i ddigwydd, wrth i'r *Arall-arall* ein cymell ni i fentro bod yn rhywbeth gwahanol a mwy nag oeddech chi wedi ei feddwl, yw y byddwch chi'n cael argyfyngau ohonoch chi'ch hunan, cyfnodau pan fyddwch chi'n cael profiad o "golli'r byd". Fydd pethau ddim yn ymddangos fel cynt, a fyddwch chi ddim yn siwr am eich cyfeiriad. Fe gollwch chi ryw deimladau yr ydych wedi dod i feddwl amdanyn nhw fel rhai "crefyddol". Ond, ac mae hyn yn bwysig, *nid teimlad yw ffydd.* Ffydd yw'r anian sy'n eich cadw'n sefydlog hyd yn oed pan nad oes gennych chi unrhyw deimladau. Mae teimladau'n rhan o beth sy'n ein sicrhau ni fod pethau'n gynefin. Ond rhodd ffydd yw beth sy'n eich galluogi i gael eich hestyn y tu hwnt i gynefindra pethau, pan nad yw'n teimladau'n rhoi i ni eu hadroddiadau arferol.

Felly rwy am bwysleisio bod beth alwn ni'n argyfyngau ffydd, yn amlach na dim, yn well o'u disgrifio fel rhwystrau yn yr hunan (occlusions, blockages) Darnau ohonom ni'n dechrau chwalu ac oherwydd hynny rydyn ni braidd fel cwch wedi ei ddatglymu oddiwrth pwy ydyn ni a sut yr ydyn ni'n perthyn. Onid dyna'n union fyddech chi'n ei ddisgwyl petai rhywun yn eich cymell i mewn i fyd mwy! Fe fyddech chi'n disgwyl profi colli byd, eich byd chi, byd llai, ac felly colled dros dro o'r weledigeth o faint y gellir ymddiried ynddo. Ond mae'r munudau hyn o golled, o ddryswch yn rhan hanfodol o rywun yn rhoi ffydd i chi fel rhodd, nid bygythiad i'r ffydd honno. Dyma rywbeth oedd yn arfer cael ei ddeall yn glir tan yr unfed a'r ail ganrif ar bymtheg. Dyna pryd y daeth y syniad o ffydd fel rhyw fath o gywirdeb am osodiadau, a hwnnw'n syniad wedi ei gysylltu â math o berthyn i blaid, ddechrau disodli'r olwg mwy hen ffasiwn ar ffydd fel proses o dderbyn anianawd gyson wrth gael ein symud i rywle arall. Dyma gyfnod y rhyfeloedd crefydd, tua'r un cyfnod â'r amser pan oedd Descartes yn datblygu ei athroniaeth. Dyma'r cyfnod pan oedd hi, fel petae, wedi dod yn bwysig i grefydd beidio â bod yn fater o rinwedd (ac y mae rhinwedd yn anianawd gyson) ond yn fater o *gredu*. Ac roedd y credu hwn yn eich gwneud yn aelod o garfan, y garfan Gatholig neu'r garfan Brotestanaidd, dros y brenin neu'n erbyn y brenin. Ac felly daeth uniongrededd i olygu'ch bod chi'n aelod llawn o'ch plaid, a dechreuodd ideoleg a gosodiadau ddisodli'r hen ddealltwriaeth o beth yw *ffydd*.

Serch hynny yr hen olwg gyson yw'r un mwyaf dibynadwy a'r ddealltwriaeth mwy traddodiadol ar *ffydd*. A'r tu mewn i'r ddealltwriaeth draddodiadol, y mae amheuaeth ac argyfwng yr hunan, sef beth alwn ni'n argyfyngau ffydd, yn normal ac nid yn ddiwedd y byd

Dyma'n union beth ddylid ei ddisgwyl. Yn union am eich bod wedi ymollwng ynglyn â rhywun mwy na chi yn eich cynnal, fe fyddwch chi wedi ymollwng digon i fyw trwy brofiad o argyfyngau'r hunan. Os nad oes neb mwy na chi yn eich cynnal mewn bodolaeth, yna mae'n rhaid i chi'ch hunan ddal yn dynn ynoch chi'n hun, a pheidio â gadael i chi'ch hunan brofi'r moethusrwydd o gael eich ail-lunio o'r tu mewn.

Plantos a fframiau Zimmer: edrych ar ffydd trwy lygaid yr un sy'n rhoi ffydd i ni

Wrth i ni orffen heddi, fe garwn adael gyda chi ddelwedd fydd, gobeithio, yn eich galluogi chi i wneud synnwyr o'r amrywiaeth pethau y buon ni'n eu trafod. Delwedd cwbl chwerthinllyd yw o blant bach a fframiau Zimmer.

Gadwch i ni ddychmygu fod gyda ni lond ystafell o blant bach – plant, heb oedolion ar eu cyfyl. Does yna ddim oedolion o gwmpas ac nid yw'r plantos erioed wedi gweld oedolyn. Y cwbl a welson nhw erioed oedd plantos eraill. Felly maen nhw'n cropian o gwmpas dros y lle i gyd ar eu pedwar. Welson nhw neb erioed yn sefyll ar ddwy goes, a'r cwbl a wyddan nhw yw sut i wingo o gwmpas orau fedran nhw ar eu pennau-gliniau a'u boliau.

Gadewch i ni ddychmygu, ynghanol y llanast plentynaidd hwn, bod un o'r plantos yn dechrau treio clwydo ar ddwy goes a hyd yn oed yn dechrau sefyll ar ei draed. Allwch chi ddychmygu'r ymateb? "Pwy wyt ti'n feddwl wyt ti? Gwell na ni? Sefyll ar ddim ond dwy goes! cwbl wirion! Lawr â thi, lawr ar dy bedwar fel y gweddill ohononi, neu fe dynnwn ni di lawr i dy faint. Allwn ni ddim diodde peth fel hyn! Petai Duw wedi bwriadu i ni sefyll ar ddwy goes, fyddai fe ddim wedi rhoi pedair i ni."

Wel, ry'n ni'n gallu dychmygu'r math o agwedd y byddai hynny'n ei hysbrydoli – plwc câs o'r syndrom "torri'r blodyn tal" fel mae'n cael ei alw yn ambell fan. Ond wrth gwrs, nid dyna'r profiad dynol. Profiad plantos yw bod yna oedolion o gwmpas, a phe bai nhw ddim yno byddai'r plantos ddim byw. Felly o oed cynnar iawn, ac ymhell cyn y gallan nhw wneud y fath bethau drostyn nhw eu hunain, mae plant yn gweld oedolion yn cerdded ar ddwy goes. Yna fe ddaw ryw gyfnod pan fydd oedolion yn dechrau helpu'r plantos i gerdded. Nawr cofiwch nad yw'r bwndeli bach hyn ar y funud yn meddu'r cyhyrau i gerdded ac ar hyn o bryd y mae cerdded yn gorfforol amhosibl iddyn nhw. Ac yn sicr does ganddyn nhw ddim amcan am ddeall y ddamcaniaeth o sut y bydd hi ryw ddydd yn bosibl iddyn nhw gerdded. Does neb ohonyn nhw'n mynd i ddysgu damcaniaeth *symud trwy rodio* cyn iddyn nhw gerdded.

Felly 'dyw'r plant ddim yn gwybod ei bod yn bosibl iddyn nhw gerdded. Fel mater o ffaith y mae'n amlwg yn amhosibl iddyn nhw ar hyn o bryd, er heb iddyn nhw wybod, maen nhw wedi cael eu llunio i gerdded. Eto, o dipyn i beth, fe fydd oedolion yn dechrau eu helpu, gan ddal eu dwylo, eu harwain gyda'r oedolyn yn cerdded, neu'n symud ar ei benglinaiu tuag yn ôl. Fe fydd hynna'n para am ychydig gamau, ac yna fe fydd y bwndel yn cwympo ar y llawer mwn tomen o biffian chwerthin. Bydd yr oedolyn yn ail adrodd hyn a bydd yr ychydig gamau yn tyfu'n fwy o gamau. Trwy gydol yr amser fe fydd yr oedolyn yn dal i edrych ar y plentyn fel bod y plentyn yn gallu gweld bod yr oedolyn yn edrych arno. Os yw'n edrych i lawr, fe fydd yn syrthio; ac os bydd e'n edrych tuag at y person mewn oed, fe fydd yn cadw i fynd.

Yna ar ôl rhyw gyfnod bydd y cyhyrau yn magu'r trwch sydd ei angen (a cofiwch, os gwelwch yn dda, dyw'r babi ddim yn gwybod bod angen trwch cyhyrau i'w alluogi i gerdded). Felly pan nad yw'r oedolyn mwyach yn medru dal gafael ar ddwylo'r plentyn, ond yn dal yn ôl rhyw dipyn, a'r plentyn bach yn lansio'i hunan gyda hyder cynyddol ar draws y bwlch at y person , yn ddisymwth, fel y mae mwy nag un rhiant wedi dweud wrtha'i, mae fel petae math o glic pan yw'r plentyn yn ei deall hi heb unrhyw berswâd o hynny mlaen. Ar ôl hynny, bydd y mwnci bach allan o reolaeth ac yn gwneud beth mae fe eisiau'i wneud am byth.

Felly mae na gyfnod cynnar pan mai'r peth normal yw i'r oedolyn fod o ddifri yn y busnes o edrych i lygaid a dal dwylo'r plentyn bach. Nid yn unig yn annog yr un bach i gyflawni'r amhosibl, ond hefyd ei gyflwyno i'r gred ei fod yn bosibl. Nes ymlaen fe ddaw amser pan na fydd mwyach yn dod i feddwl y plentyn bach, na'r plentyn mwy, bod amser wedi bod pan nad oedd e'n gallu gwneud y peth yma, sef cerdded. Dyw e ddim yn meddwl am, nac yn ystyried, cerdded. Mae cerdded yn dod yn ail natur iddo, rhywbeth cwbl gyson a dibynadwy. A phroses cwbl normal yw hon. Y mae'r oedolyn wedi cyflwyno i'r plentyn anian gyson ofedru gwneud yr hyn sy'n edrych yn amhosibl.

Nawr gadewch i ni ddychmygu oedolyn diog, un sy ddim yn wir hoffi plant. Gallai'r person hwn ddweud "Fedrai ddim diodde plant. Allai ddim boddran â sefyllian o gwmpas a chyflwyno'r creaduriaid annifyr hyn i'r busnes o fedru cerdded. Fe fydd yn ymyrryd â'm bywyd cymdeithasol. Mi wn i beth wna'i. Fe ga'i fframiau cerdded bychan, neu fframiau Zimmer wedi eu gwneud. Yna mi wnai rhoi'r mwnci bach yn y ffrâm, gwneud iddo ddal ei afael ac yna galla'i ei adael i edrych ar ôl ei hunan."

Wel gallwch ddychmygu cenhedlaeth gyfan o blant sy ddim erioed wedi gweld oedolyn yn cerdded, heb fod wedi dysgu cerdded eu hunain, ond yn lle hynny dim ond wedi dysgu sut i ddefnyddio ffrâm-Zimmer? Mae'n bosibl y dont i adnabod fframiau -Zimmer yn eitha' da, a datblygu gemau â chleddyfau mewn fframiau Zimmer, dod yn wirioneddol ddeheuig mewn pob math o gêmau Zimmer. Ond y ffaith yw y bydden nhw wedi derbyn ffon fagl iddyn nhw yn hytrach na dawn, rhywbeth i'w cynnal yn hytrach nag anianawd. Ac fe fyddan nhw'n dod i gysylltu eu cyflwr fel oedolion â'r fagl. Bydd yr oedolyn diog wedi gwarafun rhyddid iddyn nhw.

Lle y byddai oedolyn hael yn cyflwyno plentyn i fedru allu gwneud rhywbeth fyddai'n gadael y plentyn yn annibynnol, heb angen dibynnu ar oedolyn, byddai'r oedolyn diog wedi dinistrio'r posibilrwydd hwnnw. Bydd yr oedolyn hael wedi cyflwyno'r plentyn i gred gyson y gall e wneud rhywbeth a oedd ar un adeg yn ei fywyd yn amlwg amhosibl, sef cerdded. Ac oherwydd hynny bydd ei gerdded yn gallu mynd ag e ar deithiau cerdded i'r Himalayas, neu i fod yn chwaraewr peldroed neu'n bencampwr billiards, neu'n syml yn rhywun sy'n cerdded i'r gwaith. Bydd posibiliadau di-ben-draw wedi agor iddo, heb fod y person mewn oed wedi rhagweld unrhyw un ohonyn nhw.

Mewn geiriau eraill y mae'r plentyn wedi derbyn arferiad, *habit*, fel rhan o fod mewn perthynas. Byddai pethau wedi bod yn gwbl wahanol pe bai'r un a allasai fod mewn perthynas ag e wedi ymddiswyddo o'r berthynas a dweud "Alla'i ddim trafferthu gwario'r amser hyn gyda ti, dyma rywbeth i gymeryd ei le." Ac un o'r pethau a fyddai wedi bod yn wahanol, fyddai cymaint llai *rhydd* y byddai'r plentyn gafodd ffrâm o'i gymharu â'r un gafodd y ddawn, yr anianawd. Yn eironig ddigon, wnaeth yr oedolyn a roddodd ffram ac a ddiflanodd, ddim gadael plentyn mwy rhydd i wneud fel y mynnai. Fel mater o ffaith fe wnaeth yr oedolyn hwnnw helpu i wneud cripil o'r plentyn a'i wneud yn llawer llai rhydd. Yr un a arhosodd ac a gyflwynodd y ddawn oedd yr un a roddodd i'r plentyn y gallu i fod yn rhydd, yn rhydd i fod yn gwbl wahanol i'r oedolyn, os oedd e eisiau.

Wel mae'r ddelwedd hon yn mynd i galon y ddadl chwyrn y mae St Paul yn ei chynnal yn y Testament Newydd ynglyn â *Chyfraith*. Petae Duw'n dweud wrth ei blant " Chi'n gwybod na alla'i ddim mynd i'r drafferth o'ch cyflwyno chi i ryddid, ac felly rwy'n mynd i roi cyfraith i chi. Rych chi'n gafael yn y gyfraith, yn ei arfer ac fe fydd hynny'n diffinio pwy ydych chi fel bodau dynol. Ond mae'n flin gen i na alla'i ddim poeni treulio amser yn edrych yn eich llygaid chi a'ch cael i ymarfer cerdded yn rhydd. Byddai'n well gen i fynd a threulio amser yn crwydro o gwmpas ar fath o safari nefol, a thanio bwledi o dro i dros ar fân dduwiau mewn diwylliannau eraill a blingo'u copa nhw."

Felly pan yw Paul yn siarad am Gyfraith Moses, mae'n dweud "Ydi mae'r Gyfraith yn iawn, yn gwbl resymol. Mae'n ffrâm, peth da ynddo'i hun, nid peth drwg. Gall plant weithiau gael cart bach y gallan nhw sefyll gydag e a'i wthio ar yr un pryd,tra'n dysgu cerdded, a phethau dros dro ydyn nhw, teganau addysgiadol. Ond fe fydden ni gyd yn poeni pe bai eu gafael ar y cart mor gryf fel na fydden nhw byth yn dysgu cerdded. Nid yn y cart y mae'r broblem,ond yn y gafael. Yn lle hynny rhaid eu trwytho i ddysgu sut i gerdded."

A dyma beth yw pwynt y rhodd o ffydd. Anianawd yw e ynom ni sy wedi ei gynhyrchu gan rywun sy'n wir, wir awyddus i ni fod yn rhydd, nid wedi'n gorthrymu na'n cloffi. Mae 'na Rhywun sy'n barod i wneud ymdrech fawr i'n cyflwyno ni i arfer, i anianawd medru cerdded yn rhydd, nid i gael ein dal mewn magl gan y duwiau, nac ofni angau. "I ryddid y rhyddhaodd Crist ni" yw cri Paul yn yr epistol at y Galatiaid.[22] Ydych chi'n dechrau amgyffred peth mor rhyfeddol yw e bod ffydd yn rhodd , sy'n gwbl ganolog i Gristnogaeth, wedi ei glymu'n dynn wrth syniad o ryddid? Oherwydd yn union fel nad yw rhiant yn cyflwyno plentyn i'r arfer o gerdded er mwyn i'r plentyn byth wedyn ei ddilyn o gwmpas a gwneud yn union yr un peth ag y mae'r rhiant yn ei wneud, felly y mae'r Arall-arall syn cynhyrchu ynom ni'r anianawd cyson hwn i beidio a phlygu i'r duwiau, nac i gael ein rheoli gan angau, ddim yn gwneud y pethau hyn er mwyn i ni "fihafio'n deidi". Yn hytrach agwedd rhywun syn ceisio rhoi i chi ffydd yw rhywun nad yw'n cystadlu â chi, nac yn poeni'n ormodol am faint o gamsyniadau a wnewch chi, yn gwybod fod mynnu perffeithrwydd yn elyn i ddysgu a thyfiant, ac yn dymuno i chi fedru darganfod drosoch eich hunan beth sy er eich llês ac i ble'r ewch chi, a beth wnewch chi o'r anturiaeth a'r reid ar y ceffyl.

Felly mae ffydd, yr anianawd gyson a gynhyrchwyd ynom gan yr Arall-arall, i ganiatau i ni ymollwng â chael ein hestyn y tu hwnt i'n posibiliadau, yn troi allan i fod yn rhywbeth tebyg i her anferth hapus, heriol i ryddid: "Felly er mwyn Duw, sâf ar dy draed, heb dduw"!

22. *Galatiaid 5 .1*

TRAETHAWD 5

Saf ar dy draed – heb Dduw

Sesiwn 3 Troi pethau o gwmpas

CRYNODEB O'R SESWN

Yn y sesiwn hon cawn brofiad o newid ein meddwl am ffydd, gan ddarganfod nad rhywbeth sy'n rhaid i ni ei gael neu ei gynhyrchu ynom ein hunain ydyw; yn hytrach Iesu oedd yn gwneud rhywbeth i wneud ffydd yn Nuw yn bosibilrwydd i ni. Mae'r ymdrech i gyd ar ochr Iesu! Ystyriwn natur y profiad o fod yn derbyn ffydd fel rhodd yn ein hagweddau tuag at angau, daioni, ein storïau amdanom ein hunain, a beth yw ystyr amheuaeth, neu fynd trwy argyfwng ffydd.

PRIF SYNIADAU

1. Fe dybiwn yn gyffredin bod ffydd yn rhywbeth sy'n rhaid i ni ei gael er mwyn credu ond yn ôl James nid yw hynny'n wir. Os ddarllenwch chi'r testunau mae'r ymdrech ar yr ochr arall. Amcan Iesu oedd ei gwneud yn haws i ni ymddiried yn Nuw.

2. Nid oes ar Dduw ofn angau, nid yw wedi ei wenwyno na'i gyffwrdd gan angau o gwbl. Pan yw Iesu'n meddiannu safle angau drosom a dileu ei wenwyn, y mae a wnelo hyn â datguddio bod Duw yn gwbl hyfyw, ac o ganlyniad bod popeth sydd yn bodoli yn rhan o brosiect dirgrynol y gallwn ddysgu mentro ymuno ynddo.

3. Yr oedd Iesu hefyd yn weladwy yn gweithredu ar lefel ddynol anthropolegol nad oes ar Dduw ein hofn ni, nad yw wedi ei warthruddo gennym ni na'n creulonder na'n trais, na'r hanfedrusrwydd, na'n twpdra. Dymuniad Iesu oedd dangos mewn tri dimensiwn bod Duw yn ein caru.

4. Un o ganlyniadau od derbyn ffydd yn rhodd yw bod *rhinwedd* yn llai pwysig. Y mae Cristnogeth yn cymeryd yn ganiataol nad ydyn ni'n dechrau'n rhinweddol ac yna'n gwneud traed moch o rywbeth. Mae hi'n draed moch arnon ni o'r dechrau!

5. Wrth i ni ddarganfod ein bod yn wrthrych cariad gallwn ollwng gafael ar ein hymdrechion i fod yn rhinweddol ac felly roi'r gorau i geisio trin pobl mewn ffordd sy'n peri iddyn nhw ein caru ni.

6. Wrth i chi roi'r gorau i *orfod* gwneud pethau rhinweddol, cewch eich hunain yn dymuno ymateb i gariad.

7. Rhan o'r profiad o gael eich caru yw dod yn llawer mwy ymwybodol o'r ffaith nad ydyn ni'n dweud y gwir. Mae'n ein galluogi i ymollwng wrth i ni dderbyn stori gyfoethocach, mwy realistig, mwy gwir na'r un yr oeddem ni gynt yn ei hadrodd.

8. Gan amlaf gwell yw disgrifio 'argyfwng ffydd' fel *rhwystrau yn yr hunan,* tameidiau ohonom ni'n chwalu – a dyna'n union y byddech yn ei ddisgwyl wrth i rywun eich procio i mewn i fyd ehangach.

9. Amcan y rhodd o ffydd yw cynhyrchu ynom ni anian gan rywun sy'n wir ddymuno i ni fod yn rhydd heb ein crymu na'n plygu, heb ein maglu gan dduwiau na'n dychryn gan angau.

MATERION I SYNFYFYRIO ARNYNT

- Ydych chi yn eich bywyd wedi mynd trwy gyfnodau o amheuaeth yn ogystal ag o ffydd?

  Beth yw'ch barn am syniad James bod amheuaeth yn rhan naturiol o ffydd ac yn rhywbeth i'w ddisgwyl?

  Ydi hynny'n newid eich ffordd o feddwl am eich cyfnodau o amheuaeth?

- Ystyriwch y ffyrdd yr ydych yn hoffi i bobl feddwl amdanoch er mwyn cael eich derbyn neu i ennill eu hedmygedd? Beth yw'r stori yr adroddwch, a sut fyddwch chi'n cyflwyno'ch hunan i gael ymateb boddhaol?

- Ystyriwch y gosodiad hwn gan James "Y mae Cristnogaeth yn cymeryd yn ganiatol nad ydyn ni'n dechrau'n rhinweddol ac yna'n gwneud traed moch o rywbeth. Mae hi'n draed moch arnom ni o'r dechrau."

- Yn y stori yr ydych yn arfer ei hadrodd amdanoch eich hunan, faint o le sydd i frychau a methiannau personol?
- Meddyliwch am aelod agos o'ch teulu. Yn y stori yr adroddwch am y person hwnnw, pa le sydd i'w brychau personol a'u methiannau?
- Adroddwch eich stori chi o'r newydd, gan gynnwys y beiau a'r methiannau, ond eu dehongli â hermeniwteg trugaredd.
- Gwnewch yr un peth â'r stori am eich perthynas neu'ch ffrind.
- Ystyriwch beth fyddai'r teimlad o ddarganfod bod y straeon a adroddwn amdanom ein hunain yn llai na gwir.
- A fyddai'n gwneud gwahaniaeth i'r teimlad am y darganfyddiad pe bai'n ganlyniad darganfod stori gyfoethocach, mwy realistig a mwy gwir?

SYNIAD I GLOI

Ym mha ffordd y gallai'ch dull o ymagweddu newid wrth i chi ddarganfod llai o angen bod yn dda, o ganlyniad bod yn wrthrych cariad.

TRAETHAWD 6

CAEL PROFIAD O GYMOD

Sesiwn 1: Yr Hebreaid Hynafol

Cyflwyniad

Rwy wedi strwythuro'r traethawd hwn, hanner ffordd trwy'n cwrs, braidd yn wahanol i beth sy wedi bod o'r blaen. Fe fyddwn ni'n edrych ar beth sy weithiau'n cael ei alw yn 'Gymod' (*At-one-ment* yn Saesneg), ac yn Gymraeg *Yr Iawn.* Neu mewn geiriau eraill, ystyr honiad canolog y ffydd Gristnogol: *bod Crist wedi marw drosom ni* neu *bod Crist wedi marw dros ein pechodau.* Fel y bydd nifer ohonoch yn gwybod, mae sawl ffordd o drafod hyn, ac nid yw pob un ohonyn nhw'n ddefnyddiol. Yn wir y mae ambell un yn dramgwydd, ac yn cynhyrchu delwedd o Dduw fel rhywun y mae'n rhaid boddhau ei ddicter trwy daliad gwaed o ryw fath, a Iesu drôdd allan i fod y taliad gwaed hwnnw. Mewn geiriau eraill, mae'r rhain yn ddamcaniaethau sy'n dechrau gyda delwedd o Dduw sy ag angen dïal arno, ac yna'n gweithio allan ffordd o osod angau Iesu mewn man i foddhau'r dïaledd hwnnw.

Fe garwn i fod yn llawer iawn mwy ceidwadol a hen-ffasiwn na'r damcaniaethau Iawn tybiedig hyn. Fe garwn fynd nôl at rywbeth sy'n anodd i ni ei gofio am fod gennym ni cyn lleied o ddychymyg o'r pethau hyn. Yn bell cyn bod "Cymod" yn ddamcaniaeth, (*yr Iawn*) yr oedd yn *litwrgi.* Holl bwynt *litwrgi* yw ei fod yn rhywbeth y mae pobl yn cael profiad ohono wrth iddo gael ei berfformio o'u blaen neu tuag atyn nhw.

Am y rheswm yna, rwy'n mynd i ofyn i chi fabwysiadu tair safle ddychmygol wahanol, mewn tair stori wahanol, fel y gallwch chi suddo i ymdeimlad rhyfedd o rywbeth yn cael ei wneud drosoch, neu atoch, neu tuag atoch. Yn nodweddiadol pan ddechreuwn ni feddwl neu ddamcaniaethu, fe fyddwn yn dychmygu rhyw *beth* 'allan yn fanna,' ac angen arnom ni i roi strwythur ddeallusol, i gadw'r cwbl yn ei le. Ond yn fan hon, rwy'n mynd i ofyn i chi ddychmygu'ch hunain mewn man lle y mae rhywbeth yn digwydd i chi, ac o'ch blaen. Mae hynny'n wahanol iawn i 'afael yn ddeallusol' yn rhywbeth. Y mae'n debycach i ganiatáu i rywbeth ymagor tuag atoch chi, ac effeithio arnoch chi, wrth iddo ymagor tuag atoch, neu'ch cofleidio i mewn iddo'i hun.

Fe fydd yna dair ymarferiad gwahanol i'ch dychymyg , ac ym mhob un ohonyn nhw fe fyddai'n gofyn i chi ddychmygu'ch hunain fel aelodau o grŵpiau ethnig gwahanol. Yn y cyntaf fe fyddwn yn edrych ar symudiad litwrgaidd tuag atom; yr ail yn symudiad gwleidyddol; a'r trydydd yn symudiad personol. Fy ngobaith i yw y dechreuwch weld, o ganlyniad cynyddol i'r ymarferiadau hyn, mai'r hyn yr oedd Iesu'n ei wneud wrth fynd i'w angau oedd dwyn ynghyd y litwrgaidd, yr ethnig wleidyddol, a'r personol, wrth actio allan yn hynod o greadigol o'n blaen, rywbeth tuag atom, o'n blaenau, a throsom ni. Mae'n weithredu sy'n gwbl wahanol i unrhyw syniad o ddïaledd.

Hebreaid Hynafol

Yr ydw i am i chi ddychmygu'n gyntaf mai un o'r Hebreaid Hynafol ydych chi. Ac rwy'n golygu Hebreaid gwirioneddol hynafol o gyfnod y Deml Gyntaf, Teml Solomon, felly rhyw gyfnod cyn dinistrio'r Deml yn 587 CC. Ac rwy am i chi ddychmygu'ch bod chi'n mynychu defod y Cymod mewn gŵyl flynyddol o'r un enw yn y Deml. Fe fydd hyn yn cymeryd cryn dipyn o ddychymyg, gan na wyddon ni ble'n union oedd y Deml Gyntaf hon, na sut olwg oedd arni. Mae unrhyw gyfeiriadau ati a'r delweddau oedd yn dod ohoni, yn rhai a etifeddwyd gennym o gyfnod yr Ail Deml, ac felly bron ganrif yn ddiweddarach o gyfnod ar ôl 500 CC. Mae'r cyfeiriadau hynny a'r delweddau yn dod trwy bobl yr oedd ganddyn nhw bytiau o atgofion o'r hen ddefod. Roedden nhw'n edrych yn ôl ac yn dymuno ailgyflwyno'r ddefod yn eu cyfnod eu hunain, rhywbeth a fyddai'n olynydd teilwng i beth oedd wedi digwydd yn Nheml Solomon eu dychymyg.

Yr oedd defod y Cymod yn yr Ail Deml yn un y mae gennym ni eisoes dystiolaeth destunol ohoni; ond hyd yn oed yn y cyfnod hwnnw, ymdrech oedd hi i gofio sut yr oedd pethau'n cael eu gwneud mewn cyfnod llawer cynharach. Roedd pobl yn edrych yn ôl i'r cyfnod cynharach fel cyfnod pan oedd y fath bethau yn *real*, ac yn cael eu gwneud, o reidrwydd yn well; o'u cymharu, yr oedd eu cyfnod nhw eu hunain rhywsut yn ail orau. Fe fydd Catholigion yn gwybod am beth yr ydw i'n sôn; mae na rai pobl ifanc o gwmpas sy wedi eu hargyhoeddi bod yr Offeren Dridentaidd, a awdurdodwyd gan y Pab Pius V, rhywsut yn fwy real a sanctaidd na defod yr offeren a awdurdodwyd gan y Pab Paul VI yn y cyfnod yn dilyn Ail Gyngor y Fatican. Y mae hi, rhywsut, o'i chymharu â 'r hen offeren, yn cael ei hystyried yn *shabby*. Dim ots bod pobl hŷn oedd yn adnabod yr Offeren cyn y Cyngor ddim yn rhannu eu hiraeth o gwbl, gan gofio'r duedd i honno hefyd fod yr un mor ddiraen a sathredig. Does dim ots am y dystiolaeth yn wyneb y dychmygu dewinol am y gorffenol euraid.

Felly gadewch i ni ddychmygu pobl cyfnod yr Ail Deml fel sefyllfa debyg; roedden nhw'n dychmygu cyfnod aur yn y gorffennol pan oedd popeth yn y Deml fel ag y dylai fod. Yng ngoleuni hynny yr oedden nhw wedi dychmygu eu Teml eu hunain, pan gafodd yn y diwedd ei hail adeiladu, fel beth a alwn ni yn *Diet Pepsi* o'i gymharu â'u cof am *Real Coke*. Yn y Deml wreiddiol, y *Coke-go-iawn,* bu yna Gysegr Sanctaidd ac ynddi yr oedd rhyw wrthrychau sanctaidd, a'r cyfan ohonyn nhw wedi diflannu pan ddinistrwyd y Deml Gyntaf. Wnaeth dim un ohonyn nhw or-oesi i'r Ail Deml. Yr oedd y gwrthrychau hyn yn cynnwys Mainc Trugaredd, Gorsedd yr eisteddodd Solomon arni i gael ei goroni, a'i addoli'n Frenin a Duw; yno yr eisteddai rhwng y ddau geriwbim a oedd yn fangre Presenoldeb Duw. Tybid hefyd mai yno oedd Arch wreiddiol y Cyfamod, llestr o Fanna o grwydriadau'r diffeithwch, ffon Aron, a llusern â fflam anniffoddadwy. Doedd dim o'r rhain i'w cael yn y Deml newydd, yr oedd ei Chysegr Sancteiddiolaf hi yn gwbl wag. Yn wir rhan o ddisgwyliadau llawer o Hebreaid ffyddlon yn agos i gyfnod Crist oedd y byddai Duw yn y pen draw yn dwyn yr Hen Deml yn ôl gyda'i holl wrthrychau sanctaidd. Ac fe welwn ni nes ymlaen bod St Luc mewn rhai mannau o'i Efengyl yn dehongli Duw yn gwneud yn union beth hynny.

Beth bynnag, rydych chi'n Hebreaid o gyfnod y Deml gyntaf. Mewn geiriau eraill rŷch chi'n ail ddychmygu proses o ailddychmygu, yn cofio rhywbeth a ddigwyddodd yn bell cyn bod gan neb gofion byw ohono. A rydych chi yn y Deml. Nawr ystyriwch hyn; doedd bod mewn Teml hynafol ddim fel bod mewn eglwys fodern neu synagog. Roedd yn debycach i fod mewn lladd-dŷ. Gwaith amlycaf weladwy yr offeiriad oedd bod yn fwtsiar. Byddai'r Archoffeiriad yn rhoi trywaniad seremonïol i ambell anifail, ond yr offeiriaid cyffredin a'r Lefiaid oedd yn treulio llawer o amser yn lladd anifeiliaid, yn diferu'r gwaed ac yn rhannu'r celain yn ôl fformulâu penodedig.

Felly un o'r pethau cyntaf y gallech ei ddychmygu fyddai bod hwn yn lle drewllyd a swnllyd iawn. Gwaed, saim, bloneg, mwg, crawcian, brefu, mw mw, me me, cwac cwac ac ati. Ac ar ben hynny'r drewdod y byddech chi'n ei ddisgwyl mewn amgylchfyd amaethyddol. Cofiwch hefyd er mwyn cyflenwi'r nifer o anifeiliaid yr oedd eu hangen i'w lladd, fe fyddai na hefyd angen sawl corlan gerllaw'r Deml a'r anifeiliaid yno oedd yn disgwyl cael eu lladd yn dueddol o ddychryn ac i garthu i bob cyfeiriad. Byddai lle arogl darth yn y Deml yn bwysig iawn! Nid dim ond ffroenau'r Hollalluog oedd mewn angen oglau braf yn codi i'r nefoedd. Yr oedd ar bawb arall angen dipyn o lendid a diheintio hefyd.

Felly nid Eglwys Blwyf ein Harglwyddes Secwlariaeth (na chapel Salem chwaith o ran hynny) ond lladd-dŷ lle'r oedd lladd cyson a pharhaol ar nifer fawr iawn o wartheg, defaid, geifr ac adar yn digwydd bob dydd. Fe fyddai hefyd system gymhleth o fannau golchi a llifddorau i'w gwneud yn bosibl i'r gwaed a'r gweddillion gael eu glanhau a'u golchi allan, rhywbeth y byddai'n rhaid rhoi gofal a sylw iddo. Felly nid lle dymunol, glân, clinigol diheintiedig sanctaidd ydoedd. Os buoch chi erioed mewn syrcas ymladd teirw yn Sbaen ac wedi ymweld â'r fan lle y cedwir y teirw cyn y frwydr, neu'r man lle y maen nhw'n cael eu bwtsiera ar ôl yr ymladd, fe fyddwch wedi cael cip o'r sut olwg oedd ar deml hynafol.

Nawr fel rhan o adeiladu'ch dychymyg, fe fyddai'n beth da i chi feddu syniad o beth oedd pwrpas y deml yn y lle cynta. Dyma chi yn y llys allanol. O'ch blaen ar lecyn dyrchafedig lle y byddai allor yr aberth wedi bod, a thu hwnt i hwnnw ymhellach bant, yr oedd y Cysegr, yn cynnwys y Cysegr Sancteiddiolaf. Roedd llen o'i gwmpas fel na allech chi ddim gweld i mewn iddo, na dim oedd yn mynd ymlaen ynddo. A derbyn y ffordd y mae'r dychymyg modern yn gweithio am bethau o'r fath, mae'n edrych fel petae amcan y deml oedd bod yn fangre lle'r oedd pobl benodol mewn gwisg arbennig yn mynd er mwyn offrymu ebyrth i Dduw, a hwnnw'n trigo yn ddirgel ac anweledig yn nghanol y cwbl. Ond camsyniad fyddai hynny. Byddai hwnnw'n debygach i ddealltwriaeth yr Aztec o aberth mewn teml; offeiriaid yn offrymu ebyrth i dduw gwancus am waed.

Yr oedd yr hen ddealltwriaeth Iddewig o'r Deml a beth oedd ei arwyddocád yn dra gwahanol i hynny. Yn y ddealltwriaeth hon, yr oedd y Deml yn cychwyn o'r canol, o'r Cysegr Sancteiddiolaf ac yn symud allan o'r fan honno. Holl amcan y Deml oedd bod yn ddarlun bychan, yn *microcosm* o'r cread, oherwydd nid unrhyw dduw oedd yn cael ei addoli yno, ond *Duw'r Creawdwr*. Felly yr oedd y Cysegr Sancteiddiolaf yn cael ei ystyried yn fan i Dduw a oedd "y tu allan" i'r greadigaeth, ac felly y tu hwnt i amser, gofod a mater. Dyma 'ofod' oedd y tu hwnt i le, yn bod cyn seilio'r byd, am byth. A dyma drigfan Duw gydag angylion sanctaidd Duw, gyda Doethineb, ffigwr tebyg i dduwies yr oedd Duw, gyda hi, wedi creu popeth, wedi dwyn popeth i fodolaeth gan ddechrau yn y Cysegr. Y Cysegr, os mynnwch, yw'r Porth lle mae rhywbeth, sy mewn egwyddor ar lefel gwbl wahanol i unrhyw beth sy'n bodoli, yn dechrau bod, yn digwydd ymhlith pethau fel ag y maen nhw.

Dyma'r syniad felly, bod Duw a'r greadigaeth yn symud allan o'r Cysegr tuag atoch chi sy'n sefyll yn y llys ac ar fin bod yn dyst i ddefod fawr y Cymod. Gan symud allan o'r canol anweladwy, arwydd cyntaf y creu fyddai Llen y Deml o gwmpas y Cysegr. Roedd yna bedair cyff, boncyffion o bren acasia ac yn crogi oddiwrthyn nhw roedd y Llen, llïain cyfoethog, amrywliw mewn un darn, *di-wnïad*. Roedd y rhain yn cynrychioli dechreu bodolaeth mater. Felly y mae'r Cysegr ei hun y "tu hwnt" i fater a'r cread. Mae mater yn dechrau gyda Llen y Deml. Dyma lle y mae bodoli materol yn dechrau, yno lle y gallwch ei weld e. Ac oddi yno yn dod allan tuag atoch chi, byddai gwrthrychau gwahanol, symbolau o wahanol ddyddiau'r creu. Felly'n agos i'r llen byddai stondin i ddal llusern, hen-hen daid y *menorah* sy'n dal i gael ei ddefnyddio adeg gwyl Hanukkah hyd heddiw, gyda chwech goleu sanctaidd, ac un golau seciwlar yn y canol. Yr oedd y stondin llusern hwn i fod yn symbol o ddydd cyntaf y creu, dydd gwahanu goleuni oddiwrth y tywyllwch. Gerllaw byddai cawg mawr o ddŵr sanctaidd a elwid *Môr*, i gyfleu gwahanu'r dyfroedd uwchben oddiwrth y dyfroedd islaw. A thu hwnt i hwnnw, yn bellach allan tuag atom, gwahanol symbolau ac arwyddion a cherfluniau yn cynrychioli gwahanol ddyddiau'r creu. Felly y mae'r symudiad o'r *tu allan* i'r creu tuag i *mewn* iddo; mae'n dechrau gyda chreu mater, ac yna'n raddol yn symud ymlaen tuag atoni i gynnwys popeth sy'n cael ei ddwyn i fodolaeth; rydyn ni'r cyfranogion a'r gwylwyr ymhen pellaf allanol y symudiad. Ac mae'r symudiad tuag atom ni.

Prif Ŵyl y Deml gyntaf a ddigwyddai unwaith y flwyddyn oedd gwyl y Cymod. Yn yr Ail Deml daeth y Pasg, a chofio'r Ecsodus o'r Aifft yn bwysicach, ond nid yn y cyfnod cynnar. Y ddefod mwy hynafol oedd un y Cymod. Ac yr oedd y ddefod hon yn cymeryd rhyw bethau'n ganiatáol, pethau nad ydyn nhw'n gwbl amlwg i ni nawr. Y prif syniad oedd y byddai Duw, YHWH yn dod i mewn i fyd mater, gan ymwisgo yng nghnawd yr Archoffeiriad, er mwyn gweinyddu aberth pobl Dduw. Yr oedd hyn ynddo'i hun yn rhagdybio rhywbeth y cawsom ni gip arno yn Traethawd 3, sef bod yr Hebreaid hynafol yn ddeall bod yna ar yr un pryd wahaniaethu ac undod llwyr yn Nuw. Ar y naill law Duw oedd yr Hollalluog, yr anweledig, yr Hen Ddihenydd na welodd neb mohono erioed, na ellid gwneud delw ohono, na ellid siarad yn ddynol amdano o gwbl ac a gyfeirid ato fel El Elyon. Ar y llaw arall yr oedd Duw, YHWH y gellid cyfeirio ato weithiau fel El, oedd yn gallu ymddangos yn cerdded yn ngardd Eden yn hwyr y dydd, yn ymddangos gyda chyfeillion Abraham yn Mamre, neu'n rhoi cip o'i ben ôl i Moses ar Sinai. Y mae'r gwahaniaethu hyn yn mynd i fod yn bwysig iawn yn nefod y Cymod, gan fod YHWH , yr Arglwydd yn y ddefod honno, yn mynd i gynnig *ei hun* yn aberth dros ei bobl, ac y mae'r offeiriaid yn eu tro yn mynd i ddyrchafu darnau o gig sy'n symbolau o aberth yr Arglwydd, yn ddiolch i'r Goruchaf.

Felly y mae YHWH yn mynd i ddod i mewn i fyd y materol, wedi ei wisgo yng ngnawd yr Archoffeiriad, yn dod trwy len y Cysegr, allan i lys y Deml ac yn offrymu aberth ar Allor yr Aberth – YHWH yn dod allan o'r nefoedd tuag atom ni, fel petai. Amcan y ddefod hon fydd yr achlysur hapus pan yw'r Creawdwr yn adnewyddu'r Cread. Mae'n werth gwneud ymdrech i ddeall hyn yn well, gan ein bod ni'n mor dueddol i'w gyfyngu i fater talu am bechodau rhywun. Wel na: er mwyn gwneud synnwyr o ddefod y Cymod, rhaid dechrau gyda'r ddealltwriaeth bod y cread ei hun yn tystio i, yn cyfeirio at, ac yn ddisglair o dystiolaeth i ogoniant Duw. A phan yw popeth yn iawn, y mae popeth sy'n bod yn canu ac yn pefrio â llawenydd dirgrynol. Wedi'r cyfan y mae'r Creawdwr wedi gwneud popeth mewn Doethineb, ac felly pan yw popeth yn iawn, yn gweithio ac yn llifo yn ôl bwriad Doethineb, gellir gweld Doethineb bron fel person ar wahan, yn gerddorfa, mewn cynghanedd ac yn cyfarwyddo popeth, fel ei fod yn rhoi mawl i'r Creawdwr. Ond, ein profiad dynol ni yw bod ein troseddau a'n methiannau yn peri i bopeth gael ei ddal ym magl oferedd neu wagedd, fel y gelwid ef, ac yn hytrach na bod popeth yn gwreichioni o Dduw, ein bod, fel mater o ffaith, yn tueddu byw mewn cread sy wedi ei grymu, ei glymu lawr i oferedd, lle y mae oferedd wedi maglu pethau fel nad ydyn nhw mwyach yn tueddu at y gogoniant fel y gallen nhw ac y dylen nhw wneud.

Yr ydyn ni, fodau dynol, fel rhan o'r greadigaeth, wedi'n dal yn yr oferedd hwn, a beth sy'n digwydd ar Wyl y Cymod yw bod y Creawdwr yn dod i ganol ei greadigaeth i ddad-ddrysu'r greadigaeth o'r tu mewn, i wneud i bopeth lifo eto o'r newydd tuag at roddi gogoniant i Dduw. Fel pe bai Duw yn fath o *Dynorod* yn dod i mewn i lanhau'r pibau a'r llifddorau o'r tu mewn a chael popeth i lifo'n agored eto. Nawr, os gwelwch yn dda, sylwch ar ddwy nodwedd bwysig yn y ddealltwriaeth hon. Y cyntaf yw bod y ddefod yn ymwneud â'r creu, er mwyn ei ddad-glymu, ei ddatod a rhyddhau'n llwyr y grymoedd cudd o'i fewn, a llanw'r greadigaeth. A'r ail yw bod y ddefod hynafol hon, yn dod ymhell bell cyn bod unrhyw restr o bechodau a chamweddau yr ydyn ni'n gyfarwydd â hwy yn y Beibl. Mewn geiriau eraill, nid mater yw e bod yna'n gyntaf restr o bechodau, ac yna yn ail mewn ymateb i'n hanufudd-dod a'n perthynas â'r rhestr, bod yn rhaid i rywun ddod a thalu am y llanast. Yn gadarn i'r gwrthwyneb: y mae'r syniad fod y Creawdwr yn dod i ddad-ddrysu'r greadigaeth yn dod ymhell bell cyn y rhestrau pechodau sy ganddon ni. Proses o wneud iawn, o faddau, sy'n agor y posibilrwydd o ddychmygu ym mha ffyrdd y gallem ni fod wedi syrthio'n brin, neu dal i syrthio'n brin o beth galwyd ni i fod a thyfu i fod. Y mae camweddau, pechodau yn tarddu o faddeuant sy'n eu hir flaenori ac yn ei gwneud yn bosibl i'w deall fel *yr hyn y gellir ei faddau.*

Felly, gan ein bod ni wedi cael cip ar rai o'r elfennau o beth yr ydyn ni ar fin bod yn dystion ohonynhw, cymerwch eich lle yn llys y Deml er mwyn cymeryd rhan yn y llawenhau mawr sy'n ganolog i beth yw ystyr y wledd, y ceir atgof o'r llawenydd hwnnw yn Saesneg pan gyfeirir at ddydd Gwener yr Wythnos Fawr fel dydd Gwener Da – Good Friday.

Mewn gwirionedd ryn ni'n dechrau'r noson cynt. Ar y noson cyn Gŵyl y Cymod yr oedd yr Archoffeiriad i fynd bant i oruwchystafell a chludwr dŵr – *aquifer* – yn mynd o'i flaen, ac yno byddai'n treulio'r noson mewn gweddi a galarnad gan adael i'w enaid fod mewn trallod mawr dros gamweddau ei bobl. Dyma funud drist, lom y wledd. Mae'n debygol y byddai eraill o gwmpas y ddinas a fyddai wedi ymuno yn y galar a'r galarnadu gyda salmau a chaneuon priodol. Oherwydd ar y dydd hwn byddai YHWH yn dod i blith ei bobl i gynnig *Iawn* drostyn nhw. Felly y peth cyntaf i ddigwydd fyddai bod yr Archoffeiriad yn aberthu bustach drosto'i hun a'i deulu. Yr oedd hyn er mwyn ei wneud yn ddefodol bur – wedi'r cyfan yr oedd e'n mynd, am ddiwrnod, i fod yn YHWH.

Y cam nesaf yw pan yw'r Archoffeiriad yn bwrw coelbren i ddewis rhwng dau hwrdd neu ddau fwch-gafr union debyg i'w gilydd. Rhaid oedd iddyn nhw fod mor debyg i'w gilydd fel na ellid gwahaniaethu rhyngddynt, a roedden nhw i fod yn gwbl ddi-nam. Byddai un ohonyn nhw'n cymeryd lle YHWH a'r llall yn cymeryd lle Azazel, neu'r diafol. Byddai'r un ddewiswyd i gynrychioli YHWH wedyn yn cael ei aberthu, ei waed yn cael ei ddiferu a'i gasglu, a'r celain yn cael i adael i'w rannu ymhlith yr offeiriaid eraill – fe ddown ar ei draws eto'n fuan. Am y tro, y gwaed yw'r rhan pwysig, gan fod yr Archoffeiriad yn mynd i'w gymeryd i mewn i'r Cysegr. Yno bydd yn taenellu'r gwaed dros Mainc Trugaredd a mannau eraill yn y Cysegr, gan mai dyma sy'n symbol o YHWH yn offrymu ei hunan mewn ystum offeiriadol dros y bobl. Y mae'r oen yn cymeryd lle'r offeiriad, a'r offeiriad yn cymeryd lle YHWH.

Yn y fan hon mae'r Archoffeiriad yn mynd i wisgo gwisg wen, neu diwnic pur ddisgleirwen a hynny am ei fod ef ar fin ennill statws angylaidd – nid angel yn yr ystyr modern, ond mewn ystyr mwy hynafol lle yr oedd "Angel yr Arglwydd" yn golygu "ymddangosiad (*instantiation*) o'r Arglwydd mewn man arbennig". Fel "ymddangosiad o'r Arglwydd" y bydd yr Archoffeiriad yn dod allan o'r Cysegr Sancteiddiolaf mewn gwisg glaerwen, gyda choron yn dwyn yr enw YHWH, y Tetragrammaton (y pedair llythyren) – ar ei ben, a'r maniples (cuff-links) hefyd yn dwyn yr enw. Wrth gwrs y mae gennym ni atgof o'r eiliad hon yn y ddefod yn stori'r Gweddnewidiad lle y datguddir Iesu fel ymddangosiad (*instantiation*) mewn gwyn llachar. Yn naturiol y mae Pedr a'r disgyblion eraill yn dymuno aros gyda'r darn yma o'r ddefod, ac y mae Iesu'n gorfod mynnu o hynny mlaen ei fod yn mynd i fynd lawr y bryn ac i fyny lan i Jeriwsalem i berfformio'r aberth sydd yn rhan nesa'r ddefod.

Beth bynnag, mae'r Archoffeiriad hynafol Hebreig wedi ei wisgo i gyd mewn gwyn, ac ar fin mynd i mewn i'r Cysegr Sancteiddiolaf. Mae 'na gordyn wedi ei glymu wrth ei figwrn, rhag ofn iddo farw, fel y gallen nhw ei dynnu allan heb fod neb arall yn gorfod mynd i mewn. Mae wedi cael ei addurno'n llwyr yn yr ENW, na all neb ond ef ei yngan, ac fe fydd yn gwneud hynny ar ddiwedd y ddefod a bydd y bobl yn ei annerch, pan ddaw yno i'w plith, yn canu "Bendigedig yw'r Hwn sy'n dyfod yn enw'r Arglwydd" – ac mae hyn i'w ddehongli'n gwbl lythrennol – mae'n cyfeirio at yr un sy'n cario'r Enw. Felly ryn ni'n sefyll y tu allan ac yn ei weld yn mynd i mewn gan gymeryd gydag e lestr o ryw fath yn cynnwys gwaed yr oen sydd eto i'w daenellu dros y gwrthrychau sanctaidd yn y Cysegr sancteiddiolaf. Ac mae hyn yn cynrychioli'r Oen a laddwyd "cyn seiliad y byd" – a chofiwch bod y Cysegr ei hun yn symbol manwl o "Cyn seilio'r byd".

Nawr mae'r Archoffeiriad y tu mewn a ninnau'n sefyll y tu allan yn llawn cywreinrwydd yn disgwyl i'w weld yn dod allan, gan wylio am arwyddion o ymwneud Duw ag ef. A fyddai yna weledigaeth? Fyddai yna rywbeth i'w glywed? Yr oedd yn ganfyddiad cyffredin yng nghyfnod yr Ail Deml, (amser y *Diet Pepsi*), bod offeiriadaeth y Deml wedi dirywio'n griw o ladron llwgr yr oedd eu teuluoedd wedi prynu neu dwyllo'u ffordd i'w swyddi. Yr oedd yn gred gyffredin nad oedd YHWH mwyach yn ymddangos nac yn rhoi gweledigaeth i'r Archoffeiriad yn y Cysegr. Yn wir yr oedd cof mai'r Archoffeiriad olaf i gael gweledigaeth yn y Cysegr oedd Sechariah, mab Barachiah, a gafodd ei ladd wrth iddo ddod allan o'r Cysegr cyn iddo gael mynd i fynu at allor yr aberth. Ers hynny, distawrwydd. O achos hyn y mae'n arwyddocaol iawn bod, yn nechrau Efengyl Luc, olygfa lle y mae offeiriad o'r enw Sachariah yn cael gweledigaeth angylaidd yn y Cysegr. Y mae fel petae Luc yn dweud "Mae cyfnod *Diet Pepsi* drosodd, y mae'r *Coke* go iawn yn dod yn ôl, mae'r Deml yn cael ei hadnewyddu i'w llawnder, er bod hynny mewn ffyrdd sy'n syndod i bawb."

Felly y mae Mair, ar ôl y Cyfarchiad, yn mynd i ymweld â'i chyfnither Elisabeth yn ucheldir Jwdea. Cyn gynted ac y mae Elisabeth yn clywed Mair yn cyrraedd, mae hi'n "llefain â llef uchel" – dyma'r un berf Roegaidd â'r waedd a ddefnyddid gan y Lefiaid i annerch Arch y Cyfamod pan ddaeth y Brenin Dafydd ag ef yn ôl i Jeriwsalem. A phan yw Ioan Fedyddiwr, ac yntau'n dal yn y groth yn llamu o lawenydd, y mae'n gwneud hynny yn union yr un ffordd â Dafydd yn dawnsio o flaen yr Arch. Mewn geiriau eraill, y mae'r gwrthrychau sanctaidd coll i gyd yn cael dod yn ôl i'r Deml a honno wedi ei hadnewyddu, proses a fydd yn cael ei chwblhau pan ddaw'r tân yn ôl adeg y Pentecost, a mur yr ymraniad rhwng y Cenhedloedd a'r Iddewon yn dymchwel yn fuan wedi hynny.

Beth bynnag, nôl â ni i'r Deml Gyntaf: yno mae'r Archoffeiriad y tu mewn i'r Cysegr, a ninnau ar y tu faes; y mae ef yn cael gweini iddo gan Angylion, y mae'n cadw cwmni â'r angylion a oedd gyda YHWH ar ddechrau'r creu. Mae'n treulio amser mewn gweddi, oherwydd yn ystod y cyfnod hwn y maen nhw'n disgwyl iddo gael ei lwyr ymdreiddio gan YHWH , ac yn ei ymgorffori weddill y ddefod. Felly fe fydd yn gweddïo i fod yn un â Duw, ac y bydd Duw yn dod yn un ag ef, er mwyn iddo fedru perfformio'r ddefod a gogoneddu Duw trwy un o pobl Dduw. Dyma beth yw amcan y Cymod (A*t-one-ment*). Y mae arbenigwyr yn y pethau hyn wedi hen sylweddoli bod Iesu, yn Ioan 17, yn ymroi i weddi hir ynglyn â'r Tad ynddo ef ac yntau yn y Tad, yn gweddïo y byddai'u ddisgyblion yn un, a bod gennym ni yma hanfod gweddi'r Archoffeiriad yn nefod y Cymod. Felly gallwn ddychmygu'r Archoffeiriad hynafol yn gweddïo yn y termau hyn ac yn cael ei lwyr gyd-ymdreiddio gan YHWH. Yn y cyfamser, dyma ni'n disgwyl yn bryderus i weld beth sy'n digwydd. Sut olwg fydd ar ei wyneb pan ddaw e allan? Beth fydd hyn yn ei olygu i'r flwyddyn sy'n dod?

A dyma'r Archoffeiriad yn dod allan. Daw drwy'r llen *ddi-wnïad*, yn gwthio trwy'r mynediad lle y mae un ochr yn gorymlapio'r llall, ac yn sydyn y mae e yno, disgleirirdeb y gwyn, a *phersona* angylaidd wedi ei wneud yn ddisgleiriach fyth gan amryw liwiau cyfoethog Llen y Deml yn gefndir i'r cwbl. Dyma beth y bydden ni wedi bod yn disgwyl amdano, canys dyma YHWH ei hun yn dod i mewn i'r greadigaeth, yn mentro i fyd mater. A chyn gynted ag y mae'n ymddangos, mae offeiriaid eraill yn rhuthro ato i wisgo amdano'r Tiwnig Archoffeiriadol. Mae hon hefyd yn wisg *ddiwnïad,* wedi ei gwneud o'r un defnydd â Llen y Deml, ond gydag un gwahaniaeth bach; mae na edafedd aur wedi ei weu drwy'r cwbl i gyfleu fod yr un sy'n ei wisgo wedi dod trwodd o'r "ochr arall". Nawr sylwch os gwelwch yn dda, beth yw'r symbol hwn. Trwy wisgo'r tiwnig, sy mewn gwirionedd yn rhan o'r llen, mae'n dangos sut y mae YHWH wedi dod i mewn i fyd mater. Y mae'r un sydd, mewn egwyddor, yn anweledig, bellach yn weladwy. Nid cuddio y mae'r llen. I'r gwrthwyneb, am fod y llen yno, y mae'n bosibl i'r anweledig fod yn hysbys yn ein plith. Nid mantell swyn fel un Harry Potter i'w wneud yn anweledig yw hwn. Mae'n debycach i Casper y bwgan cyfeillgar sy'n hedfan mewn llïain fel bod y llïain yn dangos ei siâp a gwneud beth oedd yn anweledig yn weladwy.

Mae hyn yn anferth o bwysig i ni, gan fod y ddealltwriaeth sagrafenol o Gristnogaeth yn llifo o'r syniad hwn: nad yw elfennau materol (er enghraifft, bara a gwin) yn *cuddio* presenoldeb dirgel dwyfol, – fel petaen ni ond yn gallu plicio'r wisg y gallen ni ddod o hyd i'r peth real. I'r gwrthwyneb; nid cudd-wisg (disguise) yw mater, ond dyna beth sy'n ei gwneud yn bosibl i ni weld yr anweledig. Mae'r hen emyn Methodist yn ei gael i'r dim – *"veiled in flesh, the Godhead see"*.(Nid yw'r cyfieithiad Gymraeg *"Wele Dduwdod yn y cnawd, dwyfol Fab i ddyn yn Frawd"* yn gafael yn nelwedd y llen yn yr un ffordd)

Beth bynnag, beth sy wedi digwydd nawr yw bod YHWH wedi dod i'n plith wedi ei arwisgo yn nhiwnig yr Archoffeiriad, fel bod y Creawdwr yn llys y Deml yn llanw'r lle â'i ogoniant. Yma fe fydd yr Archoffeiriad yn dringo'r grisiau i Allor yr Aberth, y prif allor sy wedi ei gosod rhyngon ni sy'n gwylio, a'r Cysegr ei hunan. Fe gofiwch am y gwaed a ddiferwyd o'r oen a laddwyd yn gynharach, a'r Oen yn cynrychioli YHWH, a bod peth o'r gwaed wedi ei daenellu yn y Cysegr. Nawr fe fydd yr Archoffeiriad naill ai'n dosbarthu neu'n dychwelyd darnau o'r oen i'r offeiriaid eraill. Mae'r symbol hon yn dweud ei fod yn rhannu darnau ohono ef ei hun. Wedyn fe fydden nhw'n disgwyl i'r offeiriaid fwyta neu gnoi ar y rhan hwnnw o'r oen a adnabyddid fel "saig yr Arglwydd" – sef yr ymysgaroedd, a'r weithred ddigon annifyr hon yn cael ei gwneud ychydig yn fwy bwytadwy drwy ychwanegu finegr ato. Ac wrth gwrs, nid damwain yw bod Iesu wedi derbyn, yn union cyn ei angau ar y groes, finegr i'w yfed. Ond fe fyddai hefyd ddarnau arall o'r oen, na allen nhw fod wedi eu bwyta ond a fyddai wedi cael eu dyrchafu mewn diolch ac a fyddai wedyn wedi cael eu llosgi.

Pwt bach am y seigiau cig. Dim ond i'r offeiriaid yr oedd y darnau o gig oen yn cael eu rhoi. Yr oedd y gwaed i'w daenellu dros wahanol rannau o lysoedd y Deml a'r lleygwyr. A gall hyn ein hatgoffa o beth oedd Iesu yn ei wneud yn y swper olaf. Mae na wahaniaethu yng ngeiriau'r sefydlu rhwng "fy nghorff a roddwyd trosoch" a "fy ngwaed wedi ei dywallt drosoch a thros bawb". Trwy roi darnau i'w ddisgyblion i gyd, yn ogystal â'r cwpan,yr oedd Iesu yn dangos eu bod i gyd, o hynny mlaen, yn offeiriaid. Fel mater o ffaith y mae pob Cristion yn cael ei fedyddio i Arch-offeriadaeth Crist – y mae bedydd ynddo'i hun yn ordinhad offeiriadol – ac y mae pob cymunwr o Gristion sy'n derbyn y corff yn Offeiriad yn cymeryd rhan yn nefod Archoffeiriadol y Cymod. Felly y mae pawb sy'n derbyn darnau yn offeiriaid. Ac mae hynny'n golygu nad oes yna bobl leyg, yn ystyr gywiraf y gair, mewn Cristnogaeth, gan fod pob Cristion a fedyddir yn rhannu yn yr Archoffeiriadaeth hon. Y mae'n cyfundrefn ninnau o ordeinio â statws glerigol, gyda'r holl ddadleuon a phroblemau sy'n dilyn o'r gwahanol ffyrdd y mae'n cael ei fyw, ar lefel wahanol o ystyr i'r realiti pwysicach sy'n sail iddo, sef ein bod ni yn bobl hanfodol offeiriadol.

Felly, mae'r offeiriaid wedi cael eu seigiau, a nawr mae'r Archoffeiriad, gyda digon o help, yn dechrau taenellu'r gwaed, fwy na thebyg fel pe bai'n defnyddio chwip dros wahanol ranau o lys y Deml, ac felly drosom ni, sy wedi bod yn disgwyl amdano. Fe fydden ni wedi dymuno cael ein gorchuddio â gwaed yr Oen. Fel mater o ffaith, yr oedd y gair Hebraeg y gyfieithir gennym ni fel "Cymod " (atonement) a'i wreiddiau mewn gair sy'n golygu "gorchudd", a'r syniad oedd bod yr offeiriaid yn gweu, neu'n bwrw gorchudd amddiffynol dros y bobl i'w hamddiffyn rhag unrhyw ddigofaint ar ran Duw. Fe fydd rhai ohonom ni'n mwynhau cael splash bach o ddwr sanctaidd yn ystod y defodau Pasg pan yw'r offeiriad yn "taenellu'r" bobl, -ond fe fyddai wedi bod hyd yn oed yn bwysicach i ni, fel Hebreaid o'r cyfnod hynafol, i gael ein gorchuddio gan waed yr Oen.

Mae na funud o eironi yn Efengyl St Mathew (Pennod 27), pan yw Peilat yn dwyn Iesu allan gerbron y dyrfa. Yn gyntaf i gyd, mewn ystum cwbl offeiriadol mae'n golchi ei ddwylo gan ddatgan ei fod yn "ddieuog o waed y gŵr diniwed hwn". Ac mae'r holl bobl yn ateb "Bydded ei waed ef arnom ni ac ar ein plant." Rydyn ni wedi mynd i ddeall hwn fel petai iddo ystyr gwrth Semitaidd, fel pe bai'r "Iddewon" yn galw melltith lawr arnyn nhw eu hunain. Ond mae'n gwneud llawer mwy o synnwyr os ddarllenwn ni'r darn yn *eironig*. Beth sy'n mynd ymlaen, mewn tipyn o rhyw fargeinio gwleidyddol, yw defod y Cymod. Y mae'r rhai sy yno'n fodlon hollol i gymeryd rhan yn y ddefod ac yn galw bendith lawr arynyn nhw eu hunain a'u plant; maen nhw *eisiau* cael eu gorchuddio gan waed yr Oen!

Beth bynnag, nôl yn y Deml Gynta, ryn ni'n *dymuno* cael ein gorchuddio gan waed yr oen, yn *dymuno* cael ein gorchuddio gan drwch o ddefnydd amddiffynol y mae YHWH yn ei weu ar ein cyfer. Yn y fan hon, fwy na thebyg, fe fyddai'r Archoffeiriad yn mynd at yr oen arall, oen dinam neu fyn gafr yn union fel y llall, oedd i fod i gynrychioli Azazel, y diafol. Fe fyddai'n gosod dwylo ar yr oen neu'r afr, gan drosglwyddo holl gamweddau a phechodau'r bobl iddo, ac yna fe fyddai'r anifail yn cael ei yrru gyda ffyn a styllod i'r tu allan i'r Deml a'r cyffiniau, mwy na thebyg i ymyl dibyn, lle y byddai'n cael ei annog i neidio i lawr. Dyma'r oen, neu'r afr sy'n hysbys yn Saesneg ers cyfieithiad Tyndale fel *scapegoat*. Yn Ffrangeg *bouc emissaire* – (bwch wedi ei anfon) ydyw, ac yn Gymraeg yn *fwch-dihangol*. Fyddai neb arall yn cyffwrdd ag ef ar ôl i'r offeiriad osod dwylo arno, gan y byddai erbyn hynny'n wrthrych gwbl *tabŵ*. Ac fe fyddai hyn, fwy na thebyg, braidd yn wahanol i beth oedd yn digwydd mewn rhai dinasoedd hynafol Groegaidd yn yr un cyfnod yn nefod y *pharmakos*. Yno, byddai uchelwr ifanc o ddinas arall, wedi ei garcharu, ac yn cael ei gadw ar ôl ei arestio mewn tŷ digon cysurus tan y dydd pan fyddai'n cael ei aberthu. Yna pan fyddai na ryw argyfwng neu'i gilydd, fe fyddai'r gŵr ifanc yn cael ei wisgo mewn dillad crand ac yn cerdded trwy strydoedd y ddinas, a phawb eisiau cyffwrdd â'i wisg, fel y byddai holl *vibes* drwg y ddinas yn cael eu llyncu gan ei berson. Fe fyddai wedyn yn cael ei fartsio lan i ben y dibyn, a'r bobl yn cau i mewn arno. Fe fydden nhw'n llunio hanner cylch ac yn symud yn agosach, agosach, yn dynach dynach fel nad oedd ganddo unman i fynd iddo ond dros y dibyn. Os yn bosibl, fyddai neb yn cyffwrdd ag ef, fel nad unrhyw un person, ac felly pawb, fyddai wedi ei wthio, neu, yn wir, yr oedd yn dod yn aberth gwirfoddol.

Beth bynnag, gyda'r Hebreaid, aberth bedair coes ydoedd, a byddai'r oen yn cael ei yrru y tu allan i'r ddinas neu'r gwersyll i'w farwolaeth. Ac wrth gwrs y mae hyn yn rhan o beth sy'n digwydd yn straeon yr Efengyl am y croeshoelio lle y mae Iesu, sydd ar yr un pryd yn oen – yr YHWH sy'n rhoi ei hunan, a'r aberth sy'n cael ei arteithio a'i yrru allan – wrth i'r ddefod ar yr un pryd gael ei chyflawni a'i dwyn i ben am byth.

Ar ôl gyrru allan y ddafad oedd yn cynrychioli Azazael, byddai'r Archoffeiriad, bellach wedi ei lwyr orchuddio yn ei wisgoedd a'i goron, yn cario'r Enw ac ynghanol cerddoriaeth uchel yn llawenhau, er mwyn dod â'r ddefod fawr i ben, yn sefyll o'n blaen ni, y bobl, ac ar ei ben ei hun wedi llafarganu, neu siantio neu uchel-nadu *Yr Enw*. Ef oedd yr unig berson â'r hawl i yngan yr Enw unwaith y flwyddyn, yn yr Wyl hon, ac wrth iddo wneud hynny, fe fyddai pawb oedd yn bresennol yn ymgrymu ac yn ei addoli yr Archoffeiriad, yr oedd yr Enw wedi ei ymganawdoli'n litwrgaidd lwyddiannus ynddo. Yr oedd YHWH wedi dod i blith ei bobl yn llwyddiannus i wneud iawn dros eu pechodau, er mwyn eu rhyddau ac adnewyddu'r greadigaeth. Ac felly y byddai'r ddefod wedi ei chyflawni.

Wel, er mwyn dangos nad dyfeisio'r cwbl yr ydw i, fe garwn i chi edrych ar ddisgrifiad diweddar o'r ddefod o ddyfnder isaf cyfnod y Diet Pepsi. Dyma ddisgrifiad sydd ar gael yn llyfr Sirach, testun sy'n bodoli mewn Groeg yn rhannau deutero-ganonaidd ein Beiblau a elwir gan Brotestaniaid yn *Apocrypha*. Mae'n dyddio fwy na thebyg o ryw ganrif cyn Crist ac yn ddisgrifiad o rywbeth a ddigwyddodd rhyw ddau gan mlynedd cyn hynny, sef yr Archoffeiriad Simeon yn perfformio'r ddefod hon yng nghyfnod Alecsander Fawr. Felly dyma ddisgrifiad o 100 CC gan rywun oedd yn cofio perfformiad o'r ddefod ddau gan mlynedd yn gynharach a bod y person hwnnw ei hun yn edrych nôl i rywbeth yn cael ei berfformio chwech neu saith ganrif cyn hynny. Rwy'n dweud hynny er mwyn pwysleisio rhywbeth nad yw efallai'n amlwg: beth bynnag oedd natur y ddefod "wreiddiol", erbyn amser Iesu, yr oedd y fersiwn oedd yn cael ei pherfformio mor bell oddiwrth y gwreiddiol ag ydoedd defod coroni Elisabeth II oddiwrth yr un a berfforiwyd ar Sior III, a hwnnw'n mynd yn ôl i'r ddefod a berfformiwyd ar Gwilym Concwerwr. Y gwahaniaeth yw bod gennym ni drywydd testunol go lew o 1953 yn edrych nôl i 1760, ond oddi yno nôl i 1066 does gyda ni ddim trywydd testunol yn mynd nôl rhwng 100 a 300 CC nac oddiyno nôl i 950 CC.

Beth bynnag, Simeon oedd yr Archoffeiriad pan oedd Alecsander Fawr yn creu ymerodraeth iddo'i hun. Er mai yn nyfnder cyfnod y Diet Pepsi oedd hyn, ystyrid mai Simeon oedd un o'r goreuon o Archoffeiriaid yr Ail Deml – yr oedd e wedi gwneud nifer o welliannau peirianyddol i system ddŵr Jeriwsalem, a fu o gryn werth i'r cyhoedd. Llwyddodd Simeon o'i safle digon gwan i wynebu Alecsander. Yr oedd wedi gwrthsefyll cais gan Alecsander i roi cerflun ohono'i hun fel duw i'w osod yn y Deml. Ac fe wnaeth hynny yn ddiplomataidd gan enwi rhai o'i feibion yn Alecsander, fel y byddai am byth sawl Alecsander yn y Deml yn offrymu aberth. Fe lyncodd Alecsander o Facedonia y cynnig, ac aeth ymlaen i barhau i goncro mannau eraill.

Felly dyma ddisgrifiad o Simeon yn perfformio fersiwn yr Ail deml o ddefod y Deml gyntaf rwy newydd ei ddisgrifio i chi:[23]

23. *Llyfr Sirach (Ecclesiasticus)* 50 .5-17

Mor ogoneddus ydoedd, a'r bobl yn tyrru o'i gwmpas
Wrth iddo ddod allan trwy len y deml!

Dechreuwn ar y funud pan yw'r Archoffeiriad yn dod allan trwy'r llen, ac wrth gwrs y peth cyntaf i sylwi arno yw ei ogoniant.

Yr oedd fel seren y bore yn disgleirio rhwng y cymylau,
Neu fel y lleuad ar ei hamserau llawn;
Fel yr haul yn llewyrchu ar deml y Goruchaf
Fel yr enfys yn pelydru'n amryliw yn y cymylau,
Fel rhosyn yn blodeuo yn y gwanwyn,
Fel lili ger ffynnon o ddŵr,
Fel pren thus yn yr haf,
Fel arogldarth yn llosgi mewn thuser,
Fel llestr o aur coeth
Wedi ei addurno â meini gwerthfawr o bob rhyw fath,
Fel olewydden yn llwythog â ffrwyth
Ac fel cypreswydden â'i phen yn y cymylau.

Allen ni faddau i ni'n hunain am feddwl bod hyn braidd dros ben llestri? Sut y gallai neb edrych fel y pethau hyn i gyd ar yr un pryd? Ond colli'r pwynt fyddai hynny. Y pwynt yw bod y Creawdwr wedi dod i ganol ei greadigaeth ac felly y mae pob elfen yn y cread wedi ei fywhau ac yn ddisglair.

Pan roddai amdano ei fantell ogoneddus,
Ac ymwisgo yn ei gyflawn ysblander,
Wrth fynd i fyny at yr allor sanctaidd
Byddai'n tywynnu gogoniant ar fangre'r cysegr.

Felly dyma Simeon, wedi ymwisgo yn nhiwnig yr Archoffeiriad, a YHWH ynddo, wedi dod i mewn i lys y Deml sydd bellach yn llawn o'i ogoniant, yn symud at allor yr Aberth.

Wrth gymeryd darnau'r aberth o ddwylo'r offeiriaid,
Ac yntau'n sefyll wrth le tân yr allor
A'i frodyr yn dorch o'i amgylch,
Yr oedd fel cedrwydden ifanc yn Libanus
Yng nghanol coedlan o balmwydd.

Felly yr oedd y seigiau o Oen a wahanwyd cynt bellach yn nwylo'r offeiriaid. Ai'r Archoffeiriad fyddai wedi eu rhoi iddyn nhw? 'Dyw e ddim yn glir!

A holl feibion Aaron yn eu gwychder,
Ac offrymau'r Arglwydd yn eu dwylo,
Yn sefyll o flaen cynulleidfa gyflawn Israel.

Beth sydd yn glir yw mai offrwm yr Arglwydd oedd y seigiau hyn – hynny yw fe'u hoffrymwyd gan yr Arglwydd, oherwydd yr Arglwydd oedd yn cyflawni'r aberth, aberth y Cymod.

Byddai yntau'n cwblhau defodau'r allorau
A rhoi trefn ar yr offrwm i'r Goruchaf a'r Hollalluog:

Yn y fan hon gallwn weld pwysigrwydd y gwahnaniaeth yn yr enwau gan y bydd seigiau'r Arglwydd sydd ar ôl, yn mynd i gael eu hoffrymu mewn diolchgarwch i El Elyon, y Goruchaf:

Yn estyn ei law at gwpan y diod-offrwm
Ac yn arllwys ohono waed y grawnwin
Gan ei dywallt wrth droed yr allor,
Yn berarogl i'r Goruchaf, Brenin pawb.
Yna gwaeddai meibion Aaron
A chanu eu hutgyrn o fetel coeth,
Nes bod y sŵn yn atseinio'n hyglyw
I'w hatgoffa gerbron y Goruchaf.

Nid yw'n glir beth yw'r berthynas rhwng tywallt gwaed y grawnwin a gweddill y ddefod sy'n cynnwys gwaed yr oen, ond mae'n eglur bod hyn yn rhan o seremoni swnllyd iawn a llawen.

Ar hyn yn ddiymdroi, byddai'r holl bobl gyda'i gilydd
Yn syrthio ar eu hwynebau ar y ddaear
i addoli eu Harglwydd, yr Hollalluog, y Duw Goruchaf.

Ac yma cawn weld bod y gwahaniaethau o fewn i Dduw yn cael eu hailuno, fel rhan o ddefod y Cymod, ac felly y mae gennym ni'r Arglwydd, a'r Hollalluog, Duw'r Goruchaf, YHWH ac El Elyon, yn dod at ei gilydd eto. Rhan o'r ddefod oedd dathlu Duw yn dod ynghyd yn Un – a chawn ein hatgoffa o hyn gan y proffwyd Sechareia, pan y proffwydodd ef rywbeth y bydd Cristnogion yn ei gymeryd yn ganiataol ei fod yn cael ei gyflawni adeg Dioddefaint Crist.

> *A'r dydd hwnnw bydd yr Arglwydd yn un, a'i enw'n un.*[24]

Yn y cyfamser y mae llawenydd yr ŵyl hapus yn dal i fynd yn ei flaen, a gallwn ddychmygu'r canu a'r gweddïo wrth i'r taenellu gwaed barhau, hyn yn ogystal â bwyta'r seigiau a gyrru allan yr Oen arall.

> *Codai'r cantorion eu lleisiau mewn mawl,*
> *Gan felysu'r gân ag amryfal seiniau;*
> *A'r bobl hwythau'n ymbil ar yr Arglwydd Hollalluog,*
> *Mewn gweddi gerbron y Duw Trugarog*
> *Nes cwblhau trefn addoliad yr Arglwydd*
> *A dirwyn y gwsanaeth i ben.*

Yn y fan ceir uchel alarnadu'r Enw, y funud , a'r ddefod wedi ei gorffen, y mae Cymod wedi ei gyflawni, ac Enw'r Arglwydd wedi ei ymgorffori ar y ddaear.

> *Wedyn dôi Simon i lawr a chodi ei ddwylo*
> *dros gynulleidfa gyfan Israel*
> *i gyhoeddi bendith yr Arglwydd â'i wefusau*
> *Gan orfoleddu yn ei enw ef.*
> *A byddai'r bobl yn ymgrymu eilwaith mewn addoliad*
> *I dderbyn y fendith gan y Goruchaf.*

Daw'r ddefod i ben gyda'r bobl yn ymgrymu gerbron YHWH wedi ei ymgorffori yn yr Archoffeiriad sy'n ei ddwyn atynt ym mendith El Elyon.

Wel, hyd yn hyn, popeth yn dda. Rwy wedi'ch gwahodd i fynd yn eich dychmyg i fyd y Deml Cyntaf ac wedi gofyn i chi ganiatau i'ch hunain gael profiad o litwrgi. Dyma weithgarwch lle y mae beth sy'n cael ei gofio a'i fywhau yn rhywbeth sy'n gwbl haelionus a charedig tuag atoch ac sy'n dod tuag atoch gan wneud rhywbeth drosoch chi. Digon teg, ond efallai byddwch yn meddwl: mae hyn fel barbeciw hynafol. Beth sy a wnelo fe â ni? Rwy'n mynd i ofyn am eich amynedd am y tro, ac ar ôl saib (yn y sesiwn

24. *Sechareia 14.9*

nesaf) fe fyddwch yn troi i fod yn grwp ethnic gwahanol, ac yn dechrau gweld sut brofiad fyddai i gael profiad o'r symudiad tuag atoch mewn ystyr wleidyddol neu foesol, yn hytrach nag yn litwrgaidd yn unig.

TRAETHAWD 6

Cael profiad o Gymod:

Sesiwn 1. Yr Hebreaid hynafol

CRYNODEB O'R SESIWN

Dyma'r cyntaf o dair sesiwn lle y byddwn ni'n ystyried Cymod, neu'r Iawn; beth yw ystyr dweud bod Crist wedi marw dros ein pechodau a hynny trwy ymarferion i'n dychymyg. Yn y sesiwn hon fe fyddwn yn dychmygu'n bod yn bresennol yn nefod hynafol Hebreig y Cymod; oherwydd cyn i Gymod fod yn ddamcaniaeth yr oedd yn litwrgi. Wrth i ni ddysgu am rôl yr Offeiriad a'r offrwm aberthol yn y ddefod, fe ddarganfyddwn ni syniad allweddol yr hen wledd: y mae Duw, YHWH, yn dod i mewn i fyd mater, yn ymwisgo yng nghnawd yr Arch Offeiriad er mwyn cyflawni'r aberth dros bobl Dduw.

PRIF SYNIADAU

1. Cyn bod Cymod/Iawn yn ddamcaniaeth yr oedd yn litwrgi neu ddefod. Holl amcan y litwrgi yw bod yn rhywbeth y mae pobl yn cael profiad ohono fel rhywbeth sy' n digwydd drostynt, tuag atynt ac er eu mwyn.

2. Mae'r hyn a wyddon ni am litwrgi'r Cyfamod oedd yn cael ei berfformio gan yr Hebreaid hynafol yn Nheml Solomon, yn dod trwy ddychymyg yr Hebreaid hynny oedd yn byw yn bell ar ôl dinistrio'r Deml gyntaf honno.

3. Holl amcan y Deml oedd bod yn *microcosm* o'r Cread. Yr oedd y Cysegr Sancteiddiolaf yn cael ei ystyried fel lle Duw "y tu hwnt" i'r Cread, ac felly y tu hwnt i amser, lle a mater. Parheir y ddealltwriaeth hon ym mhensaerniaeth eglwysi Uniongred y Dwyrain.

4. Y mae bodolaeth y materol yn cychwyn yn y Llen sydd o gylch y Cysegr Sancteiddiolaf.

5. Ystyr gŵyl y Cymod oedd bod Duw, YHWH, yn dod i mewn i fyd mater, gan ymwisgo yng Nghnawd yr Archoffeiriaid er mwyn gweinyddu aberth dros bobl Dduw.

6. Daw'r Creawdwr ei hun i mewn i ganol y greadigaeth er mwyn dad-ddrysu'r Cread o'r tu mewn, i alluogi popeth sydd, i lifo o'r newydd i gyfeiriad gogoniant Duw.

7. Daw'r cysyniad o bechod allan o'r broses o dderbyn Cymod neu Faddeuant – hwnnw sy'n digwydd gyntaf. Dyna sy'n ei gwneud yn bosibl deall pechod fel y peth y gellir ei faddau.

8. Yn y swper olaf mae na wahaniaeth rhwng geiriau'r sefydlu "fy *nghorff* a roddir drosoch" a "Fy *ngwaed* a dywelltir drosoch a thros bawb". Mae'n bosibl bod yma gyfeirio at ddefod y Cymod pryd y mae'r Arch Offeiriad yn rhannu darnau o'r Oen a laddwyd i'r offeiriaid ac yn taenellu'r gwaed yn y lle Sanctaidd. Trwy roi darnau i'w holl ddisgyblion, yn ogystal â'r cwpan, yr oedd Iesu'n rhoi arwydd eu bod nhw i gyd o hynny mlaen yn offeiriaid.

9. Yn straeon y croeshoelio yn yr Efengylau y mae Iesu ar yr un pryd yn oen sy'n cynrychioli YHWH ac yn fwch dihangol; ar yr un pryd yn YHWH sy'n rhoi eu hunan ac yn aberth wedi ei arteithio ac wedi ei yrru allan – defod sydd wedi ei chyflawni ac wedi dod i ben am byth.

Disgrifiad o ddefod y Cymod yn yr Ail Deml

1. Yn Sirach 50.5-16 cawn ddisgrifiad o un ffurf ar ddefod y Cymod yng nghyfnod y Deml Gyntaf.

2. Mae'r Creawdwr yn dod i ganol y greadigaeth, ac fell y mae pob elfen yn y cread yn hyfyw odidog.

3. Mae'r enwau gwahanol El Elyon, a YHWH yn bwysig fel rhan o ddefod y Cymod am fod gwahaniaethau sydd yn Nuw yn cael eu hail-uno. Rhan o'r ddefod oedd dathlu dyfod Duw ynghyd yn UN Duw (Sech 14:9)

MATERION I SYNFYFYRIO ARNYNT

- Ym mha ffordd y mae defod Cymod yr Hebreaid hynafol yn wahanol i beth y mae James yn ei alw'n *batrwm yr Astecs*, pobl yn aberthu i Dduw?

- Yn namcaniaeth glasurol y Cymod, dychmygir yn aml bod Duw yn ddig, neu wedi ei dramgwyddo gan bechod dynol.

- Yn y ddefod hynafol Hebreig, sut y mae agwedd Duw tuag at bechod dynol yn ymddangos?
- Ydi'r hen ddefod hon yn newid eich dealltwriaeth o agwedd Duw tuag atoch?
- Yr oedd Duw yn dod i mewn trwy len mater er mwyn perfformio'r aberth a fyddai'n "dad-ddrysu'r" Cread er mwyn i bobpeth lifo o'r newydd i gyfeiriad gogoniant Duw.
- Os yw Duw yn cymeryd ffurf faterol, beth y mae hynny'n ei awgrymu am berthynas Duw â'r Cread?
- O beth y mae'r Cread yn cael ei ddad-ddrysu?
- O beth ydych chi'n cael eich dad-ddrysu?
- Mae James yn egluro bod ymwybyddiaeth o bechod yn deillio o'r profiad o brofi maddeuant. Mewn geiriau eraill, maddeuant sy'n dod gyntaf, a dealltwriaeth o bechod wedyn, allan o hynny.
- Sut mae hynny'n newid y ffordd yr ydych chi'n meddwl am bechod a maddeuant?
- Sut mae'r profiad o faddeuant yn ein cyflwyno ni i batrymau newydd o ddyheu?
- Pa batrymau newydd o ddyheu ydych chi'n cael eich cyflwyo iddynt ?

SYNIAD I GLOI

Sut y mae deall Cymod fel litwrgi yn dylanwadu ar eich dealltwriaeth o beth yw ystyr *Bu farw Crist dros ein pechodau* ?

TRAETHAWD 6

CAEL PROFIAD O GYMOD

Sesiwn 2 Y Gibeoniaid

Nawr te, y tro hyn ry'ch chi'n mynd i fod yn Gibeoniaid. Gan ei bod yn bosibl bod rhai ohonoch chi erioed wedi clywed am y Gibeoniaid, rwy'n mynd i'ch helpu dros y gamfa i'ch *rhan* newydd, trwy roi ger eich bron enghraifft tra thebyg ond mwy cyfarwydd. Gadwch i ni ddychmygu'n bod ni rhywle ar Wastadeddau Mawr Gogledd America yn y bedwaredd ganrif ar bymtheg. Rydych chi'n aelod o lwyth bach digon dibwys o frodorion America. Mae'ch llwyth chi yn gefndryd i grwpiau mwy, fel y Cheyenne neu'r Cherokee, y Sioux neu'r Lakota, ond dyw e ddim ynddo'i hun yn grwp mawr iawn. Beth bynnag, ry'ch chi, yn gyfleus, neu'n anghyfleus, mewn man sy fwy neu lai ar lwybr y Dyn Gwyn, sy ar ei ffordd yn ei geffyl stêm, a'i gledrau metel. Fel mater o ffaith mae'n edrych fel petai'r Dyn Gwyn, er mwyn gyflawni ei Dynged Amlwg dros weddill y gwastadeddau yn mynd i ddod, whap, trwy ganol eich tiriogaeth chi.

Gan nad ych chi'n gwbl dwp, ry'ch chi'n penderfynu mai gwell doethineb na dewrder, ac yn hytrach na gorfod derbyn canlyniadau'r Dynged Amlwg , rŷ'chi'n mynd ati i ddod i gytundeb heddychlon â *phen-honcho'r* Dyn Gwyn, gyda'i drenau a'i ynnau. I bob pwrpas ry'ch chi'n dweud "Gwrandewch, fe wyddoni'ch bod chi'n dod â therfysg ar draws y gwastadeddau a does ganddon ni ddim y grym i'ch rhwystro. Fe wyddon ni hefyd nad ydyn ni a'n tiriogaeth sy o benna pwys i chi; ryn ni'n digwydd bod yn rhwystr i chi ar eich ffordd i rywle arall. Felly, peidwch â chymryd sylw ohononi: ewch mlaen i weithredu'ch Arfaeth Amlwg yn rhywle arall, ymhlith ein cefndryd, a wnawn ni ddim tarfu arnochi na rhoi cyllell yn eich cefnau, ond fe fydden ni'n wir ddiolchgar petaech chi'n gadael llonydd i ni, a ddim yn ein lladd ni". Wel mae pen-honcho'r Dyn Gwyn yn ystyried: "Dyna i chi fargen eitha rhesymol, wna'i gytuno â hynny – mae'n arbed i mi amser, egni, arian, milwyr ar gyfer cyrchoedd eraill". Felly mae'n arwyddo'r fargen ac yn symud ymlaen i'r gwastadeddau lle y mae'n bwrw ati i "daro'r" Cherokee, y Sioux a'r gweddill.

Yn wir mae'n cael cymaint o hwyl yn taro'n llwyddiannus yn erbyn eich cefndryd chi, nes iddo anghofio'i fod wedi arwyddo cytundeb â chi, ac yn ei ddigllonder mawr a'i rym, mae'n lladd nifer o aelodau o'ch llwyth. Mae hyn yn eich rhoi chi mewn safle braidd yn lletchwith. Mae'n amlwg yn anffortunus eich bod chi wedi colli nifer o'ch perthnasau, ond mae'n ddwbl y broblem bod ganddoch chi gytundeb â'r Dyn Gwyn, a'i fod ef i'w hanrhydeddu. Mae hynny'n golygu ei fod e dan rwymedigaeth i dalu iawndal i chi, gan ei fod wedi dwyn euogrwydd gwaed trwy ladd rhai ohonochi, a hynny heb bod angen. Rhaid bodloni'r pris–gwaed hwnnw. Ond y broblem yw nag ydych chi eisiau pwyso'r mater yn rhy galed, gan ei fod e gymaint cryfach na chi. A phwy a ŵyr pryd y gallai ef benderfynu ei fod yn mwy cyfleus iddo'ch taro chi i gyd na thalu ei ddyled? Y canlyniad yw eich bod chi'n byw mewn rhyw hanner-cytundeb gyda'r Dyn Gwyn sy'n lled feddiannu'r tir: dydych chi ddim yn awyddus o gwbl i'w atgoffa'i fod e mewn cryn ddyled i chi, ond yn anghyfforddus o ymwybodol ei fod e mewn dyled, ac na fydd y berthynas rhyngoch chi yn y rhan yma o'r byd yn iawn, nes i'r mater gael ei sortio.

Wel, dyna i chi syniad o bwy ydych chi fel Gideoniaid. Is-adran fechan o'r bobl oedd yn cael eu hadnabod fel Amoriaid oedden nhw. *Pen honcho* Israel ar y pryd oedd dyn o'r enw Saul, a fe oedd yr un wnaeth gytundeb â nhw i'w ryddhau er mwyn iddo fe gael taro'r Amoriaid yn fwy effeithiol. Ond yn anffodus, am ei fod yn berson braidd yn anwadal, fe lwyddodd i ymgolli yn ei gynddeiriogrwydd a tharo nifer o'ch llwyth chi hefyd; felly roedd arno ddyled, *pris-gwaed* i chi. Gyda'r cefndir yna mewn cof, gadwch i ni edrych ar y stori ddel yma o ail lyfr Samuel.[25]

> *Bu newyn yn nyddiau Dafydd am dair blynedd yn olynol. Ymofynnodd Dafydd â'r Arglwydd, ac atebodd yr Arglwydd fod Saul a'i dylwyth yn euog o waed am iddo ladd trigolion Gibeon.*

Dyma ni felly, mae na *ben-honcho* newydd yn Israel, a mae rhywbeth nad yw fel y dylai fod yn y tir, a'r arwydd sicr o hynny yw newyn. Mae'r *pen-honcho* eisiau gwybod beth y gall e'i wneud i sortio pethau. Mae'n cael gair â'r Arglwydd ac mae'r Arglwydd yn gwneud ei unig ymddangosiad yn y stori, fel math o gyfrifydd allanol, neu ymgynghorwr. Unig swyddogaeth Duw yn y stori yw tynnu sylw at y ffaith fod yna ddyled gwaed ar Saul a'i

25. 2 *Samuel* 21.1-9

dŷ, a bod y *pen-honcho* wedi etifeddu canlyniadau hynny.

> *Galwodd y brenin drigolion Gibeon a'u holi. Nid Israeliaid oedd y Gibeoniaid, ond gweddill o'r Amoriaid, ac yr oedd yr Israeliaid wedi gwneud cytundeb heddwch â hwy; eto yr oedd Saul wedi ceisio'u difa yn ei sêl dros yr Israeliaid a'r Jwdeaid.*

OK, dyna chi; rych chi wedi'ch galw i lys y Brenin. Pobl leiafrifol sy' â phob hawl i fod wedi pwdu. Pam ddylech chi gredu dim y mae'r dyn yma'n ei ddweud? Roedd ei ragflaenydd yn gwbl dwyllodrus, a phwy sy i ddweud pa dorth sydd gan ei olynydd yn ei ffwrn.

> *Gofynnodd Dafydd i'r Gibeoniaid " Beth a gaf ei wneud i chwi? Sut y gwnaf iawn, er mwyn ichwi fendithio etifeddiaeth yr Arglwydd?"*

Wel dyma fe'r *pen-honcho* yn swnio'n gyfaill-i-gyd tuag atoni, ond, o'n brathu unwaith, ryn ni'n hynod o ochelgar – fe wyddon ni fod ganddo fwriadau cudd, ac yn benderfynol o'n maglu ni rhyw sut, felly dydyn ni ddim yn mynd i ganiatau i'n hunain gael ein gwasgu i safle lle y byddwn ni'n hawlio rhywbeth, oherwydd fe fyddai hynny'n rhoi esgus iddo fe fynd ar ein holau ni. Felly fe wnawn ni ateb yn ofalus, gan ei gwneud yn berffaith glir na ellir cyhuddo neb ohononi o fod yn disgwyl dim ganddo.

> *Dywedodd trigolion Gibeon wrtho, "Nid mater o arian ac aur yw hi rhyngom ni a Saul a'i deulu, ac nid mater i ni yw lladd neb yn Israel.*

Felly ry'ch chi'n ei gwneud yn berffaith glir wrth y Brenin nag ych chi wedi'ch hudo; dŷ'ch chi ddim yn mynd i hawlio dim allai'ch peryglu. Ond braidd er syndod mae'r brenin yn pwyso arnochi gan ei gwneud yn berffaith glir nad yw am eich maglu.

> *Dywedodd y brenin, "Beth bynnag a ofynnwch, fe'i gwnaf i chwi"*

Mae'r Brenin yn dweud, i bob pwrpas, "Na, na, plis peidiwch â bod yn bigog. Derbyniwch fy ngair i. Mi wn i bod fy rhagflaenydd â phroblemau gyda chadw'i limpyn, a does gyda chi ddim rheswm i gredu y bydda innau'n damed gwell. Ond wir rwy'n berffaith ddifuant heb awydd i'ch maglu chi o gwbl: Mae gen i broblem. Yr unig ffordd y galla'i sortio'r cwbl yw gwneud rhywbeth drosochi, felly plîs rhowch y gorau i ddyfalu am f'amcanion i, a helpwch fi i'ch helpu chi trwy adael i mi wybod beth alla'i wneud drosoch chi."

Dywedasant hwythau, "Am y dyn a'n difaodd ni ac a fwriadodd ein diddymu rhag cael lle o gwbl o fewn terfynau Israel, rhodder inni saith dyn o'i ddisgynyddion, fel y gallwn eu crogi o flaen yr Arglwydd yn Gibea ym mynydd yr Arglwydd."

Felly dyma gynnig arni. Ry'n ni'n cydnabod fod yna bris gwaed i'w dalu i ni, a bod gennym ni hawliau, o ran cyfraith i ddïal, a rhaid eu boddhau; dyma ddïaledd sy'n rhaid ei fodloni, ac fe wnawn ni gais am dâl sy'n syml, yn fathemategol gyfyngedig, un sydd wedi ei gyfyngu i gylch aelodau teulu'r unigolyn a fu'n dechnegol gyfrifol, a fydd yna ddim gorlifo i diroedd eraill ein cyd fyw, gan osgoi beth sy'n arfer digwydd pan yw hi'n fater o ddïal, a phethau'n mynd yn benwyllt a cholli rheolaeth.

Cytunodd y brenin i'w rhoi.

Yn ymarferol, beth mae'r brenin yn ei ddweud, a phrin guddio'r pleser yn ei lais, yw hyn "Dyna i chi syniad da – ry'ch chi'n drafodwyr call iawn – ac ry'ch chi'n gyfleus iawn wedi gofyn am rywbeth sy'n llês imi. Chi'n gweld, fi sy wedi meddiannu gorsedd Saul, a byddai gan unrhyw un o'i feibion hawl mwy cyfreithlon na mi i fynnu'r goron . Fel mater o ffaith rwy wedi bod yn hynod o gymhedrol, yn ôl safon fy oes, wrth esgyn i'r orsedd, i beidio a rhoi i farwolaeth yr holl rai a allai gystadlu â mi. Ni fydd fy mab Solomon yn fy nynwared, ei Dad, yn hyn o beth, gan y bydd e, yn ei dro, yn llofruddio'i holl hanner-brodyr, dim ond i sicrhau na fydd na hawlwyr eraill o gwmpas. Felly ry'ch chi'n cynnig i mi'r cyfle i wneud yn gyfreithlon rhywbeth y gwyddoch chi sydd, beth bynnag yn llês mawr i mi".

Ond fe arbedodd Meffiboseth, fab Jonathan, fab Saul oherwydd y llw yn enw'r Arglwydd a oedd rhyngddynt, sef rhwng Dafydd a Jonathan mab Saul.

Ganed Meffiboseth â thraed cam; felly yr oedd y ffaith iddo dyfu i oed eisoes yn arwydd trugaredd arbennig. Ond rhaid dweud hefyd nad oedd e fawr o fygythiad yn y frwydr am yr olyniaeth gan nad oedd ganddo ddim o'r nodweddion gwrywaidd milwrol corfforol ar gyfer bod yn frenin.

Cymerodd y brenin y ddau fab yr oedd Rispa ferch Aia wedi eu geni i Saul, sef Armoni a Meffiboseth, hefyd y pum mab yr oedd Jerab ferch Saul wedi eu geni i Adriel fab Arsilai o Mehola. Trosglwyddodd hwy i'r

Gibeoniaid.

Felly cafodd Dafydd fawr drafferth yn dod o hyd i saith o etifeddion Saul ac y mae'n eu trosglwyddo i ni, sydd ag angen lliniaru'n digofaint.

> *a chrogasant hwythau hwy yn y mynydd o flaen yr Arglwydd; syrthiodd y saith ohonynt gyda'i gilydd. Lladdwyd hwy yn nyddiau cyntaf y cynhaeaf, ar ddechrau'r cynhaeaf haidd.*

Ac felly wrth i ni fihafio fel arfer fe dderbyniwn a dienyddio'r ebyrth hyn a roddwyd i ni yn *iawn* am bechodau Saul, ar ein mynydd ni. Yn y ffordd honno rŷ'n ni'n gadael i bawb weld bod y bennod hon o annifyrwch a diffyg ymddiriedaeth, wnaeth arwain at y fath ganlyniadau enbyd yn y cynhaeaf, wedi cael eu dwyn i ben.

Ond nid dyma wir ddiwedd y stori, ac efallai na fu'r ymgynghorydd allanol yn gwbl glir yn ei gyfrifon gwreiddiol a'i gynllun am gael mantolen gyfartal. Nid yw'r newyn yn dod i ben ar unwaith. Y mae cywely Saul, Rispa, mam dau o'r meibion a aberthwyd, yn dangos gwir gariad a galar, gan wneud sioe gyhoeddus o erchylltra beth sy wedi cael ei wneud. Mae hi'n gwersylla am sawl mis yn y man lle y digwyddodd y dienyddio, gan rwystro anifeiliaid rhag bwyta'r cyrff. Mae'n codi digon o gywilydd ar y Brenin Dafydd i wneud iddo sylweddoli bod angen gwneud tipyn mwy na beth sy'n gyfleus. Felly dyma fe'n casglu ynghyd holl esgyrn Saul a Jonathan o'r mannau lle y cawson nhw eu gwasgaru, a chyda chyrff y saith mab newydd eu dienyddio, yn eu anrhydeddu, mewn claddedigaeth barchus. Dim ond bryd hynny y daw'r newyn i ben.

Nid yw diwedd y stori mor bwysig â hynny i'n hamcanion ni. Beth yr ydw i eisiau'i holi ganddoch chi'r Gibeoniaid sy wedi bod yn bresennol yw hyn: yn ein stori ni, pwy sy'n aberthu pwy i bwy? Beth yw'r taliad sy'n cael ei ddisgrifio yma? Ac rwy'n gobeithio'i bod yn glir mai Dafydd sy'n aberthu i ni y Gibeoniaid. Dafydd sy'n gwneud iawn, a ni sy'n derbyn yr offrwm. Mae ei aberth e, yn ddigon cyfleus, yn golygu aberthu meibion rhywun arall, ond amcan yr offrwm yw lliniaru'r digofaint sy'n ganlyniad y ddyled gwaed sy'n ddyledus i ni'r Gibeoniaid. Mae ganddon ni'r Gibeoniaid *hawl* i hyn; rhaid bodloni'n hangen *ni* am ddïal.

Felly sylwch os gwelwch yn dda; mae yna dduwdod digllon yn hyn i gyd yn hawlio aberth, a *ni*, y rhai sy'n derbyn yr iawndal *yw hwnnw*. Nid yw'n edrych fel petai'r Arglwydd yn dduw dicllon, – dim ond rhoi cyngor am gyfrifon ar y dechrau y mae ef, ac nid yw'n dod â'r newyn i ben yn syth pan yw'r crogi wedi digwydd. Yn y darn yma, mae Dafydd eisiau cyfleu i ni fod ei amcanion yn dda, ac nid ein maglu ni yw ei fwriad; ei amcan yw medru offrymu aberth i'r duwdod digllon, hynny yw, i ni, y Gibeoniaid a'n hangen am gael ein bodloni, sef yn dechnegol, ein *dyhuddo*. Dafydd, y brenin a'i fwriadau da sy'n dod tuag atom ni, gan offrymu aberth i fodloni'n dicter ni.

Yn rhyfedd iawn mae'r stori fach od yma'n ymddangos ddwy waith yn y Testament Newydd mewn ffyrdd sy'n mynd i'n helpu i ddeall mwy am am y ffordd yr oedd marwolaeth Iesu yn cael ei weld fel rhywbeth oedd yn cael ei roi ini, atom ni a throsom ni. Mae'r cyntaf yn Rhufeiniaid 8.31-32 lle y mae Paul yn dweud fel hyn:

> *Nid arbedodd Duw ei fab ei hun, ond ei draddodi i farwolaeth trosom ni oll. Ac os rhoddodd ei Fab, sut y gall beidio â rhoi pob peth i ni gydag ef?*

Am lawer o flynyddoedd yr oedd pobl yn cymeryd yn ganiataol fod y cyfeiriad y tu cefn i "nid arbedodd Duw ei fab ei hun," yn gyfeiriad at stori rhwymo Isaac, lle y mae Abraham yn y pen draw yn arbed ei fab. Ond nid yw testun Groeg yr Epistol at y Rhufeiniaid yn cyfeirio at destun y Deg a Thrigain, y Septuagint o Genesis, lle y mae'r pwyslais ar unig fab Abraham. Ond mae'r testun yn cyd-weu'n berffaith â fersiwn y Deg-a-Thrigain yn 2 Samuel a cawn olwg dda ar sut y mae Paul yn deall y darn yr ydyn ni newydd edrych arno.

Y mae Paul yn dweud yn glir ddigon "Ydych chi'n cofio Dafydd ac yn cofio sut yr aeth y Gibeoniaid i mewn ato i'w weld. Wydden nhw ddim a oedd Dafydd o'u plaid, neu oedd e'n mynd i chwarae ffon ddwybig â nhw. Wel fe ddangosodd Dafydd ei fod o'u plaid trwy roi iddyn nhw nifer o feibion – fel mae'n digwydd, meibion rhywun arall, oedd yn gwneud yr holl beth yn hawdd iddo. Trosglwyddo iddyn nhw feibion rywun arall oedd ei ffordd ef o brofi ei ewyllys da tuag atyn nhw. Wel mae Duw yn fwy hyd yn oed na Dafydd . Lle'r oedd Dafydd yn wleidydd, yn cynnig meibion rhywun arall, y mae Duw, er mwyn profi ei fod yn ein hoffi, ddim yn dymuno'n maglu, ond yn cynnig ei unig fab. Mewn geiriau eraill fel monotheydd o Iddew, Fe ei hunan. (Dyna fyddai ystyr El Elyon yn galluogi YHWH i roi ei hunan i ni). Felly peidiwch â bod mor bigog! Y mae Duw, *wir* ar eich ochr chi mewn pob ffordd bosibl, dyw e, wir, ddim eisiau'ch baglu . Mae ei haelioni ym mhell y tu hwnt i ryw ddyfalu am ei amcanion." Nawr, sylwch, os gwelwch yn dda, ar bobeth sy'n cael ei gymeryd yn ganiataol yn y fan hon. Mae'n rhagdybio bod y darn o 2 Samuel yn cael ei ddarllen a'i ddeall yn yr union ffordd yr ydyn ni newydd ei wneud. Fel y mae Dafydd yn aberthu meibion Saul i'r Gibeoniaid, felly Duw sydd yn aberthu ei fab ei hun, i ***ni***. Mewn geiriau eraill, fel y gwnes i sôn eisoes, mae na dduwdod digllon yn y stori hon, *a ni yw hwnnw.* Y mae na hefyd yn y stori, ffynhonnell o haelioni di-drais, sy'n hawlio dim, sy'n gwbl ddiamwys, a Duw yw honno. Os ydyn ni i ddefnyddio iaith aberth mewn ffordd addas, rhaid i ni gofio cyn dim byd arall, mai *Duw sy'n aberthu* i ni, nid fel arall.

Welwch chi mai'r un peth sy'n digwydd yma ag oedd yn digwydd yn y litwrgi yn y Deml wrth i ni edrych ar ein hymgnawdoliad fel Hebreaid hynafol? Yno, y mae'r Un Sanctaidd yn dod allan o'r Cysegr ac yn offrymu aberth ar yr allor, i gyfeiriad y bobl, iddyn nhw a drostyn nhw. Yma, yn lle bod yn gefndir litwrgaidd, mae gyda ni bobl sy' ddim yn euog o unrhyw dramgwydd litwrgaidd. Maen nhw, os mynnwch chi, mewn cyflwr o anrhefn cymdeithasol o achos beth sy wedi cael ei wneud iddyn nhw; mae arnyn nhw angen i'w cyfiawn angen am dïaledd gael ei fodloni, ei ddyhuddo. Ac unwaith eto mae'r symud yn llifo o ddaioni diamau tuag atoni, y grwp dynol sy eisiau lliniaru'n dicter.

Nawr, rhag ofn i chi feddwl mai pwt o eglurhad hynod gan Paul yw hyn, ac mai dim ond y fe sy'n meddwl yn y ffordd yma, mae'r un ffordd o feddwl yn digwydd mewn man arall yn y Testament Newydd. Efallai'ch bod chi'n cofio'r olygfa yn Efengyl Ioan 19 sy'n rhan o'r darlleneiad wrth gofio'r Dioddefaint – *Y Grog-lith*. Mae Peilat wedi bod yn trafod gyda Iesu, ond y mae digllonedd y bobl yn rhoi pwysau arno i fodloni eu cais am aberth. Felly dywed Peilat:

> *...daeth â Iesu allan ac eisteddodd ar y brawdle yn y lle a elwir Y Palmant (ac yn iaith yr Iddewon, Gabbatha) (Ioan 19.13)*

Y gyfrinach yw'r gair bach yna, Gabbatha, sydd mewn gwirionedd yn Aramaeg yn hytrach na Hebraeg; ac mae'n golygu "mynydd *Gibeon*". Welwch chi mor ddestlus y mae Ioan wedi'n symud o un lle i'r llall. Mae

Peilat newydd gael ei wthio i weithredu yn yr un ffordd annifyr ag y gwnaeth Dafydd. Mae e newydd gael dweud wrtho "ni fyddai gen ti ddim awdurdod drosof fi onibai ei fod wedi ei roi i ti oddi uchod." Mae arno ofn cael ei gywilyddio gerbron Cesar os na wnaiff e ddienyddio rhywun. Felly mae Peilat yn cael ei gyflwyno fel un a fydd, ar y naill law yn cynrychioli Dafydd, sydd yn traddodi mab cyfleus rhywun arall er mwyn bodloni dicter y Gibeoniaid, ac ar y llaw arall, ac yn gwbl ddi-ymwybod yn cynrychioli Duw, gan mai ef sy'n galluogi Duw i roi ei fab ei hun i ddwylo bodau dynol digllon er mwyn bodloni eu llid. Y mae holl bwrpas, llif a chyfeiriad y delweddau yno er mwyn dangos nad aberth yn cael ei hawlio gan Dduw yw hwn, ond i'r gwrthwyneb, gweithred o garedigrwydd hael yn cynnig aberth i fodloni ein llidiowgrwydd berw dynol dïalgar ni. Dyna sut y mae'r Testament Newydd yn gweld pethau.

Saib byr i fyfyrio

Cyn i chi fentro cael y profiad o berthyn i hunaniaeth ethnig arall eto, rwy am ofyn i chi i fyfyrio am ychydig funudau a bod yn chi'ch hunain. Rwy am ofyn i chi i wneud rhywbeth yr ydw i, o leia, yn ei gael yn reit anodd, sef cofio munud, achlysur, rhyw gyfnod, pan gawsoch chi faddeuant gan rywun am rywbeth. Un o'r rhesymau pam y mae hyn yn anodd yw ein bod yn aml wrth glywed y gair "maddeuant" yn dechrau annog ein hunain yn chwyrn ddigon a chwipio'n hunain i deimlo "Rhaid i mi faddau, rhaid i mi faddau". Mae hyn am ein bod yn gwybod bod yn rhaid i Gristion da faddau, ac felly mae'n rhaid i ni gynhyrfu digon ar ein teimladau i wneud hynny. Wel rwy eisiau i chi wneud rhywbeth llawer mwy anodd na hynny. Rwy'n gofyn i chi beidio â meddwl am faddau i rywun arall nac am gais beichus i wneud rhywbeth er llês rhywun arall. Rwy am i chi eistedd mewn cyfnod, munud, pan wnaeth rhywun faddau i chi; i gael eich hatgoffa sut deimlad oedd e i dderbyn maddeuant, i gael eich rhyddhau. Mewn geiriau eraill, i gofio shwd deimlad oedd e pan wnaeth rhywun arall wneud y peth hynod hwn i chi. Gall yr atgof am dderbyn maddeuant fod mor gyffredin â rhywbeth a ddigwyddodd i chi'n blentyn. Er enghraifft, fe aethoch chi i siop fach y cornel a dwyn Mars bar. A heb i chi wybod, fe welodd Mrs Evans y perchenog chi. Mae hi'n ffonio'ch mam a dweud "Fuodd Joni bach yn y siop heddi a dwyn Mars bar. Mae'n arfer bod shwd grwtyn bach cyfeillgar a da ac mae hyn mor anhebyg iddo. Roeddwn i'n poeni braidd; oes na rywbeth yn bod? Oes na rywbeth drwg wedi digwydd? Nid poeni am y Mars bar yr ydw i, ond falle bod angen i chi siarad ag e i weld beth sy'n bod." Wel mae Mam yn gafael yn Joni bach wrth ei glust ac yn mynd â fe'n syth lawr i'r siop! Mae Joni bach yn gwybod yn union beth sy'n mynd i ddigwydd iddo fe nawr, am ei fod e'n gwybod ei fod wedi dwyn y Mars bar. Mae e'n gwybod ei fod yn ddrwg a'i fod yn mynd i orfod talu mewn rhyw ffordd – aros yn y tŷ am wythnos, dim arian poced, sgubo'r llawr am sawl diwrnod – rhywbeth fel na.

Dychmygwch ryfeddod Joni bach pan, wrth iddo gael ei lusgo i'r siop y mae Mrs Evans yn dod tuag ato gyda Mars bar arall, yn ei holl ymddygiad yn ei gwneud yn glir ei bod yn ei gynnig iddo fe yn rhodd. Mae hi'n amlwg yn poeni mwy am sut y mae e, nag y mae hi'n poeni am y Mars bar. Y mae hyd yn oed ei fam, oedd yn disgwyl y byddai Joni yn gael stŵr go iawn am hyn, yn syfrdan gan gyfeillgarwch Mrs Evans. Ond dyw Mrs Evans ddim yn poeni dim am hyn i gyd, mae hi am weld Joni bach yn iach a hapus, ac yn poeni ei fod efallai yn mynd trwy ryw anhawster, ac mae hi am iddo fe allu ymollwng. O safbwynt Joni bach mae hyn yn eitha dryslyd am fod pob Joni bach yn gwybod mai iawn yw iawn a drwg yw drwg, os os wnewch chi rhywbeth drwg a chael eich dal, yna fe gewch chi'ch cosbi. Dyna sut mae'r byd yn gweitho!

Felly y mae Mrs Evans yn drysu'r drefn yn llwyr a hynny'n eich drysu chi'n llwyr. Un o'r rhesymau ei fod yn eich drysu yw na allwch chi ddim rheoli beth sy'n digwydd. Ond dyma rywun sy'n dod atoch chi heb eisiau chwarae dant-am-ddant mewn unrhyw ffordd, am rywbeth y gwnaethoch chi. Dyw hi ddim yn diffinio'i hunan fel un sy'n eich 'erbyn' chi, ac mae hi'n gwrthod eich gwahodd chi i ddiffinio'ch hunan yn ei herbyn hi. A mae hyn yn tynnu'r mat o dan eich traed yn llwyr. Mae'n eich gwahodd i fod yn rhywbeth llawer mwy nag oeddech chi'n meddwl eich bod chi, oherwydd ry'ch chi'n cael eich gwahodd i mewn i fath newydd o gyfeillgarwch, math newydd o *ni*. Yma mae'r ymdeimlad o hunaniaeth, y *fi* yr oeddechi'n meddwl oeddech chi, yn cael ei roi i chi gan rywun na allwch chi ei reoli, ac ymddygiad hwnnw yn gwbl *haelionus*. Mae'n bosibl y galle'ch profiad chi o hyn fod yn gwbl ofnadwy. Falle byddech chi'n dymuno dweud "Na, dwy ddim eisiau cael maddau i mi am hyn, rwy am dalu diryw neu gael fy ngadw yn y tŷ neu f'anfon i'r gwely heb swper, achos rwy'n gallu deall byd fel na" . Neu efallai y gallwch ganiatau i chi'ch hunan dderbyn maddeuant, sy'n golygu cael eich hunan wedi'ch hail-greu gan allu llawer mwy nag y gallwch chi ei reoli.

Felly gallai'r digwyddiad o dderbyn maddeuant fod yn atgof am rywbeth mor gyffredin â hynny, neu gallai fod yn rhywbeth tebycach i brofiad oedolyn, yn brofiad mewn priodas neu wasanaeth milwrol er enghraifft. Ond beth bynnag, beth rwy'n gofyn i chi ei wneud yw gadael i chi'ch hunan eistedd yn y man rhyfeddol hwnnw o gofio cael rhywun maddeugar yn dod atoch ac yn eich gollwng chi'n rhydd. Sut deimlad oedd e? Yn y sesiwn nesaf fe â'i â chi i'r trydydd a'r olaf profiad o drawsnewidiad ethnig am y dydd.

TRAETHAWD 6

Cael profiad o Gymod:

Sesiwn 2 Y Gibeoniaid

CRYNODEB O'R SESIWN

Yn yr ail ymarferiad dychmyg am Gymod cawn ddychmygu'n hunain fel Gibeoniaid hynafol mewn sefyllfa wleidyddol bigog. Daw dealltwriaethau allweddol am y Cymod o'r ymarferiad hwn. Mae yna Dduw digalon yn y stori sy'n mynnu aberth – a ***ni*** yw'r duw hwnnw. Gwelwn bod Duw yn wirioneddol o'n plaid ni ym mhob ffordd, ac na ellir herio'i haelioni.

PRIF SYNIADAU

1. Dychmygwn yr Iawn fel symudiad gwleidyddol tuag atom ni trwy ddychmygu'n bod ni'n Gibeoniaid, grwp bach lleiafrifol o blith y llwyth a adnabyddir fel Amoriaid.

2. Yn 2 Samuel cawn hanes y Brenin Saul yn torri cytundeb gyda'r Gibeoniaid (sef *ni*) ac yn lladd nifer o'n tylwyth. Felly y mae ar Israel ddyled gwaed i'r Gibeoniaid. Rhan Duw yn ystori yw tynnu sylw at y ddyled gwaed honno.

3. Daw newyn, a mynnir mai ei achos yw'r ddyled gwaed. Felly y mae'r Brenin Dafydd yn galw'r Gibeoniaid ato ac yn gofyn sut y gall wneud iawn am y camwri.

4. Ar y dechrau mae'r Gibeoniaid yn ofnus ac yn mynnu nad oes angen dim arnyn nhw; ond mae'r Brenin Dafydd yn eu sicrhau nad yw e'n bwriadu eu maglu.

5. Mae'r Gibeoniaid yn gofyn am i saith o feibion Saul gael eu trosgwyddo iddynt i'w dienyddio. Mae hyn yn plesio Dafydd gan fod meibion Saul yn cystadlu ag ef am y frenhiniaeth.

6. Yn y stori, y brenin Dafydd sy'n aberthu i ni, y Gibeoniaid. Mae gennym ni hawl i hyn; rhaid boddhau ein hangen ni am ddïal.

7. Ni yw'r duwdod dicllon yn y stori yn hawlio aberth.

8. Yn Rhufeiniaid 8:31-33 mae Paul yn cyfeirio at y stori hon pan yw'n dweud "Nid arbedodd Duw ei unig Fab, ond ei draddodi i farwolaeth trosom ni oll". Mewn geiriau eraill mae Paul yn dweud " Ydych chi'n cofio'r stori am Dafydd a'r Gibeoniaid? Ydych chi'n cofio na allen nhw ddim ymddiried yn Dafydd ar y dechrau, a sut yr ennillodd eu hymddiriedaeth trwy weithred wleidyddol gyfrwys a chynnig meibion rhywun arall (sef Saul)?" Wel, mae Duw yn fwy na Dafydd; mae Duw yn cynnig ei fab ei hun, sef ei hunan. Felly mae Duw o'ch plaid mewn pob rhyw ffordd a fedrwch chi ddim herio'i haelioni.

9. Dyma'r union beth sydd yn litwrgi'r deml pan yw'r Un Sanctaidd yn dod allan o'r Cysegr i gynnig aberth ar yr allor dros, ac i gyfeiriad y bobl. Pan yw Paul yn cyfeirio at y Gibeoniaid cawn unwaith eto don o ddaioni di-amwys yn llifo *tuag atom* ni, y grwp dynol sydd ag angen lleddfu'n dïaledd.

10. Yn Efengyl Ioan dygir Iesu i'w groesholi gan Peilat ar "fryn y Gibeoniaid", i ddangos bod Peilat yn cael ei wthio gan ddicter y dorf i weithredu yn yr un ffordd annymunol ag a wnaeth Dafydd. Yn ddiarwybod y mae'n cymeryd lle Duw, gan alluogi Duw i roi ei fab ei hun i ddwylo dynion dicllon.

11. Mewn "saib byr o fyfyrdod" y mae James yn gofyn i ni gofio rhyw achlysur pan gawsom ni faddeuant gan rywun, er mwyn ad-ennill y teimlad o dderbyn maddeuant, o gael ein gollwng yn rhydd.

CWESTIYNNAU I SYNFYFYRIO ARNYNT

- Gan gychwyn gyda'r saib byr o fyfyrdod, cofiwch am yr achlysur pan estynnwyd maddeuant i chi am rywbeth. Wnaethoch chi ofyn am faddeuant neu a gynigiwyd maddeuant i chi heb i chi ofyn? Sut deimlad oedd hynny?

- Yn y stori wleidyddol hon, mae angen i'r Brenin Dafydd fodloni'r ddyled gwaed sydd arno i'r Gibeoniaid. Mewn geiriau eraill mae angen iddo aberthu er mwyn bodloni'r Gibeoniaid.

- Ystyriwch beth y mae James yn ei olygu wrth ddweud mai ni y Gibeoniaid yw'r duwdod dicllon sy'n hawlio aberth.
- Sut y mae hynny'n effeithio ar eich dealltwriaeth chi o bwy yw'r duwdod dicllon pan yw Crist yn cael ei groeshoelio?
- Ym mha fordd ydych chi wedi chwarae rhan *duwdod dicllon* tuag at rywun arall?

SYNIAD I GLOI

Beth yw ystyr dweud nad yw Duw'n cystadlu â chi pan yw'n fater o Dduw'n ymateb i'ch dicter chi? Sut y mae hynny'n effeithio ar eich dealltwriaeth o pwy yw'r *duwdod dicllon* pan groeshoeliwyd Crist?

TRAETHAWD 6

Profiad o gymod: troi aberth tu chwith

Sesiwn 3 Yn Venezuela

Ryn ni nawr wedi edrych ar ddau ddimensiwn, dau symudiad i'n cyfeiriad ni, tuag atom ni, trosom ni, – symudiad litwrgaidd tuag atom fel Hebreaid hynafol, a mudiad gwleidyddol neu foesol tuag atom fel Gibeoniaid. Nawr rwy am ddwyn allan y dimensiwn personol yn y symudiad tuag atom gan mai athrylith beth wnaeth Iesu oedd dwyn y tri dimensiwn yma at ei gilydd mewn un weithred. Er mwyn dwyn allan y dimensiwn personol tuag atom ni rwy'n mynd i adrodd fy stori am Fernando, stori o Venezuela.

Y cefndir i'r stori hon yw bod gen i gyfaill yn Venezuela sydd, fel finnau, yn astudio meddwl a gwaith René Girard. Yn fuan ar ôl cynhadledd lle'r oedden ni'n dau wedi cwrdd â'n gilydd, fe ysgrifennodd i holi a oeddwn wedi ysgrifennu rhywbeth fwy neu lai Girardaidd yn Sbaeneg. Fel yr oedd hi'n digwydd, roeddwn i newydd orffen cyfieithu i'r Sbaeneg bennod o'm llyfr *Faith beyond resentment, Fragments Catholic and gay.* Y bennod berthnasol yw 'Clothed and in his right mind' a dehongliad ydyw o stori'r gwallgofddyn yn Gerasa, sy'n pwyso'n drwm ar y ffordd y mae Girard yn darllen yr hanes yn ei lyfr *The Scapegoat*. Felly trwy wyrth e-bost roeddwn i wedi gallu anfon copi o'r bennod i'm cyfaill.

Ydych chi'n cofio hanes y gwallgofddyn yn Gerasa?[26] Daw Iesu ar draws y llyn a dod i wlad y Geraseniaid, a elwir yn rhai fersiynnau, yn Gadara. Gwyddom nad Iddewon yw'r trigolion am y rheswm syml eu bod yn cadw moch, a dyna'r manylyn y mae pobl yn cofio am y stori hon. Wrth i Iesu ddod i fyny'r traeth mae Dei-Dwl yn dod lawr i gwrdd ag e. Dei-Dwl yw ynfytyn y dre, fel petai. Mae'n byw ymhlith y beddau ar y domen sbwriel, ac yn rhan dlota'r dre. Ychydig amser yn ôl roedd rhai pobl yn y dre wedi ei drin yn ddigon garw. Fe fydden nhw'n ei glymu, a'i roi mewn cadwynau, ei glymu lawr a cheisio'i dawelu. Ond byddai'n cael ambell blwc o egni rhyfeddol ac yn torri'r cadwynau ac fe fyddai'n rhaid iddyn nhw eu guro

26. *Marc 5.1-20; Mathew 9.28-34; Luc 8.26-39*

eto. Ar ôl tipyn fe wnaethon nhw ddysgu nad oedd unrhyw angen ei guro am ei fod yn berffaith abl i guro'i hun, a gwneud dolur iddo'i hun. Fe ddysgodd gyfeirio i mewn iddo'i hun eu holl drais hwy tuag ato. Gellid dibynnu arno i sefyllian fel lloeren o'u cwmpas, yn curo'i hun, yn torri ei hun â chyllell, yn rhoi amser caled iawn iddo'i hun. Yr oedd fel petai'n perfformio'u holl odrwydd hwy o bellter diogel.

Felly gadawyd iddo wneud hynny. Roedd e'n fath o rybudd diwylliannol iddyn nhw. Pan oedd e o gwmpas roedden nhw'n gwybod yn iawn beth oedd drygioni. Mae *fe'n* ddrwg, felly rydyn *ni'n* dda. Am fod yna rywun gwallgof o gwmpas fe allwn dybio ein bod ni'n gall. Mae gen i gyfeillion oedd wedi ymweld ag ysbyty'r meddwl yn Alabama a fe ddangoson nhw'r un pwynt i mi. Roedd y nyrsus yno'n gwybod fod llawer o'r cleifion yn ddim mwy claf na'u perthnasau. Dim ond yn wannach. Maen nhw'n byw yn eu bywydau'r pethau y mae eu perthnasau yn llwyddo i'w gadw'n gyfrinach, mwy neu lai. Dyna pam y maen nhw'n hala cymaint o ofn ar eu perthnasau, am eu bod mor debyg iddyn nhw. Nhw eu hunain yn eu iawn bwyll. Diolch i'r un dwl, gallwn feddwl ein bod ni'n normal.

Beth bynnag dyma Dei Dwl yn rhuthro lawer i'r traeth tuag at Iesu yn llefain "Beth sydd a wnelon ni â thi o Fab y Goruchaf ". Felly, mae ganddon ni genedl-ddyn wedi ei feddiannu, yn cydnabod Iesu gyda theitl sy ddim yn unig yn deitl Iddewig, ond yn deitl sy'n perthyn i'r Archoffeiriad. Ac yn y Testament Newydd y mae'n aml yn wir bod y rhai sy wedi eu meddiannu, ym meddiant cythraul, yn medru gweld yn glir pwy yw Iesu, tra bod pobl gyffredin sy'n symud fel torf mewn llawer o ffyrdd cyffredin, yn cael llawer mwy o drafferth i sylweddoli pwy yw e. Dyma Dei Dwl yn crefu ar Iesu i beidio'i boenydio; gallwch weld pam. Mae e wedi cael ei ddal mewn patrymau o hunan ddolurio a hunan ddinistr, a dyna natur ei berthynas â'r gymuned ac mae'n rhai bod hynny'n boenus iawn, ond o leia mae'n fath o oroesi. Byddai cael ei ryddau o hyn i gyd yn gyfystyr â chael ei adael i syrthio i affwys diddymdra: pwy fyddai fe? Cyn bwrw'r cythraul allan mae Iesu'n gofyn "Beth yw dy enw?" A dywed y cythraul "Lleng yw fy enw am fod llawer ohonom". Dyna ddisgrifiad i chi o aml-bersonoliaethedd sy'n chwalu a drysu'r person hwn un ffordd a'r llall ac yn ei rwystro rhag meddu hunaniaeth sefydlog iddo fe ei hunan. Dyna i chi ddarlun perffaith o statws y dyn yma, fel lloeren sy'n llyncu holl *vibes* drwg ei gymuned. Mae e'n gwybod yn iawn y byddai dod i gysylltiad â'r Goruchaf sy'n ei ddenu, ac ar yr un pryd yn cael ei yrru ymaith oddiwrtho, yn golygu rhywbeth arswydus i'w ymdrechion gorffwyll i ddal y personoliaethau hyn at ei gilydd. Felly pan yw Iesu ar fin bwrw allan yr ysbryd, mae'r ysbryd yn apelio am beidio â chael ei fwrw allan i'r ardal, gan ei fod yn ymwybodol bod yr ardal ddaeryddol yn dibynnu ar *vibes* dryslyd y gymuned y mae'r ysbryd ei hun yn symptom ohonyn nhw. Byddai cael eu symud yn rhy bell o'r fan yn golygu eu bod yn darfod â bod. Felly mae'n gofyn am gael ei anfon i'r moch yn lle hynny.

"Iawn" medd Iesu "bant â chi at y moch". Felly mae'r ysbryd yn rhuthro i mewn i'r moch. Nawr mae'r moch yn dioddef o un anfantais fawr o'u cymharu â phobl Gerasa; nid dynion mohonyn'nhw. Petai'r moch wedi bod yn ddynol, unwaith y bydden nhw wedi cael eu cynddeiriogi gan yr ysbryd aflan, fe fydden nhw ar ôl tipyn wedi dysgu sut i ddatrys eu problem. Fe fydden nhw wedi hel at ei gilydd yn giang wrth i ryw fochyn blaengar lwyddo i bwyntio â'u droed at fochyn gwanach na'r cyffredin, neu un oedd yn sefyll allan mewn rhyw ffordd, a byddai'r mochyn hwnnw wedi cael ei ddewis ganddyn nhw i gyd i fod yn fochyn gwallgo. Ar ôl llawer o snwfflan hunan gyfiawn i'w dwyn i gytundeb mochaidd, byddai'r mochyn gwallgo wedi cael ei daflu dros ymyl y clogwyn i'r llyn a'r moch wedi cael eu sefydlu o'r newydd yn heddwch a threfn eu cymdeithas. Fe fydden nhw wedi dyfeisio cymdeithas wâr trwy lofruddio, a chyda hynny, yr holl bethau yr ydyn ni fodau dynol yn ymfalchïo cymaint ynddyn nhw. Ond fel mater o ffaith, moch ydyn nhw a wyddan nhw ddim sut i lunio'u hunain yn undod yn erbyn un o'u plith, ei fwrw allan ac felly sicrhau trefn i'w grŵp. Felly pan rhyddheir yr ysbryd i'w plith, maen nhw i gyd yn dynwared ei gilydd yn ei cynddeiriogrwydd, heb unrhyw ffordd i arafu. Maen nhw'n rhuthro lawr y rhiw gyda'i gilydd ac yn boddi.

Mae hyn yn dipyn o dramgwydd i'r un sy'n gofalu am y moch. Felly nôl â fe i'r dre yn crafu ei ben ac yn dweud wrth bobl y dre "Mae rhywbeth wedi digwydd i fy moch." Maen nhw'n dod allan i weld beth sy'n digwydd. Ac maen nhw'n darganfod bod Dei, oedd yn arfer bod yn Ddwl, yn eistedd, yn ei ddillad, ac yn ei iawn bwyll, ac yn siarad â Iesu. A roedd ofn arnyn nhw, ofn mawr, oherwydd mae rhywbeth wedi digwydd yma sy'n fwy na dim maen nhw'n gyfarwydd ag e. Roedden nhw'n gwybod beth i wneud mewn byd lle'r oedd Dei Dwl yn wallgo a hwythau'n gall. Ond nawr mae fe'n gall, felly beth amdanyn nhw? Mae Dei wedi cael ei wneud yn ddynol: mae'n eistedd, safle mwy tawel nag oedd e'n arfer ei fabwysiadu. Mae fe wedi gwisgo dillad, peth sy'n gwbl newydd – gynt mater o rhacs a charpiau oedd e. A nawr mae fe yn ei iawn bwyll – sy tu hwnt i'w ddychmygu. Mae rhyw rym mawr wedi dod i'w plith a thrwy wneud hwn, eu rhybudd diwylliannol, yn ddyn, mae'r mat wedi ei dynnu o dan eu traed.

Felly maen nhw'n troi, ac yn eitha cwrtais yn crefu arno i fynd. Dyw nhw ddim yn ymosod arno – maen nhw'n mwy ofnus na dig. A dyw Iesu ddim yn ateb yn ddig. Mae'n paratoi i fynd. Nawr mae hyn yn od: dyw e ddim yn bygwth pobl Gerasa, nac yn dannod dim iddyn nhw a dweud "Fe fydd hi'n waeth i chi ar ddydd y farn nag i Sodom a Gomorah" sef yr union beth ddywedodd e wrth bobl Capernaum a Bethsaida pan fethon nhw â derbyn ei ddisgyblion. Ond roedd y dinasoedd hynny yn rhai Iddewig, a doedd dim esgus ganddyn nhw. Wrth droi lan a throi eu cocyn hitio yn ddynol, mae Iesu wedi eu herio'n ormodol ac yn rhy fuan. Maen nhw'n methu dod i ben heb eu ffon faglau, ac maen nhw ar goll.

Felly mae Iesu'n paratoi i ymadael, ond mae'r Dei Dwl a fu eisiau dod hefyd. Ac mae Iesu'n dweud "Na" sy'n dipyn o syndod. Gan amla mae Iesu'n deud "Dewch, ar fy ôl i". Ond yma mae fe'n dweud "Na, cer di nôl at dy ffrindiau a dwêd wrthyn nhw am y pethau mawr a wnaeth Duw drosot ti." Gallwch bron glywed y cyn Dei-Dwl yn dweud "O na! Adre! O dere mlaen, wyt ti'n gwybod shwd le yw nghartre i ? Ffrindiau! Faint o ffrindiau sy gen i a byw y ffordd rwy i wedi gwneud ! O leia wnest ti ddim gorchymyn i mi fynd at fy nheulu, achos nhw yw'r gwaetha o'r cwbl, ac fe fydde hynny wedi bod yn ormod. Ond allech chi ddim fy ngwasgu i mewn ar drip apostolaidd i Melanesia, neu Tierra del Fuego, neu rywle sy'n wir, wir bell o fan hyn?" Ond na, byddai mynd yn bell i ffwrdd yn llawer rhy debyg i'r bwrw allan y mae Dei wedi ei fyw erioed. Yn lle hynny y mae Iesu'n rhoi iddo un o'r tasgau mwyaf anodd apostolaidd yn y Testament Newydd; cer a bod yn 'gyn-ffon-fagl' mewn cymdeithas sy'n mynd i gael ei herio wrth ddysgu byw heb ei ffon-fagl. Maen nhw'n gyfarwydd â byw da a drwg, perthyn a dim perthyn, glan a brwnt, call a dwl a hynny gyda help Dei Dwl, eu rhybudd diwylliannol. Ond os nad yw e yno fel rhybudd, fe fyddan nhw ar goll, ac fe fydd e mewn man peryglus iawn, bod yn ddynol ymhlith dynoliaeth mor ddiffygiol. Fe fyddan nhw'n cael eu temptio i ddymuno bod yn gang yn ei erbyn eto, a gwneud rhywbeth i ail sefydlu trefn, eu syniad hwy o ffiniau.

Wel dyna lle mae'r Efengyl yn gadael y stori. A dyna'r stori a ddanfonais at fy ffrind yn Venezuela. Yr oeddwn i wedi darllen y stori, a minnau'n ddyn hoyw, a'i defnyddio fel esiampl o'r aflonyddwch y mae Iesu'n ei greu pan yw'n derbyn dynoliaeth y rhai nad ydi cymdeithas yn eu hystyried yn wir ddynol. Ond doeddwn i ddim yn meddwl y byddai fy ffrind, nad yw'n hoyw, yn meindio. Yn y ḍyddiau eciwmenaidd hyn rhaid estyn allan tuag at ffrindiau felly. Felly fe anfonais i'r llythyr trwy e-bost a chefais fy syfrdanu gan yr ateb gefais i ychydig ddyddiau'n ddiweddarach.

Rhannodd fy ffrind stori o'i ddyddiau ysgol, nad oedd yn bell iawn y tu ôl iddo, gan ei fod yn fyfyriwr ifanc yn astudio am ddoethuriaeth yn y cyfnod pan oedden ni'n cyfnewid llythyrau. "Pan oeddwn yn yr ysgol, fe gawson ni amser braf. Roedd ein grwp dosbarth yn braf, grwp o bobl yn llawn sbri a phawb yn dod ymlaen yn dda – mae f'atgofion i o'r cyfnod yn braf iawn. Ond fel mater o ffaith yr oedd gennym ni *pwff* yn y dosbarth yr oedd pawb yn pigo arno, yn tynnu ei goes ac yn ei fwlio a gwneud bywyd yn uffern iddo."

(Rwy'n galw'r bachan yma yn Fernando, ond enw wedi ei ddyfeisio yw. Does gen i ddim syniad beth oedd ei enw, a beth bynnag, mae'n bosibl i chi, o'ch profiad eich hunan yn yr oed yna, allu cofio enw rhywun allai ffitio i'r bwlch arbennig hwn)

Felly Fernando oedd y bachan yr oedd pobl yn pigo arno a phawb arall yn cael hwyl fawr. Rywbryd, rhaid bod Fernando wedi llwyddo i berswadio'i rieni i gael gadael yr ysgol honno a mynd i rywle arall, neu efallai ei fod ond wedi ymadael. Beth bynnag ymadael wnaeth e. Ac meddai fy ffrind – "Roedden ni'n ar goll yn llwyr. Ar drawiad, wydden ni ddim mwyach sut i chwarae gyda'n gilydd, allen ni ddim gweithio mâs sut i fod gyda'n gilydd. Doedd ganddon ni ddim syniad beth oedd wedi'n cadw ni gyda'n gilydd cyhyd, na sut oedd hyn n y'n gweithio. Ac felly am rhyw dair wythnos roedden ni ar goll, ar goll fel grŵp. Ond wedyn fe lwyddon ni i ddarganfod *pwff* newydd o ddosbarth arall, a chael ei fenthyg i'w wneud yn *pwff* ein dosbarth ni ac fe ddychwelodd normalrwydd. Popeth yn dda. Dim ond nawr, wrth i mi amgyffred y ffordd yr oedd pobl Gerasa yn dibynnu ar eu gwallgofddyn, yr ydw i'n dechrau deall pam yr oedden ni'n teimlo'n bod ni ar goll pan ymadawodd Fernando. Roedd hi mor bwysig i ni ei gael e'n ffon fesur gymdeithasol o bwy nad oedden ni, ond a oedd yn dweud wrthon ni pwy oedden ni. Ar draul pwy, os mynnwch chi, yr ydyn ni'n byw a chael ein teimlad o fod gyda'n gilydd, yn "*ni*".

Fel y gallwch ddychmygu fe'm trawyd i'n fawr gan y ffordd y r oedd e wedi '*ei dallt hi*' yn y darn, ac wedi gweld sut yr oedd e'n berthnasol i'w brofiad e o fywyd. Ond, a meddwl am y peth, roeddwn i am gymeryd y mater ymhellach a gofynnais iddo fe i edrych o'r newydd ar y stori yr oedd wedi ei dweud wrtha'i. Roedd e'n ymddangos i mi fod yna ddwy b*erspectif* gyffredin yn y stori, ac un arall dipyn mwy awgrymog. Y safbwynt cyntaf yw un Fernando ei hun. Iddo fe, mae'n stori gas, ddirdynnol. Fe fyddai wedi bod yn brofiad o suddo neu nofio. Gallai fod wedi ei ddinistrio'n llwyr gan y bwlian a'r pryfocio. Fe allai fod wedi lladd ei hun. Fe allai fod wedi troi i mewn arno fe'i hunan. Pe bai yng Ngogledd America, efallai y fydde fe wedi mynd allan, prynu gynnau a dychwelyd i saethu yn ei ysgol. Beth bynnag, fe fyddai wedi bod yn brofiad ofnadwy. Mae yna bosibiliadau eraill: rwy'n mynd i edrych ar bob un yn ei dro. Allech ddychmygu bod yr holl ddigwyddiad wedi ei wneud e'n dipyn mwy gwydn. Dyma rywbeth rwy wedi ei weld ymhlith yr hoywon ers i mi dyfu i oed, yw bod rhai o'r bobl mwya gwydn y cwrddwch chi â nhw yn bobl a oedd yn blant merchetaidd iawn, a oedd, yn wahanol i mi, ddim yn gallu edrych fel plant cyffredin. Aethon nhw drwy uffern o amser fel plant ond ddaethon nhw drwyddi'n gwbl ryfeddol, a thyfu drwyddi a bod yn llawer cryfach na neb arall o ganlyniad i hynny. Felly mae hynny'n gallu digwydd – ond nid yn beth y gellir ei warantu.

Y perspectif amlwg nesaf y gallech chi ystyried y stori oddiwrthi yw safbwynt y grwp fyddai'n hawlio "fel na mae bechgyn"– er y gall merched for yr un mor gïaidd i'w gilydd â bechgyn. Dyma safbwynt y bechgyn 'mawr,' y rhai y mae bywyd ysgol yn ddim iddyn nhw ond ffurf wahanol ar gêm rygbi. Ry'ch chi yn yr ysgol i chwarae pêl. Mae amser chwarae answyddogol pan fydd oedolion *boring* yn awgrymu y dylech chi fod mewn dosabrth, pan ych chi'n cael cyfle i gicio Fernando yn lle pêl. Ac yn od iawn, er ei fod yn beth cas iawn, mae'n rhywbeth eitha amhersonol. O safbwynt y rhai sy yn y llanast, does yna ddim casineb personol, dim byd bwriadol. Byddai ei alw'n ddiniwed yn mynd yn rhy bell, ond mae'n ymddangos mai fel'na mae pethau. Mae na blant sy'n byw perspectif arall yn y stori – y rhai nad ydi stori Fernando prin yn cyffwrdd â nhw, tra'i fod e'n cael ei fwlian a'i bryfocio.

Ond rhwng y ddau begwn, Fernando ar y naill law, a'r "hogia" ar y pegwn arall, mae na grwp arall o bobl, a golwg arall ar y stori. Dyma'r bobl yr ydw i'n eu disgrifio fel *cyd-erlidwyr* – pobl oedd yn rhyw hanner ymwybodol, fel yr oedd llawer ohononi yn iard yr ysgol, fod yna ryw law anweledig yn hofran uwch ein pennau, â bys yn estyn i bwyntio'n farwol at *rywun*. A rhaid i mi sicrhau nad fi fydd y person hwnnw.

Yn wir, os yw'r bys wedi setlo ar rywun arall, ar Fernando, er enghraifft, rwy'n awyddus iawn i wneud yn siŵr fod y bys yn dal i gyferio ato fe, gan fod y llaw sy'n hofran uwchlaw yn hynod ansefydlog, a gallai'r bys hwnnw gael ei syflyd o'i nôd presennol a throi i nghyfeiriad i. Felly rwy'n cael fy nhemtio i fod yn gefnogwr brwd ideolegol i gadw'r bys cyhuddgar yn y fan lle mae. Does gan yr hogiau ddim ffeuen o ots ai Fernando neu rywun arall sy'n ei chael hi'n arw, mae'r criw *cyd-erlidwyr* yn ei chael yn hynod o bwysig eu bod nhw'n cynffonna i'r 'hogiau' mwya poblogaidd yn y dosbarth, gan roi tanwydd a rhesymau am gadw'r bys yn cyfeirio'n union lle mae e. Dyna pam y clecs, y gemau cywilyddio, yr adeiladu cytundeb ar draul Fernando. Mae'r cwbl yn helpu'r cyd-erlidwyr i sicrhau eu bod ar yr ochr iawn pan aiff pethau o chwith.

Mae'r sefyllfa rhyfedd hon o hanner-gwybod a hanner-peidio-gwybod, neu hanner-ddim-eisiau-gwybod ble ry'ch chi'n perthyn er mwyn goroesi ar y cae chwarae, i lawer ohononi'n fan arwyddocaol wrth esgor ar ein bywyd moesol. Y mae'n llunio'r math o bobl yr ydyn ni'n tyfu i fod. Trwy ddysgu sut i oroesi'r math yma o ddeinamig yr ydyn ni'n dod yn rhan o gymdeithas. Ac mae'r adroddiadau ysgol yn ein disgrifio ni, yn wahanol i Fernando, fel "Wedi addasu'n dda, yn gymdeithasol, yn gwneud ffrindiau ac yn chwarae'n dda gydag eraill." Ystyr hynny yw "ddim yn gocyn hitio hiwmor a dicter y grwp," neu "Wedi dysgu sut i ddawnsio gydag eraill o gwmpas y man cywilyddio, yn ddigon agos i gael mantais ar yr un sy yno, ond nid mor agos ag i fod yr un sy yn y fan honno". Ac felly cawn ein paratoi i oroesi ym myd yr oedolion, lle y mae'r un gêm yn cael ei chwarae gyda dewis helaeth o wahanol gefndiroedd.

Wel, cymaint â hynny am drydedd safbwynt ar y stori, safbwynt y cyd-erlidwyr neu'r rhai a redodd hefyd. Beth wnes i ei awgrymu i'm cyfaill yn Venezuela, ac yn ei awgrymu i chi, yw eich bod chi'n dychmygu dilyniant od i'r stori. Rhyw chwe mis ar ôl 'madael â'r ysgol yn sydyn, heb eglurhad, mae

Fernando yn dod yn ôl. Wyddon ni ddim ble mae fe wedi bod yn y cyfamser, ond gallwn ddychmygu sawl posibilrwydd sy'n gyfrifol am ei ddychweliad. Yn y lle cynta, gadewch i ni edrych ar beth rwy i'n ei alw yn *"scenario'r ffon fawr"*. Bu chwyldro neu *coup* yn Venezuela yn y cyfnod rhwng Fernando'n gadael yr ysgol a'i ddychweliad yno. Yn ei amser fel myfyriwr yno, doedd e ddim yn perthyn i deulu enwog nac o unrhyw bwys cymdeithasol arbennig. Dychmygwch bod cipio awennau'r llywodraeth wedi cael ei ysbrydoli gan bŵer anhysbys o du'r gogledd sy'n defnyddio llawer o olew ac wedi cael gwared ar lywodraeth Hugo Chavez Frias. Wrth i'r llywodraeth newydd gael ei sefydlu, mae teulu Fernando yn ennill pwysigrwydd sylweddol. Yn wir y mae tad Fernando yn dod yn llywodraethwr y dalaith lle y mae'r Ysgol Uwchradd. Felly, beth nesa? Y mae Fernando yn dod i ymweld â'i hen ysgol yng Nghadillac y Llywodraethwr ynghyd â gwarchodwyr ar fotobeics yn ei amgylchynu. Wrth iddo gyrraedd yr ysgol gallwn ddychmygu ymatebion rhai o'i gyn gyd-ddisgyblion." O Uff...." Maen nhw'n deall rhesymeg beth sy'n mynd i ddigwydd i'r dim. "Pan oedd gyda ni ffon fawr fe fydde ni'n ei waldio fe, a nawr mae gyda fe ffon fwy, mae fe'n mynd i'w defnyddio i'n waldio ni". Felly mae'r mêts dosbarth yn anfon allan llysgenhadon. Maen nhw'n dewis y rhai mwya derbyniol o'r dosbarth i groesawu Fernando: "Hei, Fernando, grêt dy weld ti nôl. Waw! Car a hanner. Cŵl! Motobeics rhyfeddol, iwnifform ffantastig – ble gawn i un o'r rheina! Wir i ti, ry'n ni'n wir flin am y pethau cas oedd yn arfer digwydd i ti pan oeddet ti yma o'r blaen. Fel mater o ffaith yr oedden ni'n treio'n galed, tu cefn i'r llenni, i sortio pethau a dod â nhw i ben. Trueni bo' ni wedi ffaelu, ond hei, does dim ots nag oes, rwy ti nôl, mae'n mynd i fod yn grêt". Mewn gair mae'r cynffonwyr wrthi'n llyfu tîn. Pan oedd y ffon fawr yn rhywle arall, fe ddysgon nhw fod ar 'y tu fewn', ar ochr pwy bynnag oedd yn bygwth ei defnyddio;bellach â nerth y ffon fawr yn gadarn yn nwylo Fernando, maen nhw eisiau bod ar yr ochr iawn. Dyw nhw wedi dysgu dim.

Iawn! dyma i chi *scenario* gwahanol i ddychweliad Fernando. Fe ddychmygwn ni, ar waethaf holl ymdrechion y llywodraeth daleithiol dros y wlad ddychmygol sy'n llyncu olew i'r gogledd, na fu *coup* yn Venezuela. A fyddai dim ots petai un wedi bod, gan nad oedd i deulu Fernando unrhyw bwysigrwydd arbennig o'r blaen a dim pwysigrwydd nawr. Fe ddychmygwn yn lle hynny, bod yn rhaid i Fernando ddychwelyd i'r ysgol am fod arno angen rhyw dystysgrif i fodloni rhyw angen yn ei ysgol newydd, a bod yn rhaid iddo ddod i nôl y dystysgrif ei hunan. Y peth diwethaf y mae fe eisiau ydi dod yn ôl i ymweld â'r twll uffern yma lle y treuliodd e'r fath fisoedd anhapus. Ond mae'n rhaid iddo ddod ei hun i swyddfa ysgrifennydd yr ysgol i nôl ei ddogfen. Felly mae e'n aros tan tua 4.50 ar brynhawn Gwener yn y gobaith y bydd pawb wedi mynd adref, neu allan ar ar y caeau chwarae. Mae'n stelcian o gwmpas y coridorau yn chwilio am gyfle i gyrraedd at swyddfa ysgrifennydd yr ysgol heb gael ei weld gan neb o'i hen 'fêts'.

Ond mae rhywun yn ei weld ac mae'n crebachu, yn ymguddio am nad oedd e eisiau i neb ei weld. Y peth allweddol y mae ei gyn mêts dosbarth wedi ei ddysgu wrth ei weld yn crebachu, yw fod yr hen swyngyfaredd yn dal i weithio. Mae Fernando yn edrych fel petae wedi ei frifo; mae cywilydd arno. Duw'n ei nefoedd a phobpeth yn dda am fod y *man cywilydd* yn dal yn *fan cywilydd*, ac mae Fernando yn dal ynddi. A mae hynny'n golygu bod yr holl stwff yna am hanner gwybod, holl strwythur od yr hunaniaeth gymdeithasol yr ydyn ni'n chwarae'n rhan ynddi, ac sy'n dynodi pwy ydyn ni, yn dal i weithio. Mae'r system yn dal yno am fod e'n dal i reoli Fernando. Diau yn y chwe mis ers iddo ymadael mae rhywun arall wedi cymeryd ei le yn y man cywilydd, ond mae'n gysur mawr i wybod ei fod yn dal i gario'r creithiau. A dyna pam y mae fe'n stelcian o gwmpas, yn chwilio am ei dystysgrif, ac yn gobeithio bod allan oddiyno cyn gynted ag sy'n bosibl, wedi ei danio gan gywilydd. Dyna i chi *scenario* arall, lle nad oes dim wedi ei ddysgu. Does dim byd wedi'i symud. Yr oedd y man cywilydd yn *tocsig* pan oedd Fernando ynddo, ac mae na arwyddion ei fod yn dal i gael ei reoli gan y gwenwyn hwnnw. Mae'n dal o bwys iddo, ac mae'n dal o bwys i ni.

Nawr, dyma i chi drydydd *scenario*. Yn hon, fel ag yn y cyntaf does dim newidiadau gwleidyddol na theuluol wedi bod yn amgylchiadau Fernando. Dyw e ddim pwysiach nawr nag oedd e. Mae'n dychwelyd i'r ysgol ar ôl chwe mis. Beth sy'n od yw ei fod yn edrych yn eitha balch i fod yno. Mae wedi ymlacio, a dim golwg poeni am ddim arno. Dyw e ddim yn ffromi nac yn ddig. Mae'n edrych yn falch i fod nôl. Dychmygwch e'n troi lan. Wrth gyrraedd mae rhai o'r 'hogiau' ar eu ffordd allan i'r cae chwarae. Wrth iddyn nhw fynd, medden nhw "Hei Fernando, na beth od, meddwl bod ti wedi mynd – a dyma ti nôl. A wel, dim ots! Braf dy weld ti! Ta-ra!" Mewn geiriau eraill doedden nhw ddim wedi sylwi arno'n iawn fe pan oedd e yno. Doedden nhw ddim wedi ei weld e'n mynd mewn gwirionedd, oherwydd er bod y cwbl wedi bod yn gas iawn i Fernando, doedd fawr ddim personol yn yr holl *ddeinamig* tuag ato.

Ond wedyn beth am y cyd-erlidwyr, y rhedwyr arall yn y ras? Maen nhw hefyd yn sylwi bod Fernando nôl ac mae'n reit od, oherwydd mae e fel petai e'n falch i fod nôl. Rhaid bod rhywbeth lan ei lewys, rhyw ffordd o ddial. "Gobeithio na fydd e'n aros yn rhy hir". Ond yn rhyfedd, mae fe'n aros ac ar ôl tipyn maen nhw'n dechrau teimlo'n reit anghyfforddus "Mae fe'n ein amharchu ni, achos os yw e'n hapus i fod yma, a ddim yn edrych yn flin o gwbl, heb ddim yn ein herbyn ni, beth mae hynna'n ei ddweud am y lle *tocsig* yr oedd mor bwysig i ni beidio â bod ynddo ? Mae e'n ein amharchu i. Gobeithio'r aiff e ymaith cyn hir!". Ond mae'r diawl Fernando 'na yn dal yma, ac yn dal i aros, yn amlwg yn hapus, heb awgrym o ddymuno dïal lan ei lewys – fydden nhw i gyd yn deall y math yna o hapusrwydd ynddo. Po hired y mae fe'n aros, po fwya y mae fe'n tynnu'r carped o dan ein traed, yn aflonyddu arnoni. Wedi'r cyfan, pam nad yw'r man cywilydd o bwys iddo fe os nad yw e o bwys i ni? Fe wnaethon ni fuddsoddi llawer mewn peidio â bod yn *fe*, felly all e ddim bod yn iawn ei fod e'n OK i fod yn *fe*. Pam nad yw e'n cael ei reoli gan yr un peth â ni? Mae na rywbeth mawr o chwith, dyw Duw ddim yn ei nefoedd a dyw popeth yn y byd ddim yn dda. Mae Fernando yn aros, ac mae hynny'n gwneud i ni i gyd deimlo'n swp sâl.

Yna mae na si yn dechrau. Si ddrygionus i'r perwyl fod Fernando ddim ond wedi dod i'r ysgol yn y lle cyntaf, yn wreiddiol, er mwyn cael ei daflu allan ac yna dychwelyd gydag agwedd fawreddog yn edrych lawr ei drwyn ar bawb. Fe fydde fe'n swnio fel rhyw fath o *scenario* ddïal uwch-über-Nietzschaidd – fe wyddoch chi'r math o beth: "Daflon nhw fi mâs, ond rwy wedi codi ar fy nhraed a nawr rwy'n gryfach nag erioed, a rwy'n mynd i fynd nôl a dangos mod i'n gryfach nag erioed, cryfach na nhw, mor gryf fel mod i wedi gadael iddyn nhw fy nhaflu fi allan. Ac felly rwy wedi dod nôl i adael iddyn nhw wybod na allan nhw fy machu i , ac i fod yn llawen eu bod nhw'n anghyfforddus." Mewn gair, darn bach o *fi-ar-y-blaen*, dychwelyd heb arwyddion brwydr o gwbl.

Felly dyma Fernando'n egluro nad felly'n union yr oedd hi. "Fel mater o ffaith fe wnes i ddewis dod i'r ysgol er mwyn i chi allu gwneud hyn i fi, ac mi wnes i'r dewis hwnnw o flaen llaw. Ac er mwyn i chi wybod nad dyfeisio hyn ydw i, wnes i ysgrifennu disgrifiad o beth oeddwn i'n mynd i wneud, wedi ei ddyddio, ei arwyddo a'i adael wedi'i selio, yn swyddfa'r cyfreithiwr yn y dre, fel y gallwch chi weld nad stori am ddïal sy yma o gwbl, wedi ei dyfeisio ar ôl iddo ddigwydd.[27] Ond do, mi ddês i i'r ysgol yn fwriadol, ond y rheswm yw mod i'n eich hoffi chi, ac eisiau chwarae gyda chi. Fe sylwais i mai dim ond un gêm sy ganddoch chi, a ry'ch chi rhywsut wedi mynd i rigol o chwarae honno trwy'r amser. Yr unig gêm yr ŷch chi'n ei nabod yw'r gêm o gangio yn erbyn rhywun. Dyna'r unig gêm yn eich *repertoire* ac mae'n beth gwirioneddol ddiraddiol i chi i gyd, yn eich gwneud chi'n llai nag y gallech chi fod. Roeddwn i'n gwybod cyn i mi ddod y byddai rhywun siwr o ddiodde, a feddyliais i, man a man iddo fe fod yn fi, fel y galla'i ddangos fod yna gêmau eraill y gallen ni chwarae yn fan hon."

"Mi ddês i. Wnai ddim dweud mod i wedi mwynhau bod yn y fan, ond roeddwn i'n wir falch i allu gwneud, er ei fod yn boenus ac erchyll. Ond fe wyddwn i mai dim ond wrth fod yn y fan honno, a dangos nad oes unrhyw ots, y gellir ei feddiannau heb reoli'r un sy yno'n llwyr, y gallwn i gynnig i chi'r cyfle o beidio â gael eich dychryn ganddo, a wedyn bod yn ddigon rhydd i ddechrau dychmygu gêm arall. Wnes i hyn i gyd, ddim er mwyn dangos fy nerth i chi, na dysgu gwers i chi , nac i fod yn falch o'ch anghysur chi, a does gen i ddim diddordeb mewn dal dig yn eich erbyn chi. Ond rwy wastad wedi'ch hoffi chi ac eisiau chwarae gyda chi, a rwy'n awyddus i chwarae gêm sy'n dipyn o sbri ac yn rhydd ac yn gwneud llês i ni, a dyna beth oeddwn i'n ei wneud – gosod pethau fel y gallen ni chwarae gêm newydd â mwy o sbri ynddo gyda'n gilydd. Plîs wnewch chi chwarae gyda fi!"

Wel, allwch chi ddychmygu'r sioc i fyd y rhedwyr eraill yn y ras? Mae'n tarfu arnyn nhw ar sawl lefel. Gynt roedd e'n eitha clir beth oedd yn mynd mlaen: *ni* oedd yn gweithredu, a *fe* oedd ein hysglyfaeth. Rydyn ni'n gallu dychmygu hynna wedi ei droi tu chwith, lle y bydde *fe'n* dod yn weithredwr a ninnau'n *ysglyfaeth*; byddai hynny'n eitha syml. Ond mae hyn yn wahanol. Trwy'r amser, fe oedd yr un oedd yn gweithredu (protagonist), a heb i ni wybod, roedd e eisoes yn gweithio i'n tynnu ni allan o'r gêm yr oedden ni eisoes yn deall ei rheolau hi. A lle roedden ni'n meddwl mai ni oedd yn rheoli pethau, rydyn ni'n dechrau gweld mai ni, trwy'r amser, a heb iddo

27. *Neu yn yr efengyl "Ar y nos y bradychwyd ef, fe gymerodd fara.... Ac a ddywedodd, dyma fy ngorff a rhoddir drosoch."*

fe fod yn dymuno'n bychanu ni na pheri cywilydd i ni, oedd yn derbyn ei weithredu fe.

Nid hynny'n unig, ond ystyriwch beth mae fe'n ei feddwl yn nhermau cryfder bod rhywun yn gallu meddiannu'r man *tocsig* heb gael ei reoli ganddo. Yr unig beth y gwyddon ni i sicrwydd yw mai dyma'r fan, y man i beidio â bod ynddo o gwbl, a'r arwydd pennaf o fethiant, yw bod yn berson sy'n dod i ben yn y fan hon. Yr enillwyr yw'r bobl sy ddim yn dod i feddiannu'r fan honno. A fe wyddon ni'r gwahaniaeth rhwng gwendid a nerth. Bod yn gryf yw *peidio* â bod yn yn y fan honno, a gallu rhoi pobl *eraill* ynddo; bod yn wan yw methu osgoi cael eich rhoi yn y fan honno. Ond dyma rhywun y mae ei gryfder oddiar ein *radar* ni, oherwydd cymaint yw ei gryfder fel ei fod e'n gallu colli a pheidio poeni am golli. Mor gryf fel ei fod e'n gallu gwneud colli yn rhodd, a dim llai, i ni. Dyw hynny ddim hyd yn oed yn cystadlu â'n hamgyffred ni o nerth: mae e tu hwnt i'w fesur. A mae hynny'n hanner pan! Beth mae fe'n ei wneud i'n teimlad ni o beth sy'n dda a beth sy'n ddrwg, o beth sy'n iawn a beth sy'n gam, pwy sy'n ennill a phwy sy'n colli?

Ond falle y gallen ni ddod yn gyfarwydd â'r sioe gwbl ryfeddol a chryfder y tu hwnt i'w ddychmygu, sy mor fawr nes gallu derbyn methiant, ac edrych arno o bell mewn rhyw fath o wyleiddra cwbl ddirmygedig. Ond mae'n troi allan i fod yn beth hyd yn oed yn fwy *bizarre* na'r cryfder difesur hwnnw; mae'r holl gryfder yna, yr holl nerth sy'n cael ei ddangos mewn tynerwch eithafol o feddiannu lle yr un sy'n methu, yn gryfder sy'n ein *hoffi* ni. Aeth Fernando trwy hyn i gyd am ei fod yn ein hoffi ni, mae e wastad wedi'n hoffi ni. Doedd e ddim am rwbio'n trwynau ni mewn dim: doedd e ddim eisiau'n dala ni; doedd e ddim am ddysgu gwers i ni; a doedd e ddim am ddysgu i ni ryw fath o alar pendefigaidd am ein cyflwr dynol. Fe ddaeth am ei fod yn ein hoffi ac yn ein mwynhau gymaint fel ei fod e eisiau chwarae gyda ni.

Styriwch beth mae hynny'n ei feddwl! Hyd yn oed ar y pryd, pan allen ni weld y dagrau yn ei lygaid, y cleisiau, y boen a'r cywilydd yr oedd yn ei ddioddef; er ein bod ni'n gallu gweld hynny, ac yn ddirgel falch mai nid y ni ydoedd; hyd yn oed ar y pryd yr oedd y llygaid oedd yn edrych arnon ni trwy ddagrau go iawn, wedi eu cynhyrchu gan ddolur go iawn, roedd e'n ein hoffi ni. Nid llygaid rhywun oedd yn hoffi gael ei arteithio oedden nhw.

Nid syllu masochistaidd, nid Stockholm Syndrom lle mae'r un sy wedi cael ei gipio yn mabwysiadu agweddau'r rhai sy wedi ei gipio neu'n ei arteithio. Ond dyma olwg rhywun oedd yn ein hoffi, yn ein gweld fel ef ei hunan hyd yn oed pan oedden ni'n ei weld fel *nid-un-ohononi*. Rhywun oedd yn dyheu am allu'n dwyn i mewn i fwynhad cyfoethocach. Sut ddiawl ydy'ni'n mynd i allu eistedd gyda'r wybodaeth hon, eistedd dan ei edrychiad. Gallwch ddychmygu bod rhai pobl yn siwr o ddweud "Mewn gwirionedd mae'r cwbl yn ormod i fi. Fe fyddai'n well gen i fynd nôl at chwarae'r gêm hen-ffasiwn "gangio lan, a rhywun yn ei chael hi" hyd yn oed os mai fi yw hwnnw, achos o leia mae'n gêm yr ydw i'n deall ei rheolau hi, ac mae'n rhoi i mi ryw sefydlogrwydd, rhyw hunaniaeth. Gwell bod yn gollwr mewn gêm rwy'n ei nabod na bod yn chwaraewr anhysbys mewn gêm nad ydwi'n gallu deall ei siap na'i rheolau hi." A bydd yna rai eraill fydd yn dweud "Wel gadwch i ni weld ble fydd hyn yn mynd â ni. Gadwch i ni weld beth yw e i gael derbyn ein hunain nôl gan ein haberth sy'n maddau, a chael ein harwain tuag at chwarae gêm wahanol" – ac wrth gwrs dyna'r ateb y mae'r Efengyl yn ceisio'i gynhyrchu.

Diweddglo

Fe garwn orffen gyda dau destun byr gan St Paul, adnodau sy wastad yn cymeryd lle pwysig mewn unrhyw drafodaeth o'r Cymod, yr Iawn. Fy ngobaith i yw y gwelwch chi, o'u darllen yng ngoleuni'r ymdriniaeth o stori Fernando, y byddech yn gwneud gwell synnwyr o beth sy'n mynd digwydd na'u deall nhw fel petae ni'n sôn am Dduw sy ag angen *zapio* rhywun diniwed er mwyn bodloni ei ddigllonedd wrth yr euog. Rwyn mynd i fentro perygl bod yn *kitsch* trwy roi'r gair Fernando yn lle'r gair Crist, er mwyn dangos y deinamig y tu cefn i eiriau Paul. Felly'n gyntaf o 2 Corinthiaid 10[28], a'm harall-eiriad i gyda'r testun:

> *Ond gwaith Duw yw'r cyfan – Duw, yr hwn sydd wedi ein cymodi ni ag ef ei hun trwy Grist a rhoi i ni weinidogaeth y cymod;*

Dyma sut mae menter Duw yn edrych. Yr holl stori am Fernando'n dod i'n plith fel fel un i'w fwrw allan, fel na fydd angen i ni mwyach ymuno yn y fath gêmau, ond dechrau cael ffordd o fod gyda'n gilydd nad yw'n ein gorfodi i daflu neu dorri rhywun allan.

---

28. *2 Corinthiaid 5. 18-21*

> *Hynny yw yr oedd Duw yng Nghrist yn cymodi'r byd ag ef ei hun, heb gyfrif troseddau dynion yn eu herbyn, ac y mae wedi ymddiried i ni neges y cymod.*

Mewn geiriau eraill: y mae stori gyfan Fernando, ei ddyfod i'n plith, ei daflu allan a'i ddychwelyd drachefn heb ddicter, dyna yw siâp hoffder Duw ohononi, yn ein dwyn yn ôl at Dduw, heb chwilio am hen gyfrifon i'w setlo mewn unrhyw ffordd, ond yn dymuno i ni fedru amlhau'r gêm newydd hon.

> *Felly cenhadon yn cynrychioli Crist ydym ni, fel pe bai Duw yn apelio atoch trwom ni. Yr ydym yn deisyf arnoch er mwyn Crist, cymoder chwi â Duw.*

Felly fe gawson ni'r gorchymyn i amlhau nifer *pwff y dosarth*, – hwnnw sy'n rhoi ei hunan, Duw yn gwneud apêl, Duw drwom ni; ni yn gweithredu ar ran Fernando, yn crefu arnoch chi i ymuno â ni a chwarae gêm newydd.

> *Ni wybu Crist beth oedd pechu, ond gwnaeth Duw ef yn un â phechod drosom ni, er mwyn i ni fod, ynddo ef, yn un a chyfiawnder Duw.*

Chi'n gweld, yn gyfangwbl er ein llês ni y digwyddodd hyn, er mwyn ein cael ni i ddeall bod Duw wedi rhoi gorchymyn i Fernando i feddiannu lle *pwff y dosbarth* yn ein plith. Fe wnaeth e hyn er mwyn i ni, trwy ymuno â Fernando a rhannu ei fywyd a'i gyfeillgarwch, fedru camu allan o'n chwarae hunan ddinistriol, a chael ein derbyn i gyfoeth anferth eangach bywyd y ddynoliaeth.

Gobeithio'ch bod chi'n gweld sut mae'r egni y tu cefn i eiriau Paul yn gwneud synnwyr! Yna, er mwyn i'r egni hwnnw gael ei weld yn gliriach fyth, dyma i chi hwn o'r Epistol at y Rhufeiniaid (3.21-26):

> *Ond yn awr yn annibynnol ar gyfraith, y mae cyfiawnder Duw wedi ei amlygu. Y mae'r Gyfraith a'r proffwydi, yn wir, yn dwyn tystiolaeth iddo,*

Nawr felly, y mae daioni trylwyr a chariad helaeth Duw wedi eu dangos mewn gweithredu tri dimensiwn yn eich plith, ymhell y tu hwnt i ddim y gellid ei ddisgrifio gan rywbeth mor ddau-ddimensiwn â system cyfraith, er bod y gyfraith a'r proffwydi yn cyfeirio'n wir tuag at y daioni hwnnw .

> *ond cyfiawnder Duw ydyw, sy'n gweithreddu trwy ffydd yn Iesu Grist er mwyn pawb sy'n credu.*

Y mae daioni llwyr Duw, yn weladwy i unrhyw un sy'n dechrau cael cip ar haelioni a nerth beth oedd Fernando'n ei wneud, wrth ddod i'n plith yn y lle cyntaf. Unwaith yr ŷch chi'n dechrau deall beth oedd bwriad Fernando wrth ddod tuag atom ni, gallwch weld drosoch eich hunain pa mor gwbl hael, diamwys a chwbl *o'n plaid ni* y mae Duw.

> *Ie, pawb yn ddiwahaniaeth oherwydd y maent oll wedi pechu, ac yn amddifad o ogoniant Duw.*

Does na ddim gwahaniaeth o gwbl rhwng y da na'r drwg, y parchus a'r amharchus, yr hogiau a'r rhedwyr eraill yn y ras, yr Iddewon a'r Cenhedloedd. Mae'r cwbl ohonynhw wedi cael eu dal yn yr un gêm ddinistriol. Mae pawb wedi eu dal yn yr un iard ysgol, ac mae e wedi'n dal ni ar ein gwaetha, yn gangio'n erbyn *pwff-y-dosbarth.*

> *Gan ras Duw, ac am ddim, y maent yn cael eu cyfiawnhau, trwy'r prynedigaeth sydd yng Nghrist Iesu,*

Ac eto nid ein dal ni wnaeth e o gwbl, am ei fod wedi meddiannu'r man hwnnw'n fwriadol, yn rhydd, fel anrheg i ni, ar ein gwaethaf. Mae'n dod mewn rhyddid tuag atom ni a dweud "Ie, mi wn eich bod chi'n gwneud hyn i mi, a dwy ddim yn ei ddal yn eich herbyn," – dyna'r posibilrwydd a roddir i ni gan Fernando – cael ein gollwng yn rhydd i chwarae gêm cwbl wahanol.

> *yr hwn a osododd Duw gerbron y byd, yn ei farw aberthol, yn foddion puredigaeth trwy ffydd.*

Dyma'r un Fernando yn union y galluogodd Duw iddo ddod i'n plith fel offrwm aberthol i ***ni***, gan ei gwneud yn bosibl lliniaru ein dicter ***ni.*** Pan welwn ni mai dyma sut y mae haelioni Duw yn edrych, yna yn lle cosbi'n hunain am fod yn llofruddion a chelwyddgwn, rydyn ni'n gallu ymddiried ei fod yn ein hoffi ni fel ag yr ydyn ni, hyd yn oed ynghanol y pethau yr ydyn ni, yn ein ffordd nodweddiadol ni, yn eu gwneud.

> *Gwnaeth Duw hyn i ddangos ei gyfiawnder yn ddiymwad, yn wyneb yr anwybyddu a fu ar bechodau'r gorffennol yn amser ymatal Duw;*

Holl amcan yr ymarferiad hwn oedd ein cael ni i ddeall bod Duw yn dda, (Da yw Duw i bawb!) ddim eisiau'n dal ni, ddim yn treio dangos sut rai ydyn ni, na setlo unrhyw hen sgôr – yn wir does gan Dduw ddim diddordeb o gwbl ym mha ran bynnag y buon ni'n chwarae yn nrama Fernando.

> *ie, i ddangos ei gyfiawnder yn ddiymwad yn yr amser presennol hwn, sef, ei fod ef ei hun yn gyfiawn a hefyd yn cyfiawnhau'r sawl sy'n pwyso ar ffydd yn Iesu.*

Mae Duw'n wir eisiau cyfleu i ni ei fod yn dda, bod ei ddaioni yn rym sy'n rhoi bywyd a nerth; bod person sy'n dod i weld ac amgyffred bod daioni'n gweithredu *drosom ni* mewn tri dimensiwn yn nychweliad Fernando tuag atom, yn union *wrth* amgyffred hynny, hefyd yn darganfod ei fod ef ei hunan yn cael ei ail-fywhau o'i wreiddiau a'i ail gryfhau trwy gael ei dderbyn i mewn i gêm gwbl newydd.

Yn y ddau ddyfyniad mae'n union fel petai Paul eisiau pwysleisio bod Duw wedi cael amser gwirioneddol galed yn ein cael ni i ddeall ei fod yn sylfaenol dda ac ar ein hochr ni, a wedi dyfeisio'r ffordd yma o ddangos ei fod yn wir o'n plaid, mewn gwirionedd yn ein hoffi, yn ein caru, eisiau bod ar ein hochr ni. Mae'n dweud "Wir rwy eisiau chwarae gyda chi. Mi wn i mai criw bregus ydych chi a'r unig ffordd y galla'i gael hyn trwodd atoch chi mod i'n eich hoffi chi, yw trwy feddiannu'r man gwaethaf y gall neb ohonch chi ei ddyfeisio, lle yr y'ch chi, yn nodweddiadol, yn meddwl mod i'n hoffi rhoi pobl ynddo. Dydw i ddim. Chi sy'n hoffi gwneud hynny i bobl, chi ar eich gwaethaf posibl. Fe wna'i feddiannau'r man i ddangos nad ydw i eisiau'ch dal chi, mod i'n eich hoffi chi. Y funud y gwelwch chi hynny, gallwch ymlacio ac ymddiried yn fy naioni. Yna ni fydd angen arnoch chi i fwrw ati' i'r busnes ofnadwy yna o gyfri'ch hunain yn dda yn erbyn, neu mewn cymhariaeth â'ch gilydd. Yn lle hynny gallwch ymlacio i fod yn dda, ac wrth i chi ymlacio fe gewch eich hunain yn tyfu i fod yn rhywbeth llawer gwell, a chyfoethocach yn eich dynoliaeth nag y gallech chi fod wedi ei ddychmygu."

Wrth fynd i'w angau, fe wnaeth Iesu ddwyn at ei gilydd y litwrgaidd, y moesol a'r personol mewn symudiad cwbl garedig a haelionus tuag atom ni, drosom ac yn ein hwyneb, ni rhai ofnus, treisiol sy'n ei chael yn amhosibl o anodd i ddychmygu'n bod yn wrthrych cariad.

Gobeithio y bydd y tair ymarferiad yma yn gweithio i chi. Yn y traethawd nesaf fe fyddwn yn edrych beth sy'n cael ei agor allan o'n blaen ni, fel dynoliaeth, am fod Iesu'n dod i'n plith yn y ffordd yma.

Traethawd 6

Cael profiad o Gymod:

Sesiwn 3 Yn Venezuela

CRYNODEB O'R SESIWN

Yn yr enghraifft ola o'n hymdrechion i ddychmygu bod yn rhywun arall, fe fyddwn yn ystyried yr *Iawn* fel symudiad personol tuag atom. Gwelwn pa ran yn ein hunaniaeth a'n perthynas fel grwp sy'n cael ei lunio trwy ymuno'n dorf yn erbyn rhywun arall. Ac fe welwn beth sy'n dod yn bosibl pan yw'r un a erlidir yn ymateb trwy faddau.

PRIF SYNIADAU

1. Yn y sesiwn hon fe ystyriwn yr Iawn fel symudiad personol tuag atom, gan mai athrylith bwriad Iesu oedd dwyn tair elfen ynghyd mewn un weithred.

2. Yn yr hanes yng Ngerasa, mae pobl y dref yn defnyddio'r gwallgofddyn fel ffon fesur ddiwylliannol ddefnyddiol. Fe wyddenhw beth oedd ystyr *drwg* pan oedd e o gwmpas. Mae *e*'n ddrwg, felly rydyn *ni*'n dda.Am ei fod *ef* yn wallgof, rydyn *ni'n* gall.

3. Pan anfonir y cythreuliaid i mewn i'r moch, maen nhw'n dynwared ei gilydd mewn cynddeiriogrwydd heb ffordd i bwyllo. Maen nhw'n rhuthro i lawr y rhiw gyda'i gilydd ac yn boddi.

4. Wrth ddychwelyd a dangos y dynol yn yr un a erlidir, mae Iesu efallai wedi herio'r Geraseniaid yn ormodol ac yn rhy fuan. Does ganddyn nhw ddim ffordd o ddygymod â cholli ei ffon fagl ac maen nhw ar goll.

5. Mae Iesu'n gorchymyn i'r cyn-wallgofddyn aros ymhlith pobl y dref, ac fe fydd hynny'n glamp o her iddo, oherwydd fe fyddan nhwn'n awyddus iawn i ymffurfio'n dyrfa yn ei erbyn eto, neu gwneud rhywbeth i ail-sefydlu eu trefn hwy, eu hymdeimlad hwy o ffiniau priodol.

6. Mae James yn adrodd hanes am Fernando, y bachgen yr oedd pawb yn

pigo arno yn yr ysgol. Ef oedd *pwff y dosbarth,* a phawb yn ei bryfocio ac yn ei fwlian ac yn gwneud ei fywyd yn uffern.

7. Pan yw Fernando'n ymadael â'r ysgol mae'r *bwlis* ar goll nes iddyn nhw ddod o hyd i *pwff* mewn dosbarth arall i gyrchu arno fel ffon fesur gymdeithasol, fel y gwnaed â'r gwallgofddyn gan y Geraseniaid.

8. Mae'r cynffonwyr, y rhai nad oedden nhw'n arwain yn y gormesu, nac ar ochr pwff y dosbarth, yn byw mewn ofn mai nhw fydd y nesa' i fod yn darged i'w camdrin. Ac maen nhw'n sicrhau eu bod ar ochr y rhai mwy a mwyaf poblogaidd yn y dosbarth er mwyn amddiffyn eu hunain.

9. Dychmygwch bod Fernando'n dychwelyd. Yn y stori am bwy sy'n dal y "ffon fawr" y mae Fernando'n dychwelyd fel cymeriad pwerus ac y mae'r rhai fu'n ei erlid yn ymddiheuro ac yn ymgreinio iddo. Yr un gêm ag o'r blaen, ond y tro hwn, Fernando biau'r ffon fawr.

10. Nawr dychmygwch bod Fernando'n gorfod dychwelyd i'r ysgol am fod angen rhyw ddogfen arno. Mae arno gywilydd, ac mae'n sleifio i mewn gan obeithio na fydd neb yn ei weld. Yma does dim wedi newid.

11. Yn y drydedd olygfa mae Fernando'n dod yn ôl i ymweld 'r ysgol. Mae wedi ymlacio, yn poeni dim ac nid yw'n dal dig. Prin bod y bwlis yn y dosbarth yn sylwi ei fod wedi dychwelyd. Ond mae'r cynffonwyr yn poeni mai chwilio am ddïal y mae. Mae Fernando'n egluro pam nad yw'n poeni am feddiannu man yr un sy'n dioddef drostyn nhw. Ac mae'n dychwelyd i weld a fedran nhw ddygymod hebddo a dysgu chwarae gêm newydd.

12. Maen nhw'n dechrau sylweddoli mai Fernando yw'r un sy wedi bod yn gweithredu o'r cychwyn, a'i fod, heb i ni wybod, eisoes yn gweithio ar gynllun i'n tynnu allan o'r gem yr ydyn ni'n adnabod ei rheolau. Ni sydd yn derbyn ei weithgaredd ef.

13. Mae'r cynffonwyr bach yn sylweddoli bod Fernando'n dangos cryfder anhygoel trwy arddel y man *tocsig,* heb gael ei reoli ganddo, ond bod yr holl gryfder hwnnw yn nerth sy'n ein hoffi ni.

14. Wrth fynd i'w angau y mae Iesu'n dwyn ynghyd y litwrgaidd, y moesol a'r personol mewn symudiad cwbl garedig tuag atom, er ein mwyn

ni, ac yn wyneb creaduriaid ofnus a threisiol sy'n ei chael yn anodd dychmygu eu bod yn wrthrych cariad.

CWESTIYNNAU I'W HYSTYRIED

- Ydi'ch dealltwriaeth chi o'r rhan y chwaraeai gwallgofddyn Gerasa yn ei gymuned wedi newid ar ôl darllen yr adran hon?
- Ym mha ffordd yr oedd y gymuned yn dibynnu ar y gwallgofddyn i wybod eu bod nhw yn 'dda'?
- Oes gennych brofiad o rywun yn chwarae rhan y gwallgofddyn yn eich cymuned chi?
- Fuoch chi erioed yn chwarae un o'r rhannau yn stori Fernando? fel aelodau o grwp poblogaidd, rhyw 'ni'? neu'r un gafodd ei erlid fel *pwff y dosbarth*? neu'n gynffonwr?
- Ym mha ffordd yr oedd gwahanol bobl yn y sefyllfa'n cynnal eu hargyhoeddiad o'u daioni eu hunain chwaethach daioni rhywun arall?
- Llais pwy oedd yn cael eu fygu?
- Sut fyddai safbwynt y *llais na chlywir* wedi newid y stori yr oeddech yn ei hadrodd?
- Sut mae'r stori am Fernando yn meddiannu man gwarth o'i ewyllys ei hun dros ei gyd-ddisgyblion yn newid eich fordd chi o ddeall Iesu yn mynd i'w angau 'drosom ni'?
- Dywed James bod Iesu'n dychwelyd ac yn gofyn i ni chwarae gêm newydd lle nad oes angen na ffon fawr na chywilydd. Pa gêm yw honno?

SYNIAD I GLOI

A ninnau wedi defnyddio'n dychymyg dair gwaith i feddwl am Gymod, yr Iawn, ydi ystyr *Bu Crist farw dros ein pechodau* wedi newid i chi?

Geirfa Dechnegol

Bydd rhai geiriau ac ymadroddion yn anghyfarwydd i chi. Os gwelwch yn dda, nodwch nad diffiniadau geiriadur ydy'r rhain, ond cyfarwyddiadau i hwyluso'r deall.

Allwedd Hermeniwtaidd
Yr ydym i gyd yn dod at destun gyda chefndir o ragdybiaethau, prun ai ydym yn ymwybodol ohonyn nhw neu beidio. Felly eich allwedd hermeniwtaidd chi yw'r man cychwyn hwnnw sy'n lliwio'ch darllen, gan eich gwthio i gyfeiriad gweld rhyw eiriau a gweithredoedd o'r gorffennol yn cyfeirio at rhyw gyflawniad, ar waethaf, a thu hwnt iddyn nhw eu hunain. Peth da yw dod yn ymwybodol o hyn, gan ei fod yn eich galluogi i ofyn *trwy lygaid pwy* y gallech chi fod yn darllen y testun, a dyna amod dysgu rhywbeth newydd.

Anthropoleg
Ffordd o siarad am fod yn ddynol; chwilio ac astudio gwreiddiau, ymddygiad a datblygiad corfforol a diwylliannol y creadur dynol.

Arall –arall
Duw, mewn gwrthgyferbyniad â'r *Arall Cymdeithasol*. Nid yw'r *Arall-arall* yn cystadlu â dim sy'n bod ac nid yw ar yr un lefel â ni. Nid un o'r bodau sydd yn nhrefn y greadigaeth yw Duw.

Arall-cymdeithasol
Mae hyn yn cynnwys popeth sydd â'r gallu i gyffwrdd â ni yn emosiynol neu'n ffisegol (e.e. Pobl eraill, y tywydd, gwlad, daearyddiaeth, ayyb.)

Argyfwng Ffydd
neu **Argyfwng yr Hunan**
Rhan normal a disgwyliedig o ffydd. Oherwydd eich bod wedi bodloni bod rhywun mwy na chi yn eich cynnal, yr ydych wedi ymollwng digon i fedru cael profiad o *argyfyngau'r hunan*. Os nad oes rhywun mwy na chi yn eich cynnal mewn bod, yna mae'n rhaid i chi ddal gafael yn dyn eich hunan; rhaid gwarafun i chi eich hunan y moethusrwydd o gael eich hail-lunio o'r tu mewn.

Arwydd
Dehongliad o rywbeth arbennig sydd wedi digwydd. Y mae gwyrthiau'r Iesu wastad yn arwyddion. Maen nhw'n digwydd mewn cyd-destun arbennig ac yn hawlio dehongliad. Mae rhywbeth i'w weld nad oedd yn cael ei weld cynt. Wrth i bobl weithio allan beth yw ystyr arwyddion Iesu, mae eu holl ddealltwriaeth o beth yw daioni a beth yw bod yn gymuned yn cael ei droi wyneb i waered.

Beibl-addoli
Y Camsyniad nodweddiadol Brotestannaidd – gwneud delw o'r Beibl. (*Bibliolatry*)

Bwch dihangol (bibol)
Y mae presenoldeb yr YHWH/YDWYF croeshoeliedig ac atgyfodedig yn ein plith yn bresenoldeb *y dioddefus sy'n maddau*, bwch dihangol sy'n dychwelyd heb ddial. Dangosir ei

fod erioed wedi bod yn weithredol greu munud y torri trwodd newydd at undod. Dyma gryn fireinio ar y digofaint a welwyd ar Fynydd Sinai, rhywbeth a oedd yn dafluniad o bobl ddigofus ar lais na ellid prin ei glywed yn torri trwodd atyn nhw.

Bwch dihangol – Y Ddefod
Digwyddai hon yn y Deml ac fe'i disgrifir yn Lefiticus 16 pan oedd oen a gynrychiolai gythraul yn cael ei fwrw allan. Byddai'r offeiriad yn gosod dwylo arno, gan drosglwyddo iddo holl bechodau a drwgweithredoedd y bobl, ac yna fe'i gyrrid allan o'r deml gyda ffyn ac o bosibl i ymyl dibyn, a'r anifail yn gorfod neidio ohono. Mwy na thebyg ni fyddai neb yn cyffwrdd ag ef ar ôl i'r offeiriad osod ei ddwylo arno, gan ei fod wedi troi'n wrthrych difrifol *tabŵ*. Mae hyn yn wrthwyneb i'r hen ddefod Roegaidd pan oedd pobl y ddinas yn cyffwrdd â gwisgoedd y dyn a gerddai allan i'w fwrw oddi ar glogwyn, a'r weithred yn trosglwyddo eu pechodau hwy iddo ef cyn iddo farw.

Byd-olwg Ymenyddol
Y syniad anghywir bod gennym ni ganolbwynt rheoli clir yn ein hymennydd sy'n rhoi i ni wybodaeth a gorchmynion clir a'r rheini'n cael eu trosglwyddo i'n dyheadau a'n teimladau. Nid yw'n ddarlun cymwys o sut i fod yn ddynol. Mewn gwirionedd mae'r gallu i resymu yn rhywbeth llawer manylach na hyn ac yn dibynnu ar faes hadau, ffynhonnell posibiliadau yn y perthnasau a'n dygodd i fodolaeth.

Camsyniad Ffwndamentalaidd
Darlleniad llythrennol fodern o'r Ysgrythurau, sy'n mynnu, gan fod pob gair yn yr Ysgrythurau'n wir, bod y geiriau am Dduw yn yr Hen a'r Testament Newydd, boed yn y dechrau, y canol neu'r diwedd, yn gorfod cyfeirio at yr un Duw, yn yr un ffordd. Mae na destunau atgas ac un Duw, ac felly rhaid wrth "gymnasteg ymenyddol" i geisio cymodi'r ddau Destament, er enghraifft wrth gael Duw i gosbi Iesu yn ein lle ni.

Camsyniad Marcion
Camsyniad wedi ei enwi ar ôl Marcion o Sinope, dehonglydd cynnar o'r Beibl. O wynebu rhai o'r testunau atgas am Dduw, dywedodd na allent fod yn waith Duw Iesu Grist, rhaid eu bod oddi wrth dduw cwbl wahanol. Awgrymodd gael gwared ar yr Ysgrythurau Hebreig, am eu bod yn ymwneud â duw gwahanol, ac fe dociodd ar lawer o'r Testament Newydd hefyd gan wneud detholiad o'r efengylau wedi ei selio ar Luc (efengyl mwy dymunol yn ôl ei chwaeth e) a pheri i bethau eraill ffitio iddo. Gwrthododd yr Eglwys y farn hon gan ddweud fod yr holl Ysgrythurau yn un, a'r ddau Destament yn gwneud synnwyr o'i gilydd.

Catholig
Gair Groeg yn golygu "yn ôl y cyfan" neu "byd-eang". Pan yw'n golygu ar lafar "yn hytrach na Phrotestannaidd" neu "teyrngar i'r Pab" mae ei ystyr wedi ei ddiraddio. Nid yw'r syniad o gatholigrwydd yn fath o ychwanegiad i'r Efengyl nac yn ychwanegiad i'w ddewis ar ôl i chi weithio allan eich Cristnogaeth sylfaenol. Mae'n elfen hanfodol ym mhwrpas Iesu.

Cwlwm Dwbl
Pan dderbyniwn ni ddwy set wrthgyferbyniol o orchmynion, ar yr un lefel o ystyr, a ninnau'n ceisio ufuddhau i'r ddau. Mae hyn yn arwain ar fath o barlys a thrallod seicolegol Yn nodweddiadol y mae'n digwydd am ein bod,yn ein perthynas â'n gilydd yn methu gwahanu rhwng "gwna fel fi yn y fan hon" a "paid â a gwneud fel fi eto yn y fan hon, er dy lês dy hun". Gall clymau dwbl ein rhwymo mewn mecanwaith ailadroddus a fydd yn eu tro yn ein gwneud yn bobl llai abl a mwy peryglus nag a fydden ni heblaw hynny.

Darganfod
Canlyniad datguddiad a'r broses sydd ynghlwm â hynny. Sut mae pethau'n edrych pan fo datguddiad ymhlith pobl. Os gawsoch chi ddatguddiad, yna rydych chi wedi darganfod rhywbeth. Os nad ydych wedi darganfod rhywbeth, yna ni chafodd dim ei ddatguddio i chi.

Datguddiad
Rhywbeth ar y lefel dynol sy'n eich ysgwyd ar bob lefel o'ch bodolaeth ac yn eich perthynas â phawb arall; mae'n eich harwain i broses o ddarganfod pethau amdanoch eich hunain ac am eraill na wyddech ddim amdanynt cynt. Os yw'r mae'r gair *dwyfol* yn cael ei osod gyda *Datguddiad*, golygir yn unig bod y math o ddigwyddiad ar y lefel ddynol sy'n eich ysgwyd i mewn i ddarganfyddiad, yn ddigwyddiad dynol ac y mae'n ddilys hefyd yn weithred o gyfathrebu gan Dduw.

Datguddiad Cynyddol
Mae pwy yw Duw, fel Creawdwr ac Aberth, yn dod yn fwy-fwy eglur trwy'r ddau Destament, fel bod yr hyn a wneir gennym mewn byd dynol o erlid ac aberthu yn dod yn amlycach o flaen ein llygaid. Wrth i'r gwir ddod i'r golwg yn fwy-fwy cyfoethog yn ein plith, gallwn ddisgwyl i effaith y testun sy'n datblygu yn yr Ysgrythurau edrych yn fwy-fwy atgas, am ei fod yn fwy gonest a realistig.

Diwygiad Joseia
Ychydig ddegawdau cyn goresgyniad y Babiloniaid a chwymp Jerwsalem diwygiodd y Brenin Joseia Deml Jerwsalem, er nad yw'n gwbl eglur sut. Mae'n bosibl mai yn y cyfnod hwn y daeth ffigwr Moses i fod yn arbennig o bwysig.

Doethineb
Ffigwr tebyg i dduwies. Yr oedd Duw gyda hi wedi creu popeth a dwyn bopeth i fodolaeth, gan gychwyn yn y cysegr; yr oedd Doethineb yn trigo gyda Duw yn y Cysegr Sancteiddiolaf ynghyd â'i angylion sanctaidd.

Dyheu (desire)
Ffynhonnell benodol ddynol i gymhelliad sy'n mynd y tu hwnt i'r greddfau biolegol a blannwyd mewn creaduriaid . Yn y creadur dynol mae hyd yn oed ein greddfau'n cael eu derbyn gennym trwy'r byd diwylliannol sy'n ein dwyn i fod. Ni chawn ein geni'n gwybod beth y dylem ddyheu amdano. Fe ddysgwn ein dyheadau wrth ddynwared yr *Arall-cymdeithasol* ac mae'n hawdd eu cymhwyso. Yr ydym yn dyheu *yn ôl dyhead yr arall.*

Eglwys (Lladin: *ecclesia*)
Mae dweud bod Iesu wedi rhoi sylfaen i'r Eglwys yn golygu rhywbeth penodol iawn. Mae'n golygu dechrau gyda'r geiriau yn yr Ewcharist, "Dyma fy ngorff a rhoddir drosoch" a bod Iesu'n fwriadol yn gweithredu i osod carreg-sylfaen newydd yn Seion, fel y proffwydodd Eseia. Yr oedd yn dangos o flaen llaw, trwy *feim* ddefodol, ddifrifol, ei fod ef ar fin mynd yn aberth, ac yr oedd yn ein hannog i estyn y ddefod honno mewn amser a gofod, fel y byddai undeb newydd yn cael ei lunio o'i gwmpas.

Eglwys-addoli (*ecclesiolatry*)
Y camsyniad nodweddiadol Gatholig – gwneud delw o'r eglwys

Eiddigedd o Ffiseg
Dyma hudoliaeth y mae llawer ohonom yn gwingo dani, sy'n awgrymu i ni mai'r peth sy'n cynnal gwirionedd yn ein byd yw'r patrwm a etifeddwyd gennym o fyd ffiseg a mathemateg.

El Elyon
Y Duw Goruchaf na ellid gwneud delw ohono, ac na ellid ei weld mewn unrhyw ffordd. Mae'r hen hunaniaeth hwn yn parhau yn Iddewiaeth y Testament Newydd lle y daw El Elyon i'w uniaethu â Duw'r Tad.

Ewcharist/ Ewcharistaidd
Offeren neu Y Cymun Bendigaid. Yr ydym yn darllen yr Ysgrythurau yn ewcharistaidd trwy lygaid yr Un sy'n bresennol yn eith plith ac sy'n achosi i ni gael profiad o newid yn llwyr y ffordd yr ydym yn perthyn i'n byd, gan ein cynnwys ni yn y stori y mae ef yn pennaf weithredwr ynddi.

Gweithredwr/ Gweithredydd
Lle'r oedden ni'n cymeryd yn ganiataol mai ni oedd yn gyfrfol am bethau, dechreuwn weld mai Duw ar hyd yr amser, heb ddymuno'n bychanu na pheri cywilydd i ni, oedd yn trefnu pethau, ac mai ni oedd yn derbyn ei weithredu Ef. Y mae YDWYF yn beth na ellir gafaelyd ynddo wrtho iddo ddod tuag atom, ond sy'n troi allan i fod yn wir ysgogydd pethau, yr un sy'n dwyn pethau i fodolaeth a ninnau'n ddim ond symptomau ymylol ohonyn nhw.

Henotheistiaeth
I bob pwrpas yn gyfystyr a Monolatri – talu sylw i un duw. Mae'n golygu "Mae 'na ddigonedd o dduwiau, ond rhai i chi addoli un ohonyn nhw'n unig" Ceir awgrym ohono yn y gorchymyn cyntaf sy'n cymeryd yn ganiataol bod yna dduwiau eraill.

Iawn/ Cymod (*atonement*)
Yr haeriad canolog Cristnogol fod Crist wedi marw drosom a thros ein pechodau, a hynny'n gysylltiedig â maddeuant. Cyn bod yn ddamcaniaeth, yr oedd yn litwrgi a berfformiwyd yn y Deml gyntaf a'r ail. Y mae'r gair Hebraeg a gyfieithir yn 'gymod' yn deillio o air yn golygu 'gorchudd, y syniad bod yr offeiriaid yn bwrw gorchudd i amddiffyn y bobl i'w hamddiffyn oddi wrth unrhyw ddicter posibl ar ran Duw. Yr oedd y ddefod yn cael ei hystyried nid yn unig yn daliad dros bechodau , ond golygai ddealltwriaeth bod angen i'r greadigaeth hithau gael gollwng ei rhwymau a chael ei hadnewyddu fel y gall dystio i, a disgleirio'n dystiolaeth i ogoniant Duw.

Litwrgi/litwrgaidd
Defod neu gorff o ddefodau yr ydym yn addoli trwyddynt. Y mae Luc yn cynnig ateb litwrgaidd i'r cwestiwn "trwy lygaid pwy yr ydyn ni'n darllen yr Ysgrythurau?" trwy osod ei ateb yng nghyd-destun pryd o fwyd a bendith.

Moab
Teyrnas gyfagos i'r Hen Israel. Daeth yn symbol o ddrygioni a gorthrwm. Gorthrymwyd a choncrwyd Israel yng nghyfnod y Barnwyr a bu'r Israeliaid yn gwasanaethu Brenin Moab am 18 mlynedd.

Monolatri
Yn llythrennol, addoli un duw yn unig. Fel ffurf wedi ei gymhwyso o Bolytheistiaeth, mae testunau'r ysgrythur yn tystio i fonolatri sy'n golygu "Mae 'na liaws o dduwiau, ond un sy'n rhaid i chi ei addoli". Dangosir hyn yn y Gorchymyn Cyntaf un.

Phariseaid
Grŵp o leygwyr ac athrawon crefyddol oedd yn cymell ufudd-dod manwl i'r Ddeddf yn amser Iesu. Aelodau o'r grŵp hwn sy'n cyhuddo Iesu yn Marc 3:1-6 o gyflawni gwyrth ar y Sabbath, a hynny, am ei fod yn fath o "waith" yn groes i'r gyfraith. Mae'n hawdd i ni credu wrth ddarllen am y Phariseaid mai dyma'r rhai drwg yn y straeon am Iesu (ac y mae pob grŵp crefyddol fel petaent yn apelio at gyfran deg o rai sy'n daer dros fanylion cyfreithiol. Ond y mae'n bosibl eu bod yn enwedig ar y dechrau mewn mwy o gydymdeimlad â Iesu, a'u bod yn rhoi prawf arno, yn awyddus i weld sut y byddai'n dygymod /a'r sefyllfaoedd yr oedden nhw'n gosod o'u flaen rhag ofn mai ef yn wir oedd y Proffwyd oedd ar ddyfod.

Polytheistiaeth
Yn llythrennol y gred ym mhresenoldeb llawer o dduwiau. Mae na olion o boly-theistiaeth yn yr Ysgrythurau Hebreig cynnar. Datguddir gorffennol polytheistaidd yn y gair Canaaneaidd am Dduw (*El*) sy'n cynnwys nifer (gair lluosog yw *Elohim*) ac mae na gyfeiriadau at Dduw ymhlith y duwiau (sy'n ddiweddarach yn troi'n angylion). Mae ambell awgrym o wahanol ryw mewn olion ffigwr o fam dduwies yn y cyfnod cyn yr alltudiaeth ym Mabilon, ac ymhlith y teitlau ar Dduw gall fod *El Shaddai* yn tystio i ddwyfoldeb benywaidd.

Proffwydoliaeth
Dweud y gwir am bethau (siarad dros Dduw) mewn sefyllfaoedd cyfoes o ddryswch a thrais. Gan fod pethau gwir yn para'n hir ("y mae bwa hanes yn hir, ond mae'n plygu tuag at gyfiawnder" fel y mynnodd un proffwyd o'r ugeinfed ganrif) ac yn aml fe'u gwerthfawrogir am eu gwirionedd gan eraill yn llawer diweddarach na phan fynegwyd hwy yn y lle cyntaf, daeth proffwydoliaeth hefyd i'w gysylltu â rhagweld a rhagfynegi digwyddiadau yn y dyfodol; pan alwn ni rhywbeth yn "broffwydol" y mae hynny am ein bod yn gallu edrych yn ôl yng ngoleuni rhywbeth sy wedi dangos ei hun i ni nawr, a gweld sut y mae rhywbeth sy wedi digwydd nawr wedi dwyn i gyfanrwydd beth yr oedd rhywun wedi cael cip olwg arno'n gynharach ac wedi siarad amdano pan nad ydoedd mor glir.

Teml (1af)
Adnabyddir hefyd fel Teml Solomon, a safai yn yr hen Jerwsalem nes iddo gael ei ddinistrio yn 587 CC gan frenin Babilon, Nebuchadnezzar II. Er na chafwyd hyd i unrhyw dystiolaeth archeolegol i'r Deml hon hyd yn hyn, y mae'r cyfnod hwn yn hyr hanes Hebreig wedi ei gysylltu â'r hen duedd offeiriadol a thraddodiadau brenhinol Jerwsalem.

Teml (2il)
Adeiladwyd hwn ar ôl y dychwelyd o gyfnod y Gaethglud ym Mabilon, er ar ba ddyddiad does dim sicrwydd. Fe'i hadeiladwyd gan Herod Fawr ychydig ar ôl amser geni Crist a'i ddinistrio gan y Rhufeiniaid yn 70 OC. Mae'r llwyfan yr adeiladwyd hi arno wedi goroesi fel mynydd y Deml yn Jerwsalem. Enwyd hi yn *Ail Deml* yn y cyfnod pan ddatblygodd Iddewiaeth i'r fan lle'r oedd ffigwr Moses a Chyfamod Sinai wedi dod yn ganolog.

Teyrnas y Gogledd
Un o ddwy uned wleidyddol yn yr hen fyd Hebreig, a adnabyddir hefyd fel Israel a goncrwyd gan ymosodiad Assyria yn 720 CC. Dyma'r tir lle'r oedd y Patriarchiaid (Abraham, Isaac a Jacob) wedi byw, lle yr adroddwyd am yr ymddangosiadau o Dduw (theophanïau), ac yno yr oedd y cysegr fannau pwysicaf. Ar ôl yr alltudiaeth i Assyria ac mewn ymateb i golli'r cysegr fannau y dechreuodd offeiriaid o'r gogledd ysgrifennu cofebau i'w crefydd; dyma pryd y mae'n debygol y dechreuodd crefydd wedi ei seilio ar destun ddatblygu.

Teyrnas y De
Adnabyddir hefyd fel Judea a'i ganol yn Nheml Jerwsalem a'r frenhiniaeth o Dafydd tan gwymp Jerwsalem i'r Babiloniaid yn 597 CC. Mae'n bosibl mai wedi hynny y bu i'r de fabwysiadu crefydd wedi ei seilio ar destun a ddatblygwyd yn y Gogledd, y daeth fersiwn ddiweddarach ohoni i'w hadnabod fel *Iddewiaeth yr Ail Deml.*

Theophani
Hunan ddatguddiad Duw mewn man i fod dynol, yr arwydd y datguddir duw drwyddo. Enghraifft: Moses a'r berth yn llosgi. Yr oedd yr ysgol Ddeuteronomaidd, fel y gelwir hi gan ysgolheigion, yn awyddus i dawelu ar y cyffro a'r bywiogrwydd ynglŷn â Duw gan droi sylw bant o theophanïau, pethau'r nefoedd ac angylion, a chanolbwyntio'n hytrach ar ffordd o fyw y gellid ei gyfiawnhau o ran cyfraith a thestun.

Tystiolaeth Apostolaidd
Y dystiolaeth i beth wnaeth Iesu a beth oedd ei bwrpas ddygwyd gan y 12 Apostol. Fe'u dewiswyd gan Iesu er mwyn bod yn dystion iddo. Yr oedden nhw gydag ef yn ei weinidogaeth gyhoeddus o'i fedydd yn yr Iorddonen tan ei esgyniad i'r nefoedd. Ar ben athrawiaeth Iesu a basiwyd ymlaen ganddynt, dyma bobol a aeth trwy ryw brofiad am ei fod ef yn eu plith. Fe weithredodd ef rywbeth yn eu plith ar lefel gwbl ddynol, a hwy yw'r tystion i'r gweithredu hynny yn beth fu iddynt ddweud a pheri ei ysgrifennu, a hynny am fod effaith yr hyn a wnaed ganddo yn cael ei weld yn eu bywydau.

YHWH
O'r Hen Hebraeg, ei ynganiad yn ansicr, ond yn cael ei ddarllen (o barch at Dduw) fel "Adonai"gan Iddewon ffyddlon. Dyma Enw Duw a apwyntiwyd i Israel gan El Elyon. Hefyd dyma'r enw a roddodd Duw i Foses, yr enw yr oedd Duw yn dymuno cael ei alw wrtho. Medrai ymddangos mewn ffurf tebyg i ddynion (anthropomorphig). Yn y pen draw, daw i fod nid yn unig yn dduw ymhlith y duwiau ond yn "Dduw, nid oes arall" yn yr Ail Eseia. Daw i mewn i Iddewiaeth y Testament Newydd, ac adnabyddir YHWH fel y Mab, (gydag El Elyon yn Dad).

Ysgogydd (*protagonism*)
Egni gweithredol y prif weithredwr. Wrth sôn am Dduw, neu'r Arall-arall, egni'r ysgogydd sy'n peri i ni gael ein hysgogi gan Dduw, YDWYF. Mae'n arfer cyfeirio at beth bynnag sy'n ein hysgogi ni, neu gallwn ni ein hunain fod yn ysgogwyr neu eraill, mewn rhai amgylchiadau cymdeithasol.

Cyfeiriadau Beiblaidd